서울대 주경철 교수의 역사읽기

# 테이레시아스의 역사

Teiresias

## 역사

서울대 주경철 교수의 역사읽기

# 테이레시아스의 역사

Teiresias

산처럼

어느 날 올림포스 산정에 있는 신들의 궁전에서 제우스와 헤라는 흥미 있는 논쟁을 했다. 사랑을 할 때 남자가 더 행복한가, 여자가 더 행복한가?

남성신인 제우스는 사랑을 할 때 여자가 더 행복할 것이라고 주장한 반면, 여성신인 헤라는 남자가 더 행복할 것이라고 했다. 두 신이 아무리 오래 논쟁을 해도 끝내 결판이 나지 않자 제우스는 이런 제안을 했다. 지상에 남자로도 살아보고 여자로도 살아본 테이레시아스라는 인간이 있으니 그를 불러서 직접 이야기를 들어보자.

테이레시아스는 원래 평범한 남자였다. 어느 날 그는 산길을 가다가 굵은 뱀 두 마리가 서로 엉켜 있는 것을 보았는데, 무슨 마음에서였는지 들고 있는 막대기로 뱀들을 억지로 떼어놓았다. 그러자 뱀들은 신통력을 발휘해서 테이레시아스를 여자로 만들어 버렸다. 몸과 마음 모두 완벽한 여자가 된 테이레시아스는 결혼도 하고 아이도 낳으며 7년을 살았다.

어느 날 다시 산길을 가던 테이레시아스는 또 뱀 두 마리가 엉켜 있는 것을 보았다. 이번에도 그(녀)는 막대기로 그 뱀들을 억지로 떼어 놓았고 그러자 이번에는 뱀들이 그를 다시 남자로 만들어 버렸다. 테이레시아스는 인간 중에 유일하게 남자의 삶과 여자의 삶을 완벽하게 살아본 사람이 된 것이다.

신들 앞에 불려온 테이레시아스에게 제우스가 물었다.

"그대는 남자로도 살아보고 여자로도 살아보았으니 알 것이다. 남자로서 사랑하는 것과 여자로서 사랑하는 것 가운데 어느 편이 더 행복했는가?"

이에 테이레시아스는 이렇게 대답했다고 한다.

"여자로서 사랑하는 것이 남자로서 사랑하는 것보다 아홉 배 더 행복했나이다."(그런데 그것이 사실일까……)

논쟁에서 지게 된 헤라는 앙심을 품고 테이레시아스의 눈을 멀게 해 버렸다. 자기 때문에 괜히 불려왔다가 그만 장님이 된 테이레시아스를 안쓰럽게 여긴 제우스는 그에게 예언의 능력을 주었다. 육신의 눈을 잃은 대신 마음의 눈을 열게 된 그는 이제 신들이 정해 놓은 길을 보게 되었고, 그리스에서 가장 탁월한 예언자가 되었다.

이 신화는 여러 가지를 생각하게 한다. 남자는 아무리 여자를 이해하려고 해도 끝내 여자의 마음속 끝까지 알기가 힘들다. 마찬가지로 여자가 아무리 남자를 이해하려고 해도 남자의 마음을 모두 알 수는 없다. 그것은 신들도 미처 깨닫지 못한 사랑의 비밀이며 우리 삶의 비밀이다. 그것은 테이레시아스처럼 양쪽의 세계를 넘나들며 상대편의 생각과 삶을 직접 느껴보아야만 알 수 있는 일이다. 테이레시아스는 이렇게 남자의 세계와 여자의 세계, 그리고 더 나아가서 신의 세계와 인간의 세계, 혹은 보이는 세계와 보이지 않는 세계 사이를 넘나들며 우리의 삶을 해석해 주는 지혜의 존재다.

　역사, 역사학 혹은 역사가 역시 이래야 하지 않을까? 인간의 내밀한 심층에 대해 살펴보고 사회에 대해 해석해 주는 우리 정신의 무당 같은 존재…….

　이 책에 실린 글들은 모두 인터넷에 처음 발표한 것들이다. 인터넷이라는 '멋진 신세계'에 글을 써본 내 생애의 첫 경험은 한편으로 유쾌하고 한편으로 불안했다. 하루나 이틀 정도의 짧은 시간 안에 글을 써서 바로 온 세상에 뿌리는 그 일은 내가 하고 싶은 이야기를 사람들에게 곧바로 전달할 수 있는 경쾌한 작업이었고 또 수많은 사람들에게 내 생각이 전달되는 강력한 힘을 경험하는 계기이기도 했다. 그러나 동시에 바로 그 이유 때문에 오히려 위험하기도 했고 불안하기도 했다. 이 세상에 경박하고 표피적인 이야기만 범람하게 되는 데에 나 역시 한발 들여놓는 것은 아닐까?

　그러나 이제 우리 사회가 인터넷이라는 마법의 세계를 불러들인 이상 그것을 도로 돌려보낸다는 것은 불가능해 보인다. 그러므로 이제 우리의 할 일은 이 마법의 힘을 어떻게 하면 유쾌하게, 그리고 유용하게 사용할 수 있을지를 고민하는 일이 될 것이다. 그런 점에서 인터넷이라는 구천(九天)에 떠도는 이 글들을 다시 불러모아서 조금은 침착한 모습으로 자리잡게 만들 수 있는 기회를 가진 것은 참으로 다행스러운 일이다.

　이 책 《테이레시아스의 역사》에 실린 글들의 원 출처를 밝히면 제1부는 이슈투데이(www.issuetoday.com)에, 제2부는 아트라이프샵(www.artlifeshop.com)에 올렸던 것들이다.

　제1부의 글들은 우리 사회의 돌아가는 여러 정황에 대해 역사상의 일들에 비추어가며 내 생각을 이야기한 것들이다. 지금 돌이켜볼 때

한 가지 눈에 띄는 것은 일본에 대한 비판적인 글들의 비중이 너무 높다는 점이다. 이 글들을 쓸 당시에 일본 교과서 왜곡 파동이 워낙 심하게 요동쳤기 때문이다. 역시 우리의 사고는 시대의 무게를 벗어던지기 어렵다는 점을 다시 생각하게 된다.

제2부는 주로 문학 작품들을 읽고 해석하는 가운데 역사와 문학의 접점을 찾아보려 한 글들이다. 이 글들을 쓰게 된 계기를 찾아 거슬러 올라가 보면 몇 학기 동안 서울대학교 교양과목인 〈고전 읽기 : 서양문화사〉와 〈역사의 이해〉 같은 수업 중에 학생들과 함께 책을 읽고 토론한 것이라 할 수 있다. 지적(知的)이고도 세련된 감수성을 가진 많은 학생들과 함께 텍스트를 읽고 토론하는 것이 나로서는 한없는 즐거움이었지만, 선생으로서 내가 휘두른 가공할 정신적 폭력을 묵묵히 인종(忍從)해야 했던 어린 학생들에게 뒤늦게나마 미안한 마음을 느끼고 있다는 점을 고백하고 싶다.

변변치 않은 내용에다가 약간은 경박한 투의 글들을 감히 책으로 내놓는다는 것에 약간 주저하는 마음이 안 드는 것은 아니지만, 이왕 책으로 내놓는 마당에 바라는 바를 이야기한다면 이 책이 고등학교를 마치고 처음 사회나 대학에 발을 들여놓은 사람들에게 가 닿았으면 한다. 우리의 삶과 사회에 대해 생각해 보려 한 이 짧은 글들이 그이들에게 자기 생각과 느낌을 개발하는 데 작은 힌트를 주는 정도의 공헌을 한다면 그 이상 바라는 바가 없을 것이다. 설사 테이레시아스 같은 최고의 예언자가 하는 말이라 하더라도 그것은 사실 모호하고 공허하되 다만 사람들이 그것을 실제로 실천함으로써 예언이 진리가 된 것이 아닐까?

이 책을 내는 데에는 여러 사람의 도움을 받았다. 대학 시절의 친구인 김재준 교수와 이근 교수는 위에서 언급한 두 인터넷 사이트를 만든 뒤 나에게 부실한 글들을 쓰도록 부추긴 우를 범했다. 그것도 모자라서 도서출판 산처럼의 윤양미 씨는 이 글들을 책으로 출간하도록 사주하고 나서는 이 책이 출판되기까지 여러 면에서 큰 도움을 주었다. 서울대학교 서양사학과의 장문석 군과 권윤경 양, 독어독문과의 정진아 양 같은 수재 학생들이 아까운 시간을 버려가며 모순투성이의 이 글들을 읽고 그나마 이 정도의 모습이 되도록 다듬어 주었다. 아직 신선한 감수성을 가지고 계신 이주미 씨, 망초꽃처럼 키가 쑥 커진 문학소녀 주은선 양은 이 책의 내용들이 아직 글로 만들어지기 전, 구술문화(oral culture) 수준에서 집안에서 소통될 때 소중한 영감을 주었다. 이분들 모두에게 감사의 말을 전하고 싶다.

2002년 2월 25일

주 경 철

# 테이레시아스의 역사 • 차례
## 서울대 주경철 교수의 역사읽기

제1부 | 역사의 발언

# 작고 행복한 나라의 역사
■ 무한대의 자유, 그리고 무한 책임


서양사 연구와 강의를 업(業)으로 삼은 지 7, 8년이 되었다. 그동안 별 생각 없이 영국, 독일, 프랑스, 미국과 같은 찬란한 나라들의 역사를 가르쳐왔다. 그러다가 요즘 드디어 철이 들었는지, 내가 여태 해오던 것이 도대체 무슨 의미를 가지는지 다시 생각해 보게 된다.

나는 왜 그런 강대국의 역사만을 열심히 가르쳤을까? 이 세상에는 작고 소박하면서도 자기 나름대로 독특한 개성을 꽃피우며 살아가는 나라들이 얼마든지 있지 않은가? 유럽만 하더라도 스위스, 덴마크, 핀란드, 노르웨이처럼 국토나 인구가 그리 크지 않은 나라들이 상당히 많이 있다. 이런 나라들에 여행을 가보면 대개 사람들이 편안하고 느긋하게 살고 있다는 느낌을 받는다. 경제 수준도 만만치 않게 높은데다가 문화적으로도 눈부시게 발전해 있음을 알 수 있다(물론 이런 나라들이라고 아무런 문제가 없으랴마는……).

외국의 역사를 살펴봄으로써 우리에게 뭔가 도움이 되는 것을 배우고자 한다면 차라리 우리와 비슷한 소국(小國) 가운데 성공적으로 자신의 길을 찾은 사례들을 살펴보는 것도 의미 있지 않을까? 미국이나 소련처럼 세계의 패권을 놓고 일합(一合)을 겨루었던 나라들을 모델로 삼아 우리도 언젠가 한 번 세계를 주물러보자는 대국(大國) 콤플렉스 속에서 이를 악물고 살아갈 것이 아니라, 우리 나름의 개성 있는 국가 스타일을 만들어보는 것은 어떨까?

이런 점에서 특히 주목하게 되는 나라가 네덜란드다. 어쩌다 보니 학위논문 주제가 네덜란드와 관련이 있어 이 나라의 역사를 약간 들여다보지 않을 수 없었고, 또 암스테르담에 6개월 정도 살면서 자료를 찾아야 했던 인연도 있어서 이 나라에 대해서는 적어도 일반 관광객 이상의 관심을 가지게 되었다.

네덜란드라는 나라를 생각할 때 제일 먼저 떠오르는 것은 '무한대의 자유로움'이다. 누구나 자신이 하고 싶은 것을 마음놓고 할 수 있고 그것을 국가나 사회가 최대한 지켜준다는 것! 사실 그것이 말처럼 그렇게 쉬운 일은 아니다.

정치적인 문제든 남녀간의 일이든 그 무엇이 되었든 당신 하고 싶은 대로 하라, 당신이 감당할 수 있고 당신이 책임질 수만 있다면……. 연애하고 싶나요? 미친 듯이 그림그리고 싶은 생각이 드시나요? '빨갱이' 활동을 하고 싶은가요? 주변에서 어느 누구도 뭐라 하지 않는다. 음습한 곳에서 숨어서 할 필요 없이 당당하게 하고 싶은 것을 하면 된다.

그런데 음식도 먹어본 사람이 맛을 알 듯이 자유라는 것도 그런 경험을 해보아야 알 수 있는 법인가 보다. 우리는 얼마 전만 해도 고속버스를 타고 가다보면 중간에 헌병이 한 명 올라와서 "잠쉬 검문이 있겠쉽다" 하고는 살벌한 눈초리로 째려보는데, 그러면 왠지 마음이 오그라들던 경험이 있지 않은가. 그런 식으로 알게 모르게 늘 압박감을 느끼며 살아서 그런지 네덜란드 같은 나라에서 그렇게 '앞서가는'

것이, 누가 뭐라고 하는 것도 아닌데, 나는 괜히 마음에 걸렸다.

암스테르담에 있을 때 가장 놀란 것 중의 하나는 중독성이 강하지 않은 마약 정도는 담배 가게에서 판다는 것이었다. 마약의 위험성을 몰라서 그런 것이 아니다(실제로 많은 사람들이 환각 상태에서 기분 좋게 거닐다가 운하에 빠져죽는다).

그곳에서 만난 한 친구는 이렇게 이야기를 한다.

"누구나 자신의 행복을 추구할 자유가 있다. 너는 네 인생 중에 진정으로 행복을 느껴본 적이 몇 번이나 있는가? 나는 '이거' 할 때마다 확실하게 행복감을 느낀다. 물론 거기에는 위험이 따르지만 그 위험은 전적으로 내가 진다."

나는 아직도 이 논리에 대해 어떻게 대답해야 할지 모르겠다. 성 문제 역시 너무나도 자연스럽게 개방되어 있다. 내가 알고 지내던 집에 중학교 다니는 딸이 있었는데, 어느 날 저녁에 남자 친구를 데리고 와서 자기 방으로 들어가 하룻밤을 같이 잤다. 자기 방으로 올라갈 때 딸과 남자 친구, 그리고 부모 사이에 서로 "goede nacht(good night)!" 하고 인사하는 게 전부였다.

동성애 문제만 해도 아마 이 나라가 가장 진보적인 태도를 가진 듯하다. 네덜란드는 현재 동성애자들이 법적으로 정식 부부가 될 수 있는 얼마 안 되는 국가들 중 하나다. (그래서인지 한국에서 심하게 스트레스를 받던 동성애자가 이 나라에 '망명'한 것을 보았다). 얼마 전에는 네덜란드 의회가 세계 최초로 안락사를 법적으로 인정했다는 소식도 들려왔다.

인간의 자유를 최대한 보장한다는 것은 일찍부터 이 나라의 전통이었다. 예컨대 종교 문제만 하더라도 그렇다. 근대 초에 다른 지역에서 종교가 다르다는 이유만으로 수많은 사람들이 고문당하고 죽음을 당하던 때에 이곳은 종교적 관용의 전통을 확립했다. 심지어 유럽 대부분의 지역에서 탄압받던 유대인들도 이곳에서는 안전하게 예배를 볼 수 있었다.

당시 네덜란드는 공식적으로는 칼뱅주의 국가였으나 다른 모든 종교에 대해 단 하나의 원칙만을 요구했다. 다른 종파에 대해 시비 걸거나 괜히 분란을 일으키지 말고 조용히 너희끼리 예배 드린다면 당국도 묵인한다. 그러다 보니 네덜란드는 당시 진보적인 사상을 가진 지식인들의 피난처가 되었다. 이곳에 직접 와 있지 않더라도 자신의 사상이 핍박받을 위험이 있는 사람들은 네덜란드에서 책을 출판한 다음 밀수를 통해 전 유럽에 책을 보급했다.

일찍이 암스테르담에 머물면서 자신의 사고를 가다듬던 데카르트는 이곳 분위기에 대해 이렇게 말했다.

"세계의 다른 어느 곳에서 이런 자유를 누릴 수 있단 말인가?"

이곳 사람들이 아주 일찍부터 '돈과 자유'를 소중히 여겼다는 것은 익히 알려진 사실이다(약간 다른 이야기이지만, 돈 버는 일 역시 전적인 자유가 보장되지 않으면 불가능한 일이다).

그러나 이 나라의 역사는 자유라는 것이 그냥 주어지지는 않는다는 점 역시 분명하게 말해 준다. 레이덴 대학과 관련된 일화를 보도록 하자.

때는 1574년. 당시 유럽의 정세를 보면 에스파냐와 독일-오스트리아를 비롯해서 유럽의 거의 절반에 해당하는 거대한 영토를 가진 합스부르크 제국이 최강국으로 자리잡고 있었고, 네덜란드는 바로 이 합스부르크 제국의 영토에 속해 있다가 독립전쟁을 벌이고 있었다. 에스파냐에서 들어온 진압군은 네덜란드를 휘젓고 다니면서 소위 '피의 숙청'을 벌이고 다니다가 레이덴 시를 점령했다. 네덜란드 독립군의 지도자인 오라녀(Oranje. 우리는 흔히 영어식으로 오렌지 공이라고 부른다) 공은 이 도시의 탈환을 위해 공격을 준비하고 있었다.

그런데 적군의 세력이 너무 강하여 다른 공격 방법이 없었으므로 오라녀 공은 마지막 수단으로 강 상류의 댐을 붕괴시켜 레이덴 시를 홍수 속에 밀어넣고 나서 배를 타고 공격해 들어간다는 전술을 취하기로 했다. 그러나 그렇게 되면 이 도시가 전부 파괴될 위험이 있었다. 오라녀 공은 홀란드 주 의회를 소집하여 이 방식의 공격에 대한 허가를 받고 또 레이덴 시의 토지 소유주들을 불러서 그들에게 추후에 피해 보상을 약속했다.

이런 준비 끝에 드디어 공격이 시작되었고, 손에 창과 낫을 든 시민들이 칠흑 같은 어둠 속에서 에스파냐군을 공격하는 악전고투 끝에 레이덴 시를 탈환하였다. 오라녀 공이 입성한 날 아침, 레이덴 시는 완전히 폐허가 되어 있었다. 그는 시민 대표에게 원하는 것을 한 가지 들어주겠다고 했다. 그들이 원하는 것이 무엇이었는가? 그들은 자기 시에 대학을 세워달라고 부탁했다. 이렇게 세워진 것이 네덜란드의 명문 대학인 레이덴 대학이다.

레이덴 대학과 관련된 또 하나의 에피소드. 나치 점령기에 독일군 당국은 레이덴 대학에 유대계 교수가 한 명 있다는 것을 트집잡고 그에게 아리아족을 찬양할 것을 요구했다. 물론 그 교수는 거부하고 학교를 떠났다. 총장은 곧 교수와 학생총회를 소집하여 이 사태를 설명했다. 그러자 그곳에 모인 사람들은 모두 일어나서 〈윌헬무스〉(네덜란드 국가)를 부르고는 학교를 떠났다. 총장은 그 자리에서 체포되어 강제수용소로 끌려갔고 레이덴 대학은 나치가 물러날 때까지 폐교당했다.

  자유는 그냥 얻어지는 것이 아니라 지켜내야만 하는 것이다. 그리
고 그것이 전통으로 만들어져야 한다. 우리들은 어느만큼 진정으로
자유로운가. 그리고 어느만큼이나 우리의 자유를 지킬 용기를 가지
고 있는가.

# 이보다 한심할 수는 없다
■ 일본의 역사 교과서, 그리고 한국 것도

뻔한 질문 같지만 다시 한 번 물어보도록 하자.

역사를 왜 배우는가? 지날 과(過), 갈 거(去), 문자 그대로 이미 지나가 버린 옛날 일, 그 과거의 사실을 다시 기억하는 것이 도대체 무슨 이유란 말인가?

길게 이야기하지 않고 간단히 답하겠다. 그 과거에 대한 기억이 '현재', 더 나아가서 '미래'와 직결되는 핵심적인 사항이기 때문이다. 여기에서 자잘한 역사 사실들을 얼마나 잘 꿰고 있느냐는 것이 문제가 아니라(중고등학교 때의 역사 시험 문제를 생각해 보라. 독립문은 몇 년에 세워졌는가? 다음 중 프랑스 혁명 때 죽은 사람이 아닌 것은? 왼쪽의 불교 사상과 오른쪽의 고승들 간에 맞는 것끼리 줄로 연결하라……) 기본적인 역사 인식이 어떤가 하는 것이 문제다. 우리가 도대체 누구냐 하는 정체성을 결정하는 것이 그 기본적인 역사 인식인 것이다.

그런데 그 역사 인식이라는 것은 결국 누군가가 만든 것이지 자연스럽게 저절로 이루어진 것이 아니다. 그리고 거기에는 당연히 그것을 만든 사람의 의도가 들어가게 마련이다.

우리 민족은 예로부터 게으르고 더러운 것을 좋아하며, 서로 시기, 질투하기를 즐기는 데다가 이웃 나라의 위대함에 감복하여 늘 사대주의를 근본으로 삼고 살아왔다는 역사관을 어린 학생들에게 마음속 깊이 불어넣어 주던 때가 있었다. 일제 시대에는 그렇게 우리 민족이 스스로에 대해 자괴감을 갖고 이민족의 지배를 당연하게 받아들이도록 길들이는 데에 역사가 사용된 것이다.

혹은, 우리 민족은 늘 이민족의 침입을 받아 걸핏하면 국가 존망이 걸린 위기에 빠지곤 했는데, 그때마다 구국의 영웅인 군인들이 나서서 천만 다행으로 그 위기를 벗어났다는 점을 집중 부각시켜서 교육시키던 때가 있었다. 군사 쿠데타로 권력을 잡은 무리들이 지배의 정통성을 확보하기 위해서 과거에 언제나 그래왔다는 식으로 사람들의 뇌를 깨끗이 씻어줄 필요가 있었던 것이다.

그런 식으로 사람들에게, 특히 자라나는 학생들에게 국가나 그에 준하는 기관이 역사 인식의 기본 골격을 심어주는 데에 사용되는 것이 '교과서'라는 책이다. 따지고 보면 이 교과서라는 것만큼 희한한 책이 없다. 국가가 나서서 어린 학생들에게 '너희들은 역사를 이렇게 보도록 해라' 하면서 표준적인 내용을 정리해서 제시하는, 제도화된 역사 인식의 최종 산물이 바로 역사 교과서다. 그것을 두고 반드시 나쁜 쪽으로만 생각할 수는 없겠지만 아무래도 권력이 역사 인식을 왜곡시킬 위험성을 염려하지 않을 수 없다.

일본의 우익 집단이 주도하여 만든 역사 교과서가 문제가 되고 있다. 그들의 주장은 소위 자학사관(自虐史觀)의 극복이라는 것이다. 자학이라니? 일본이 한국을 병합한 것은 한국 내에 소수이나마 그것을 바라는 사람이 있었기 때문인데, 그걸 왜 군이 한국에 대한 침략

이니 지배니 하는 말로 표현하느냐는 것이다. 가난한 농촌 여성들이 일없이 놀고 있을 바에야 국가가 운영하는 '서비스업'에 종사하며 돈 버는 것이 하등 나쁠 것도 없는데 그걸 왜 하필 군국주의 국가 주도의 성 노예화라는 이상한 이름으로 들먹거리냐는 것이다. 차라리 그런 일은 아예 이야기하지 않고 넘어가면 속 편하게 풀릴 문제를…….

또 서유럽 국가들의 식민지 지배를 받던 나라들을 일본이 빼앗으려한 것은 사실이지만 결과적으로 일본도 못 먹고 옛날 식민지 국가들이 도로 찾아먹은 것도 아니라면 결국 일본이 식민지 해방을 가져다준 것 아니냐, 그러니까 동남아시아 전쟁은 '해방 전쟁'이 아니냐는 것이다.

한참 자라나는 어린 학생들에게 일본의 지난 과거의 어두운 면을 자꾸 이야기한다면 어떻게 일본에 대한 자부심을 가지고 나라와 민족을 사랑하는 마음을 키워갈 수 있겠는가. 그러니 그런 자학적인 사관을 가질 필요 없이 일본의 역사를 자랑스럽고 영광에 찬 과거로 기억하도록 하는 것이 옳지 않으랴.

그런데 그렇게 군국주의적인 냄새가 풀풀 나는 식으로 이야기해야 일본 청소년들이 나라를 사랑하게 될까? 가미카제(神風) 특공대를 보자. 미국 측의 전쟁 기록 영화를 본 적이 있다. 일본 비행기가 미국 군함에 자살 공격을 가하겠다고 무모하게 달려든다. 한 번은 그렇게 당한 적이 있지만 그게 두 번 세 번 통하겠는가? 양키 기관총 사수가 조준대를 들여다보며 드르륵 쏘아대자 일본 전투기는 화염과 검은 연기에 휩싸이며 공중 폭발한다. 기관총 사수는 카메라에다 대고 엄지손가락을 올리며 이렇게 말한다.

"일본놈들 되게 웃겨요. 요즘 맨날 저렇게 달려드는데, 저런 거 떨어뜨리는 거는 누워서 떡 먹기죠."

전투기 속에서 죽어간 일본의 젊은이들은 무슨 죄로 희생당한 것인

가. 꽃다운 젊음이 채 피어나기도 전에 파시스트 국가주의자들에게
철저히 세뇌 당하여 그렇게 개죽음 당한 것을 국가를 위해 아름답게
산화했다고 서술해야 일본 어린이들이 나라를 사랑하게 되는 걸까?
국가와 군부가 이웃 나라의 젊은 여성들을 강제 징발하여 전선으로
이리저리 내몰면서 지옥 같은 삶을 강요했다는 사실을 애써 무시하
든지, 아니면 그건 그 여자들이 돈을 바라고 자발적으로 찾아온 것이
라고 강변하도록 교육받고 자라면 그 젊은이들이 성숙한 인격체를
가진 성인이 되는 것일까?

유럽의 역사책 가운데 예전의 식민지 시대를 서술하면서 현지인들
이 원해서 우리가 점령한 것이라는 이야기를 할 정도로 뻔뻔스러운
책은 없을 것이다. 유대인들을 학대한 것은 유대인들의 잘못 때문이
라고 말하는 독일 교과서를 들어본 적이 없다. 유럽 국가들은 모두
자학적인 성격을 가져서 그런 책을 만드는 것일까?

마지막으로 한마디만 더하자. 일본 측의 답변 가운데 과연 한국의
역사 교과서는 제대로 된 것이냐는 말도 들리는 듯하다. 세계사 교과
서 제작에 참여한 적이 있는 교수의 말을 정리하면 이렇다.

"이보다 한심할 수는 없다."

이미 완전히 정해진 포맷에 정해진 내용을 아주 짧은 글 속에 밀어
넣는 식으로 교과서를 쓸 수밖에 없다는 것이다. 그러니 결국 연대
(年代)를 쓰고 전보문 같은 글을 채워 넣을 수밖에……. 그러다 보니
학생들 입장에서는 역사라는 것이 "이보다 지겨울 수는 없다." 이래
놓고 우리가 남의 말만 하고 있을 때가 아닌 것이다.

# 국가와 종교, 그리고 소수 집단

1572년 8월 23일 밤, 파리.

루브르 궁 옆에 있는 생제르맹로세루아(Saint-Germain-L'Auxerrois) 성당의 종이 미친 듯이 울렸다. 원래 성당의 종소리는 서로 사랑하며 살라는 하느님의 뜻을 온 세상에 알리는 것인데, 이날의 종소리는 아주 특이했다. 당시 증가일로에 있던 칼뱅파 신도들이 권력에 근접해 가고 있는 데 두려움을 느낀 프랑스 왕실은 파리의 카톨릭 신도들을 교사해서 이날 밤의 종소리를 신호로 하여 칼뱅파 신도들을 '청소'하기로 했던 것이다.

마침 파리에는 칼뱅파 왕족인 앙리 드 나바르의 결혼식 때문에 수많은 칼뱅파 신도들이 운집해 있었다. 이날 밤부터 시작하여 며칠 동안 학살 사건이 지속되어 파리에서만 약 3천 명이 죽음을 당했고, 그후에도 프랑스 전역으로 학살이 확산되어 전국적으로 약 2만 명이 희생당했다.

이날의 참혹한 장면을 담은 한 폭의 그림이 있다. 이 그림을 보고 있노라면 인간이 어느만큼 잔혹해질 수 있는가가 실감이 난다. 몽둥

이로 때려죽이는 모습, 칼로 배를 찌르는 모습, 창문 밖으로 사람을 떨어뜨리는 모습, 목을 썰어서 피가 뚝뚝 듣는 시체, 한곳에 잔뜩 쌓여 있는 시체들, 그리고 시체들이 둥둥 떠내려가는 센 강…….

칼과 몽둥이를 들고 떼지어 몰려다니는 그들은 자신의 행위가 진정한 종교를 수호하기 위한 성스러운 일이라고 여겼을 것이다. 그리고 올바른 대의를 지키기 위해 국가에 충성을 다하는 정의로운 행위를 하고 있다고 믿었음에 틀림없다.

그러나 그것은 분명 한 폭의 지옥도다. 인간이 범할 수 있는 가장 흉악하고 더러운 일들이 벌어지고 있는 것이다. 가혹한 정치 권력과 눈먼 종교가 합해졌을 때 어떤 일이 일어날 수 있는지 이보다 더 생생하게 보여주는 장면이 또 있을까?

유럽 근대사를 보면 국가 권력의 강화와 종교적인 다툼이 서로 얽혀서 끊임없이 갈등을 불러일으킨다는 것을 알 수 있다. 사실 종교 문제만큼이나 사람을 갈라놓고 서로 싸우게 만드는 것이 또 있을까? 종교 문제를 놓고 우리 파가 옳으네 너희 파가 틀리네 한 번 밤을 새워 토론해 보라. 제정신을 가진 사람이면 해뜰녘에 깨닫게 되리라. 이건 정신 병자들의 논쟁이요, 두 번 다시는 하고 싶지 않은 악몽이라고…….

도대체 죽은 다음의 문제에 정답이 어디 있단 말인가? 여기에 권력과 폭력까지 끼여든다면 그 참혹한 결과는 불을 보듯 뻔하다. 이런 것을 유럽인들은 참으로 뒤늦게 깨달았다. 그러기까지 수없이 서로 죽이고 박해하는 일들이 벌어졌다. 그리고 나서야 이제 종교적인 문제는 각자 자신의 신념에 따라 알아서 할 문제라는 각성을 한 것이다.

이보다 더 쉬운 깨달음이 세상에 어디 있을까만, 그게 말처럼 쉬운 일은 아니었던 모양이다. 사실 상대방이 어떤 생각을 하든 그것을 있는 그대로 받아들이고 서로 존중하기 위해서는 사회 전체가 관대하

성 바르톨로뮤의 학살(1572). 당대의 신교도 화가인 프랑수아 뒤부아가 그린 작품.

고 아량이 있어야 한다. 그런 사회를 두고 우리는 가히 성숙한 사회라고 부를 수 있으리라.

2001년 서울.

여호와의 증인이라는 소수 종교인들의 군 복무 문제가 한참 논란이 되고 있다. 이야말로 국가와 종교, 군사라는 근대의 핵심 요소들이 맞물리고 서로 갈등하는 예민한 문제가 아닐 수 없다. 전쟁을 싫어하기 때문에 총을 잡을 수 없다는 이 사람들의 순진무구한 생각 자체는 정말로 내 맘에 쏘옥 든다.

온 세상 사람들이 다 그랬으면 좋겠다는 생각도 해본다. 그러나 또 한편으로는 이 사람들 자신이 공연히 분란을 일으키지 말고 남들이 하듯이 군대에 가서는, 총을 총이라고 생각하지 말고 운동기구라고 여기고(一切唯心造!) 열심히 체조한다고 여기면 안 될까 하는 나이브(naïve)한 생각도 해본다. 그러나 그 정도로 해결될 문제라면 오죽 좋으랴마는 이 사람들은 이 때문에 3년을 감옥에 갇히고 일생 동안 취직에 어려움을 겪는 등 피해를 본다. 도대체 이걸 어떻게 생각해야 하는가?

이들이 원하는 것은 대체복무라고 들었다(그리고 다른 사람들의 반대를 짐작했음인지 그 기간이 5~6년이 되어도 좋다고까지 한다). 여기에 대해서 수많은 논의들이 오가고 있다. 군복무의 형평성과 같은 아주 미묘하고 어려운 문제들이 뒤따른다는 것을 모르는 바 아니나, 어쨌든 내 개인적인 생각으로는 우리가 그런 정도의 대안을 받아들일 수는 있으리라고 희망해 본다. 그러나 여기서 말하고 싶은 것은 그것과는 약간 다른 이야기다.

중요한 것은 이 문제에 대해 여태 논의 자체가 없었다는 점이다. 왜 그랬는가? 그것은 소수의 문제였기 때문에 간단히 억눌러 버리면 그만이었던 것이다. 국가가 그들을 3년 동안 가두는 데 대해 별다른 문제를 느끼지 않았다. 기껏해야 2천 명도 안 되는 사람들의 문제이니까! 누구도 그들을 동정하지 않았다. 별난 인간들이 있어서 이상하기 짝이 없는 논리를 가지고 국가에 항거한다는 정도의 생각이었을 것이다.

그러나 그것이 정말로 그들만의 일인가? 사실 여호와의 증인에 대해서 왜 ‘우리가’ 나서서 고민해야 하는가? 그것은 남의 문제가 아니라 우리의 문제이기 때문이다. 그들 자체의 행복과 불행이 달린 문제일 뿐만이 아니라 그것을 통해 우리 사회의 원칙이 무엇인지, 또 무엇이어야 하는지 따지는 계기가 되기 때문이다.

우리는 누구나 소수 집단이 될 가능성이 있다. 여자라고 해서, 어느 지방 사람이라고 해서, 중학교밖에 못 나와서, 동성애자라서, 옷을 이상하게 입는다고 해서 부당한 대우를 받을지 모른다. 국가가 절대적인 힘을 행사하도록 내버려두면 우리 모두는 언제나 소수 집단으로 내몰려 우리의 권리를 박탈당할 위험성을 가진다. 그럴진대 소수의 권리를 지켜주는 것은 결국 우리가 이 나라의 주인으로서 우리의 권리를 지키는 일이 되는 것이다.

그러기 위해서는 다시 강조하거니와 관대하고 아량을 가진 사회가 되어야 한다. 남의 생각을 존중하는 자세를 가져야 한다. 정말 아무렇지도 않게, 일순간의 고민도 없이 “그런 놈들은 집어 처넣어야 해” 하고 말하는 한 이 사회는 미개의 구렁텅이에서 헤어 나오지 못한다. 그런 사회에서 어떤 일이 일어나는가를 알고자 하면 지금부터 400년 전에 그려진 성 바르톨로뮤 축제의 학살 사건의 그림을 한 번 더 보시라.

# 독재 정치와 역사

권력은 늘 역사를 필요로 한다.

역사라는 것이 여러 기능을 가지고 있겠지만 현실에서 가장 중요한 기능 중의 하나는 권력의 정당화였다. 권력의 입장에서 볼 때 가장 긴요한 것은 사람들로 하여금 이 권력 집단이 정말로 권력을 가질 만한 자격이 있다고 인정하도록 만들어야 한다는 점이다. 그것을 하나의 이야기 혹은 신화의 형태로, 그것도 아주 그럴듯하게 꾸며주는 것이 역사의 공적이었다.

이때의 권력이라는 것이 반드시 정권만을 가리키는 것은 아니어서 교회, 노동계, 소수 민족 등 그 어떤 집단도 다 해당된다. 그렇지만 실제로 역사를 자기 정당성의 근거로 가장 크게 이용한 집단은 역시 정권, 특히 독재 정권이라고 말할 수 있다.

어떻게 보면 권력의 정당성이 미약한 때일수록 오히려 더 "역사의 심판", "역사적인 업적" 운운하며 '역사'를 쉽게 거들먹거리는 것을 볼 수 있다. 실제로 우리는 군홧발로 사람들을 짓밟고 권력을 잡은 자들이 '정의'를 이야기하고 우리 민족의 유구함과 영광을 팔아먹는 것을 보지 않았는가. 그런 유사한 사례들을 몇 가지 살펴보는 것도 유익할 것으로 생각된다.

첫째는 일본 제국주의다. 오늘날에도 일본이 역사 교과서에 대해 그토록 완고하면서도 동시에 그토록 민감하게 반응하는 것은 일본 제국주의 정권 이래의 전통이 내려오기 때문이라고 흔히 이야기한다.

누구나 알고 있듯이 천황가(天皇家)는 신들의 자손이고, 이때까지 수많은 대군께서 떠나가신 만세일계(萬世一系)입니다. 중국이라든지 다른 나라에서는 가신이 주군을 죽이고, 그 이튿날 자신이 황제라고 선언하는 일이 있습니다. 황제가 물러나지 않으면 안 될 입장에 몰리기도 합니다……. 이런 예가 다른 나라의 역사에서는 눈에 띕니다. 그러나 우리 나라에서는 개벽 이래 이런 일이 한 번도 없습니다. 우리 나라에서는 통치하는 자와 통치받는 자의 지위가 바뀌는 일은 영원히 없습니다.

이것이 제국주의 시대 일본의 수신(修身) 교과서에 나오는 내용이다. 그러나 우선 이 내용 자체는 명백한 거짓말이다. 일본 역사에서 무력으로 황위를 찬탈하였거나 그러려고 했던 사례들이 분명히 존재하기 때문이다. 그러나 당시 천황 중심의 군국주의를 강화할 필요 때문에 천황의 신성성을 높이는 차원에서 이런 종류의 왜곡이 필요했던 것이다. 당시 일본 교과서는 메이지 유신 시기에 천황이 권력을 잡게 된 것은 하나의 회귀 내지 복귀라는 점을 강조하고 "메이지 천황이 도쿄로 향할 때 연도에 나온 사람들이 기쁨의 눈물을 흘렸다"고 기술하지만, 유신 직후 민란이 10여 차례 일어난 사실에 대해서는 전혀 언급하지 않는다.

스탈린 시대 소련은 어떠했는가? 제1차 세계대전 이전 러시아의 발전 상태에 관한 논쟁을 예로 들어보자. 사실 표면적으로 보면 이것은 대단히 아카데믹한 논쟁의 면모를 보였다. 바나크라는 학자는 제1차 세계대전 이전 러시아는 서구 제국주의 경제에 종속되어 있었다고 판단했고, 시도로프라는 학자는 반대로 러시아는 서구로부터 독립적이었다는 면을 강조했다. 이게 권력과 무슨 상관이 있단 말인가 하고 생각할지 모르겠지만, 사실은 결정적으로 관련을 맺고 있다.

1927년 이후, 즉 스탈린이 권력을 잡은 이후 당국의 역사 해석의 관점에서 판단할 때, 만일 러시아가 서구에 종속되어 있다면 한 국가의 차원에서 사회주의를 건설하는 것(스탈린이 주장하는 일국 사회주의)이 불가능하다는 이야기가 되지 않는가? 이것은 스탈린의 최대 정적인 트로츠키의 논리와 통하게 되므로 바나크의 명제는 오류라고 여겨졌다. 그는 '부르주아적 위조자'의 굴레를 쓰고 강제수용소에서 죽음을 맞이했는데, 반대로 역사학의 승자 시도로프는 과학 아카데미 회원이 되었다.

그런데 바로 그 직후 정치적 여건이 바뀌었다. 1930년대에 나치즘의 위협에 직면한 나라들에 대해 소련이 보호자 역할을 담당하게 된 것이다. 그렇다면 외국의 제국주의 자본에 종속되어 있는 국가라 하더라도 소련과의 연대를 통해 파시즘을 물리치고 사회주의로 발전하는 길이 가능하다는 것을 보여주어야 하지 않는가? 그런 역사적 경험이 러시아 자체에서 일어났어야 하므로 이런 관점에서 제1차 세계대전 이전 러시아의 상황은 반식민지(半植民地)였다는 명제가 만들어졌다. 그 결과 숙청되었던 바나크는 사후(死後)에나마 복권되었다.

이 일이 여기에서 그친 것이 아니다. 1956년에 탈스탈린화가 진행되자 이제는 '실증적인' 연구자들이 등장하여 10월 혁명 이전 상황에 대해 '객관적인' 사실들을 많이 이야기하기 시작했다. 그 결과 제1차 세계대전 이전 러시아에서 대독점(大獨占)이 아주 중요한 위치를 차지하고 있었다는 방향으로 이야기가 나아갔다. 그런데 만일 이렇게 되면 러시아 혁명이 이루어낸 성과가 반감되는 결과를 가져오고 만다. 실제로 이런 식으로까지 감히 말한 자들은 조만간 끝이 안 좋게 되고 말았다.

마지막으로 나치의 역사 인식을 살펴보자. 주지하는 바와 같이 나치의 역사 인식은 인종주의에 근거한 철저한 자민족중심주의였다.

그리스사 및 로마사도 중요하지만 그것은 아리아족이라는 민족 공동체의 문맥 속에 삽입될 때 비로소 그렇게 되는 것이다. 아리아족의 역사는 민족의 순수함을 지키기 위한 끊임없는 싸움이다. 그들의 민족적 순수성은 건전한 민족체 속에 들어오려는 열등 종족의 악의에 찬 음모에 의해 언제나 위험에 노출되어 있다.

이런 관점에서 중요한 역사 사건의 의미를 완전히 뒤집는 일이 곧잘 벌어진다. 루터의 종교개혁에 대한 해석이 대표적이다. 종교개혁은 대단히 큰 사회정치적 의미를 포괄하는 중대한 사건인 것이 분명하지만 그래도 역시 기본적으로 종교적인 문제라는 것은 너무나도 당연한 사실이다. 그런데 나치의 역사책에서는 그것이 이렇게 묘사된다.

종교개혁은 로마의 억압에 대항하여 일어난 최초의 혁명이다. 그것은 본질적으로 국민적 규모의 정치 봉기이며, 신앙의 변혁에 의해 지금까지 없었던 새로운 인간, 즉 독일 국민을 만들어내려고 한 것이다.

루터가 만들고자 했던 것은 독일 국가 교회인데 그것은 로마 교황으로부터 해방되지 않으면 불가능한 일이다.

독일의 역사는 이렇듯 나치 정권의 필요에 따라 과감하게 재해석되었다.

역사는 그런 점에서 보면 한가한 옛날이야기가 아니라 바로 오늘 우리에게 직결된 일이다. 일본 교과서 개정을 놓고 아시아 각국과 일본 정부 사이에 험악한 싸움이 일어나는 것이 단적인 예다. 일본 제국주의 침략 전쟁이 아시아의 해방을 위한 것이었다는 투의 저질의 역사 인식은 일본의 팽창주의, 군국주의, 극우 보수주의의 위험을 말해주는 것이 아닌가?

문제는 우리 자신이다. 우리의 역사 인식은 어떤가? 단적으로 일본이 우리에게 가한 피해에 대해서는 크게 이야기하지만 우리가 다른 민족에게 씻기 힘든 피해를 가했던 일 —— 한 예로 베트남 전쟁 —— 에 대해서는 아예 언급도 없다. 그 문제를 크게 떠벌리고 싶지는 않다. 다만 그런 문제에서 얼마나 떳떳하게 이야기하는가 혹은 하지 못하는가에 따라 그 사회의 정신적 수준을 가늠할 수 있으리라는 생각만 말하고 말겠다.

# "주먹 센 놈이 이긴다!"
■ 군사혁명과 서구의 흥기

역사상 가장 전쟁이 많았던 시기는 언제였을까? 유럽에 관한 연구에 근거한 것이기는 하지만 아마도 17세기가 가장 유력한 후보일 것이다. 이 세기의 백년 동안 유럽대륙 전체에서 전쟁이 일어나지 않고 완전한 평화를 이루던 시기는 고작 4년에 불과했다.

16세기와 18세기 역시 크게 다르지 않아서 완전한 평화의 시기는 각각 10년과 16년에 불과했다. 따라서 유럽사에서 근대 초기(early modern period)라 부르는 16~18세기는 다른 무엇보다도 전쟁으로 얼룩진 시대라고 부를 만하다. 이 기간 전체를 볼 때 '전쟁 기간 / 전체 기간'의 비율은 95퍼센트를 넘었고, 새로운 전쟁이 3년에 한 번 꼴로 일어났다.

각국별로 보아도 오스트리아는 이 시대에 3년 중 2년, 에스파냐는 4년 중 3년, 폴란드와 러시아는 5년 중 4년이 전시였다. 이쯤 되면 가히 전쟁이 인간 삶의 기본 배경이었다고 할 만도 하다. 6 · 25전쟁과 베트남전을 경험한 사람들이 볼 때 20세기 후반이야말로 가장 피비린내 나는 호전적인 시기라고 생각할지 모르겠으나 사실 장기적인 관점에서 보면 20세기 후반은 그나마 상대적으로 평화 기간이 길었던 시대로 정리될 것이다.

근대 초기의 몇백 년 동안 전쟁이 잇따르는 과정에서 소위 '군사혁명'이 일어나게 되었다. 이 개념을 처음 사용한 사람은 마이클 로버츠였다. 그는 일찍이 1955년에 벨파스트의 퀸즈 유니버시티에서 행한 강의에서 근대 초에 이르러 이전 시기에 비해 다음 네 가지의 핵심적인 변화가 일어났다고 이야기하였다.

첫째, 창 대신 총이 사용되는 무기의 혁명이 일어났고, 둘째, 군대 규모가 엄청나게 커졌으며, 셋째, 대규모적이고 복합적인 전술을 사용하게 되었고, 넷째, 이와 같은 군대의 변화가 사회에 대해 막대한 영향을 미치게 되었다.

이 주장에 대해 당연히 몇 가지의 비판이 있으나, 군사혁명의 개념은 여전히 유럽사만이 아니라 세계 근대사를 해석하는 데 흥미로운 실마리를 제공한다.

군사혁명의 주요 내용은 무엇보다도 공성전(攻城戰)에서 드러난다. 수비하는 측은 뾰족하게 돌출된 능보 때문에 전체적으로 별 모양을 한 기하학적 성채(이를 '이탈리아 성채'(trace italienne)라 한다)를 건설한다(39쪽 그림 참조). 이 뾰족한 부분에 대포를 놓고 적을 위압하려는 것이다. 공격하는 측 역시 대포를 동원하기도 하지만, 이들은 기본적으로 소총을 사용하는 군인들을 질서 정연하게 이동시키거나 한 번에 전진과 후퇴 혹은 여러 대형을 이루면서 집중 발포하는 방식을 사용했다. 그리고 총을 빨리 장전하기 위해 그 동작을 규격화하고 (40쪽 그림 참조) 그것이 몸에 완전히 익숙하도록 반복 훈련을 시켰다. 또 상대방의 포화에 당하지 않기 위해서는 대형을 재빨리 이동시키거나 분산시키고 다시 집중시키는 것이 무엇보다도 중요했다.

찰스 포트 성(아일랜드의 킨제일 지역). 1670년대에 지어진 이 성은 유럽의 변방 지역에까지 '이탈리아 성채'가 도입되었다는 증거다. 그러나 이 성의 경우에는 전술을 완전히 이해하지 못하고 지은 것이다. 당시의 보고서에 의하면 이곳은 높은 구릉지 밑에 있어서 수비가 불완전한 단점을 가지고 있다.

16세기에 네덜란드의 나사우 공, 또는 17세기에 스웨덴의 구스타프 아돌프가 엄격하고 체계적인 훈련을 통해 이런 군대를 완성시켰다고 한다. 군대에 들어간 젊은 총각들이 지겹도록 제식 훈련하고 좌향좌 우향우 하면서 '뺑뺑이'를 돌게 된 것도 이때부터다. 이런 군대를 가지고 서로 충돌하는 것이 근대 국가들의 정규전 양상이 되었다.

전쟁에서 이기는 것이 근대 국가 군주들의 1차 관심사였으므로 군대 규모는 기하급수적으로 커졌다. 세계사에서 가장 가공할 군대라 일컬어지는 몽골군의 규모가 3만~4만 명의 기병대였던 데에 비해 카를 5세의 제국 군대가 15만 명이었는데, 16세기 당시에 이 수치는

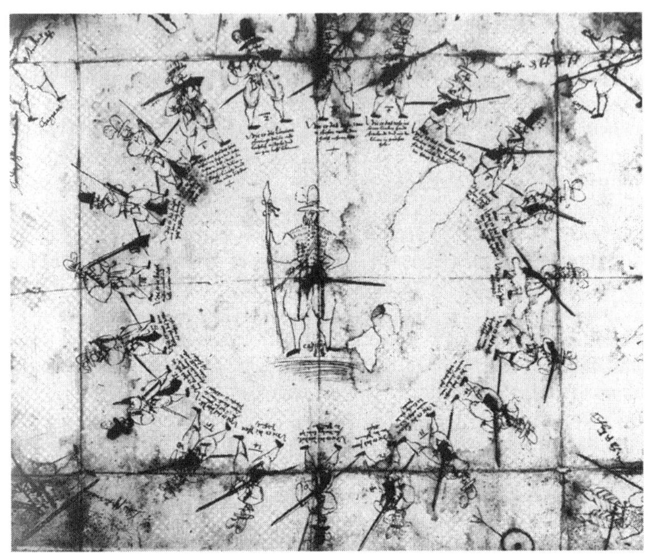

나사우의 얀의 《전쟁서》(*Kriegsbuch*)에 나오는 이 그림은 장전을 신속하게
하기 위해 동작을 규격화한 것을 보여준다.

한 국가가 유지할 수 있는 최대치라고 여겨졌다. 그러나 다음 세기에
들어가면서 한 국가의 군대 규모는 더더욱 커져서 20만으로, 그리고
다시 40만으로 확대되었고, 급기야 1701~1702년 중 프랑스에서는
65만 명이 입대했다.

당연히 공공 지출 중 군사비가 차지하는 비중이 커졌다. 오늘날에
는 프랑스 17퍼센트, 미국 29퍼센트, 이스라엘 41퍼센트 정도가 알려
진 예이지만 과거로 올라가면 이 비율이 훨씬 커져서 루이 14세 시대
프랑스는 75퍼센트, 표트르 대제의 러시아는 85퍼센트, 내전기(內戰
期)였던 크롬웰 시대의 영국은 90퍼센트에 달했다. 그야말로 '군바리
문제'가 국가의 가장 중요한 사안이 된 것이다. 돈이 많아야 승리하
는 것은 당연한 일이 되었다.

여기서 한 가지 짚고 넘어갈 점이 있다. 단기적으로 볼 때 군사혁명을 거친 대규모 정규군이 반드시 승리를 거두는 것은 아니라는 점이다. 흔히 있는 일이지만 오와 열을 맞추어 보무 당당하게 적진에 들어갔더니 적들은 '원숭이처럼' 나무 위에 숨어서 저격하고, 함정을 파서 빠뜨리기도 하고, 러시아 같은 경우에는 스키를 탄 군인들이 날쌔게 돌아다니며 괴롭히는 일들이 벌어졌다. 정정당당하게 맞대결하자고 호소해 보아야 소용없는 일이다. 그런 것은 강한 침략군이나 할 소리이지 약자들은 당연히 게릴라전에 의존한다(베트남전이 가장 대표적인 경우가 아니겠는가).

그러나 중요한 것은 '장기적으로' 보면 강대국으로 발돋움하고 더 나아가서 유럽을 넘어 전세계의 패권을 차지하는 것은 군사혁명과 함께 이루어졌다는 점이다. 여기서 군사혁명의 문제는 '유럽의 흥기(The Rise of the West)'라는 고전적인 문제와 만나게 된다.

세계 근대사에서 어떻게 유럽 문명이 전세계의 여타 문명을 누르고 최종적인 승자가 되었는가? 이야말로 역사학에서 가장 중요한 문제가 아닐 수 없겠으나, 이에 대한 그 어떤 대답도 완전한 설명이 되지 못한다.

"유럽에서만이 자본주의가 발전했다. 유럽에서만이 근대적인 과학 기술 문명이 발전해 나왔다. 유럽에서만이 개인주의적인 심성 내지 합리성이 발전했다……."

이런 여러 테제가 나왔지만, 막상 18세기 이전의 시대를 고찰해 보면, 유럽 이외의 문명에서도 얼마든지 그런 요소들을 찾을 수 있다는 것이 지적되었다.

군사혁명이라는 설명 역시 이 물음에 완벽한 대답을 주는 것은 아니다. 그러나 아주 소박하면서도 상당히 중요한 —— 그리고 오늘날까지 여전히 많은 것을 설명해 주는 —— 부분적인 대답은 얻을 수 있다.

"주먹 센 놈이 이긴다!"

이것을 한 차원 더 끌어올리면 진정 세계사적인 설명도 가능하다. 군사혁명이 일어난 다른 예로는 전국시대(戰國時代)의 중국이 있다. 당시 마차와 활 중심의 군대가 대규모 창병과 보병을 주축으로 하는 군대로 변한 데다가 주요 국가의 군대 규모는 1백만 명에 육박했다고 한다. 그리고 이 군사력을 통제하기 위해 국가가 관료제를 갖춘 전제 국가로 변했다. 말하자면 전국시대의 중국에서도 군사혁명의 기본적인 네 가지 요소가 모두 관찰되는 것이다. 그 최종적인 결과는 진나라에 의한 제국 건설이었다.

근대 초 유럽의 군사혁명은 말하자면 역사상 두 번째 것으로서, 군사력의 강화는 유럽 내의 여러 근대 국가를 강화시켜 나갔다. 다만 고대 중국의 경우와 다른 것은 유럽대륙 전체가 하나의 제국 건설의 길로 나아간 것이 아니라 여러 강대국들이 비교적 골고루 강화된 것이다. 즉 여러 강대국들 간에 힘의 균형이 이루어져서 —— 또 이렇게 엇비슷한 군사력을 가진 국가들이 경쟁하게 되었다는 사실 자체가 다시 군사력 강화의 중요한 요인이 되었다 —— 한 국가가 나머지 모든 국가를 복속시킬 수 없게 되자 그 힘이 바깥 세계로 작용하였다는 점이다.

전 지구적인 차원에서 군사력의 균형이 유럽으로 기울어지자 유럽 세력은 안에서 키운 군사력을 이끌고 바깥으로 나가 해외 식민제국을 건설하게 된 것이다. 즉 중국에서의 첫 번째 군사혁명은 '제국' 건설을 가져왔고 유럽에서의 두 번째 군사혁명은 '제국주의'의 팽창을 가져왔다.

군사혁명을 이야기하는 학자들이 군사력 하나만으로 모든 것을 다

설명하려는 것은 물론 아니다. 그러나 가장 단순한 이 주장이 무시할 수 없는 설명력을 가지는 것은 사실이다. 오늘날 팍스 아메리카나 (Pax Americana. 미국의 평화)의 기본 요소가 미군(美軍)이라는 점을 누가 부인하겠는가. 대학에 연구비와 교육비는 턱없이 모자라도 한 척에 1조 원이 드는 이지스 함을 구입해야 하는 오늘날, 이 단순한 주장은 정말로 단순하게도 이 세상을 잘 설명하지 않는가?

# 지도자 동지의 배낭 여행

여행은 사람을 크게 만든다. 넓은 세계를 직접 경험하면서 이 세상을 알게 되고 그런 가운데 자신의 내면도 성숙하는 기회를 갖게 되기 때문이다. 그러니 인민들의 아버지로서 만백성을 다스리게 될 군주들이야말로 여행을 많이 할 필요가 있다. 특히나 자기 민족과 국가의 후진성에 대해 고민하며 어떻게 하면 하루라도 빨리 근대화를 이룰까 노심초사하는 후진 국가의 군주 혹은 왕자일수록 발전된 이웃 국가를 돌아보고 싶은 마음이 클 수밖에 없다.

우리는 그러한 대표적인 사례로서 러시아의 표트르 대제를 들 수 있다. 역사상 그만큼 자기 조국의 발전에 대해 고민하고 또 그만큼 국가의 발전에 직접적으로 큰 영향을 미친 인물이 또 있을까? 한 인간을 가지고 역사의 발전을 설명하는 '영웅 사관' 같은 것이 이미 낡은 스타일이고 많은 역사가들의 비판을 받는 것이 사실이지만 그렇다고 해서 인간의 중요성이 적은 것은 결코 아니다.

표트르는 1672년 5월 30일 크렘린 궁 안에서 태어났다. 그의 아버지인 차르 알렉세이는 첫 번째 부인과 사별하고 다시 결혼해서 표트

표트르(1682~1715)는 러시아를 군사 강국으로 만
들어서 유럽사에 진입하려고 시도했다. 이 그림에서
는 표트르 대제의 군사적인 측면이 강조되어 있다.

르를 낳았다. 그런데 그가 네 살이 되었을 때 아버지가 심한 감기에
걸려 사망했다. 그의 배다른 형인 표도르가 차르가 되었으나 그는 겨
우 6년을 통치하다 죽었다.

그리하여 이제 열 살이 된 표트르에게 황위가 돌아왔지만 3주 후에
그의 배다른 누이인 소피아가 황실 호위군(스트렐치)을 등에 업고 혁
명을 일으켜서 자기의 친동생 이반을 차르로 앉히고, 그녀 자신이 섭
정이라는 이름으로 권력을 장악했다. 이 쿠데타 과정에서 자신을 지
지하는 인물들이 눈앞에서 창에 찔려 죽는 모습을 본 표트르로서는
어머니, 누이동생과 함께 작은 시골 마을에 유폐되어 버린 것이 차라
리 마음 편하고 다행스러운 일이라고 여겼을 것이다.

그러나 이곳에서 표트르가 무위도식하며 지낸 것은 아니었다. 그는

두 사람의 네덜란드인을 가정교사로 두었는데, 이들과 함께 소형 보트를 만들어 강과 호수를 탐험하며 놀았다. 그가 평생 해군과 선박에 관심을 가지게 된 것도 이때부터라고 흔히 이야기한다. 그리고 어린 귀족 자제들과 병정놀이를 즐겼다고 하는데, 이것 역시 단순한 놀이에 그친 것이 아니어서 흥미롭게도 바로 이때 친하게 지낸 인물들이 나중에 그의 군대에서 핵심 간부가 되었다.

그런데 권력을 손에 쥔 그의 이복 누이 소피아가 장래의 화근을 미리 없애려고 작심을 했는지 표트르를 살해하려고 했는데, 이를 눈치 챈 표트르는 미리 손을 써서 수도원으로 도망가 버렸다. 그리고 곧 전세를 역전시켜 역으로 쿠데타를 일으켜 권력을 잡고는 소피아를 평생 수녀원에 유폐시켰다. 그리고 결혼도 하고 ── 곧 이혼해 버렸지만 ── 정식으로 통치를 시작했다.

그런데 표트르는 차르가 되자마자 곧 서구 세계의 여행길에 오르는데 이것이야말로 특이한 일이라 하지 않을 수 없다. 서유럽 각국을 돌아다닌 중요한 이유로는 당시 러시아가 터키와의 전쟁에서 불리한 입장에 놓여 있었기 때문에 서구 각국의 지원을 얻으려고 했다는 점을 들 수 있다.

그러나 그런 여행치고 약간 이상한 면모를 보인 것은 표트르가 아주 친한 주변 인물만 데리고 자신의 이름까지 바꿔가며(그는 표트르 미하일이라는 이름을 사용했다) 유럽의 각 지역을 몰래 돌아다닌 점이다. 그의 나이 스물 여덟 살이 되던 해인 1698년에 러시아를 떠나 스웨덴령 발틱 지역들, 프로이센을 비롯한 북독일 지역들, 네덜란드, 영국, 오스트리아, 작센, 폴란드 등지를 돌아다녔다.

물론 그는 원래의 여행 목적대로 국가 원수로서 해당국 국왕들을 만나서 대(對) 터키 군사 동맹 문제를 논의했지만 이 점에서는 큰 성

표트르는 귀국한 후 긴 수염을 강제로 자르는 조치를
취했다.

과가 없었다. 대신 서유럽 사회의 여러 측면들을 골고루 참관하는 것
이 중요했다. 예컨대 영국에서는 의회, 그리니치 천문대, 런던탑 등
을 살펴보았다. 그러나 이 여행 중에 아마도 그에게 가장 의미 있는
곳은 네덜란드였을 것이다. 해군에 큰 관심을 가지고 있던 표트르는
이곳에서 아예 조선소에 일꾼으로 들어가 직접 일을 하기도 했다. 발
전된 서유럽을 직접 겪어보려는 열의가 어느 정도였는지 짐작이 가
고도 남는다.

중간에 고국에서 군사 반란이 일어났다는 소식을 듣고 급히 러시아
로 향하기까지 그가 배낭 여행을 한 기간은 18개월에 이른다. 이 여
행이 그의 통치에서 정말로 중요한 의미를 가지고 있었다고 짐작할
수 있는 것은 한두 가지 에피소드만 보아도 충분하다.

그는 우선 사람들의 긴 수염부터 강제로 자르게 했다. 우리 나라에서 단발령 당시 목숨을 걸고 저항한 유생들을 생각해 보라. 수염이나 머리카락을 자른다는 것은 완전히 새로운 인간으로 변한다는 아주 큰 상징적 의미가 있는 일이다. 심지어 서유럽에서 가지고 들어온 치과 기구를 직접 실험해 보고 싶었던 그는 궁정 사람들의 생니를 뽑아 보기도 했다. 이 사람들은 근대화의 아픔을 '몸으로' 겪었다고나 할까.

무엇보다도 가장 중요한 변화는 페테르부르크라는 신도시의 건설이었다. 도저히 도시가 들어설 수 있을 것 같지 않은 네바 강 하구의 뻘밭에다가 그는 토목공사를 벌였다. 그 자신이 살 집을 짓게 한 다음 1천 명의 귀족들과 500명의 상인들에게 가족을 이끌고 신도시에 와서 살도록 강요했다. 그리고 왕궁과 조선소 등의 주요 시설들을 짓게 했다. 결국 신도시가 기적처럼 들어서게 되었다.

'표트르의 도시'라는 뜻의 페테르부르크(Peterburg)라는 이름은 사람들이 흔히 오해하듯이 독일식의 이름이 아니라 네덜란드식 이름이다. 그가 서구화의 모델로 삼은 것은 당시 서유럽의 전통적인 해상 강국인 네덜란드였기 때문이다. 러시아가 발전하기 위해서는 육지에 갇혀 있어서는 안 되고 해양으로 뻗어나가야 한다는 것이 그의 기본 생각이었다. 다만 터키가 아직 강하게 저항하는 흑해 방면으로 팽창하는 것이 힘들었기 때문에 그 대신으로 '서구를 향한 창'을 발틱 해로 낸 것이었다.

러시아가 발틱 해로 팽창하려고 할 때 당장 충돌했던 나라는 스웨덴이었다. 당시 전성기를 구가하던 스웨덴은 북유럽 최강의 군사 대국이었다. 러시아가 유럽사의 무대에 강대국으로 등장하기 위해서는 바로 스웨덴을 물리치지 않으면 안 되었는데, 그것은 18세기 초엽 양국이 치열하게 벌였던 대(大)북방 전쟁으로 나타났다. 이 전쟁에서 승리를 거두어 러시아는 20세기에 세계 최강국의 하나로 발전하는 긴 역사적 도정에서 첫걸음을 뗄 수 있었다.

이렇게 긴 역사적 맥락에서 보면 지도자 동지의 배낭 여행은 생각보다 중요한 역사적 사건이 될 수도 있다.

복잡한 가정 내의 스토리와 얽혀 있는 정치적 격변, 청소년기의 방황 끝에 카리스마적인 지도자로의 변신, 국가 전체를 근대화시키려는 강렬한 욕구, 그러기 위해 이름까지 바꿔가며 수행하는 해외 배낭 여행…….

때로 역사는 정말로 비슷한 양태를 재현하는 것일까? '김정일 동지'에게서 표트르의 모습을 얼핏 읽을 수 있는가 하면, 다시 그의 아들 '김정남 동지'까지 똑같은 코스를 밟고 있는 것으로 보인다. 그의 '일본 디즈니랜드 방문'은 표면적으로 코미디처럼 끝났으나 그것이 혹시 긴 역사적 안목에서 보면 또 어떤 중요한 의미를 가진 것일까?

# 돈키호테의 시대
■ 신화와 좌절

시대를 초월하는 걸작이 있다. 17세기 초에 에스파냐의 문호 세르반테스가 쓴 《돈키호테》는 벌써 400년째 많은 사람들의 사랑을 받고 있다. 그러나 이 작품이 시대를 넘어 그토록 사랑받는 이유는 바로 자기 시대에 너무나도 투철한 작품이기 때문이다.

중년에 접어든 카스티야의 시골 귀족 돈키호테는 늙은 말 로시난테를 타고, 그의 충직한 종자(從子) 산초 판사와 함께 모험을 찾아 나선다. 그는 에스파냐 각지를 돌아다니면서 거인과 맞서 싸우고 구원(久遠)의 여인 둘시네아를 위해 다른 기사들과 일전을 벌이기도 한다(고 스스로 믿는다).

기사 소설을 너무 많이 읽어 머리가 약간 이상해진 사나이가 벌이는 이 모험담은 중세를 벗어나 근대로 접어드는 에스파냐의 사회 구석구석을 들쳐 보여주는 슬픈 코미디다. 그 사회는 아직 중세적 이념을 깊이 간직하면서도 차가운 근대적 현실의 흐름에 휩쓸려 들어간 곳이고, 전세계를 정화하고 보호한다는 웅대한 이상과 걸인들이 넘쳐나는 빈한한 현실이 공존하는 곳이다.

이 사회를 이해하려면 스스로 미친 인간이 되어 이 세계를 하나하나 겪어보는 수밖에 없다. 그러나 이 미쳐 돌아가는 세상을 단지 미치광이의 눈으로만 본다면 그 역시 반밖에 보지 못하는 것이다. 산초 판사가 그 옆에 바짝 붙어서 자기 주인이 하는 언행에 토를 달고 말싸움을 하는 이유가 거기에 있다.

이 작품을 읽다보면 주인공 돈키호테의 우행만큼이나 흥미로운 것이 부주인공 산초 판사의 입담이다. 그가 적시적소에 뱉어내는 엄청난 수의 속담은 현실 세계의 이성을 대변한다. 그러므로 이 두 사람은 극단적으로 찢겨진 근대 세계를 탐사하는 데에 필요한 이상주의와 이성을 모두 갖춘 환상의 커플이다.

이들을 배출해낸 당시 에스파냐는 어떤 곳이었는가? 한마디로 그곳은 극과 극을 오가는 세상이었다. 16세기 전반으로 거슬러 올라가면 합스부르크 황실은 독일 – 오스트리아와 에스파냐를 중심으로 하여 네덜란드, 그리고 현재의 프랑스와 이탈리아의 일부 지역까지 합쳐 이미 거대한 영토를 소유하고 있었으며, 여기에 더해서 나머지 유럽 전 지역을 얻어 로마 제국을 재건하려고 했다.

그러나 사실 이 신성 로마 제국은 볼테르의 말대로 신성하지도 않고 로마와도 무관하며 제국도 아닌 그림자에 불과했다. 황제 카를 5세는 독일 쪽 영토와 에스파냐를 분리하여 아들에게 에스파냐 왕위를 물려주었으니 그가 곧 펠리페 2세다.

그러나 펠리페 2세는 즉위하자마자 곧 심각한 재정 문제에 몰려서 결국 국가 파산을 선포할 수밖에 없었다. 이러한 수치는 곧 프랑스와의 생캉탱 전투에서 파리를 위협할 정도의 결정적인 승리를 거둠으로써 영광의 극단으로 반전되었다. 그러나 그것도 잠시뿐, 에스파냐 영토였던 네덜란드가 억압에 항거하여 반란을 일으킨 끝에 독립을 성취해 나갔다.

그 아픈 기억을 이번에는 레판토 해전의 승리로 완전히 지울 수 있었다. 욱일승천하던 터키의 해상 세력을 격파한 에스파냐는 기독교권 전체를 수호하는 보루로서 찬양받았다. 그러나 이러한 영광도 오래가지 않았으니, ‘무적함대’ 라는 별명을 얻고 있던 에스파냐 해군은 영국을 정복하기 위해 공격에 나섰다가 거의 섬멸당하는 정도의 패배를 맛보았다. 그렇지만 다른 한편으로 포르투갈 왕실을 합병하게 되어 아메리카와 아시아에 거대한 식민지를 소유한 세계 최대의 제국이 되었다. 도대체 이 나라는 종잡을 수 없을 만큼 영광과 좌절을 번갈아 겪고 있었다.

정치만이 아니라 경제도 마찬가지였다. 아메리카의 식민지로부터 엄청난 양의 금은이 들어오고 있었지만 국내 산업이 워낙 부실하다 보니 이 ‘보물’ 은 국내에 들어오자마자 곧 수입 대금 지불을 위해서 외국으로 유출되었다. 에스파냐 자신이 다른 나라에 대해 아메리카 식민지 같은 역할을 했던 셈이다.

그러면서도 종교적 열정은 뜨거워서 모리스코(무어인)들을 내쫓음으로써 그나마의 경제력을 스스로 내버렸다. 걸인들은 넘쳐나고 있었고 사방에 도둑들이 들끓었다. 그러나 민중들은 도둑보다 더 도둑인 국가 기구에 대해서 워낙 반발이 심한 나머지 차라리 강도 집단들에게 호의를 품고 있었다. 국가 기구는 그만큼 무능력했다. 지방에서나 해외 영토에서 촌각을 다투는 일들이 일어나고 있었지만, 국왕은 하루에 일할 만큼의 문서를 천칭 저울로 달아서 그것만 읽은 뒤 처리하고 있었다.

기생적인 성격의 귀족들은 파티를 열어서 먹고 노는 일을 삶의 전부로 삼고 있었다. 그렇다고 이 사람들의 재정 상태가 좋으냐 하면 그건 아니었다. 대부분의 귀족들은 빚을 지고 있었지만, 그래도 계속해서 돈을 빌려 파티를 그치지 않았다. 그러니 은행가들이 수없이 파산해 버리는 것이 당연한 일이었다. 사실 인플레이션이 어찌나 심한지 돈을 빌려서 써버리는 것이 더 합리적인 일인지도 모를 지경이었다.

하여튼 부자들은 계속 먹어대고 있었으나, 인구 대부분을 차지하는 일반 평민들은 굶주림에 시달리다가 페스트 같은 전염병이 돌면 파리처럼 죽어갔다. 그렇게 가난한데도 품격 있는 이 나라 사람들은 너도나도 하인을 두고 있어서 심지어는 직업 걸인이 하인을 두는 경우도 있었다고 한다. 게다가 가난한 사람들은 웬만하면 일을 하지 않으려고 했다. 신심 깊은 수많은 사람들이 교회에 기증을 너무 많이 했기 때문에 죽도록 일해서 보람없는 결과를 얻는 것보다 교회에서 주는 보시를 타먹는 것이 쉬웠기 때문이다.

이런 정신분열증적인 세계를 돌아다니는 돈키호테가 온전한 제 정신을 가지고 여행을 할 수는 없었으리라. 중세적 기사도의 관념, 세계를 지배하려는 거대한 제국의 꿈, 지극한 기독교 신앙의 옹호, 이런 아름다운 외관 밑에는 뭔가 망해 가는 분위기의 사회 구조가 놓여 있었다. 스러져 가는 황금의 세기, 차디찬 현실, 위기의 사회……. 아름다운 꿈과 고통스러운 현실 사이를 위태롭게 헤쳐나가는 돈키호테의 우스꽝스러운 행각에서 어딘지 모르게 애잔한 느낌을 받게 되는 것은 당연한 일이다.

그로부터 약 400년 후(《돈키호테》 제1부는 1605년에, 제2부는 1615년에 출판되었다), 세르반테스가 묘사했던 에스파냐의 사회상이 왠지 낯설지 않게 느껴진다. 우리 사회 역시 곳곳에서 비슷한 허망함이 배어 나온다. 정치인들을 보면 통일을 눈앞에 둔 것처럼 큰 희망을 불러일으키다가도 돌아서면 곧 진흙밭에 뒹구는 개처럼 싸워댈

뿐이다. 세계를 경영하겠다던 기업가는 사실은 빚을 빌려오는 귀재에 불과했고 급기야 쫄딱 망해 버린 도망자가 되었다. 한 벌에 500만 원 하는 옷이 있는가 하면 한편에선 매서운 혹한에 폭설로 인해 연탄 배달도 안 되어 독거 노인이 굶주린 채 냉골에 누워 있다. 학생들은 장래가 불투명한 데다가 등록금도 없어서 휴학하고 군 입대를 서두르지만, 그래도 한 잔에 5천 원 하는 커피를 마시며 논다. 울긋불긋한 스포츠 신문에는 박찬호가 몇십억 원을 번다는 기사들이 가득하다. 노동자들은 계속 짤리는데, 사람들은 카지노에 가서 '왕대박'의 꿈만 꾼다. 88열차처럼 한없이 올라갔다가 바닥이 안 보이는 나락으로 떨어지는 이 허망함은 어디에서부터 자라난 것일까? 도대체 우리 사회의 기준은 어디에 있는 것일까?

사람들은 웃기는 건지 슬픈 건지 모를 황당한 유머를 즐기고 있고, "난 미쳤어!" 하고 벌렁 눕는 광고가 인기다. 그래, 이건 어쩌면 미친 세상이다. 우리는 모두 눈물의 골짜기를 지나는 슬픈 얼굴의 기사, 미쳐 돌아가는 이 사회가 언제 다시 침착한 평정을 되찾고 사람들은 고향집으로 돌아갈까?

# 국회의원들의 뇌를 반으로 잘라서 서로 붙여라

　서구 민주주의의 꽃이라 할 수 있는 의회제는 18세기 영국의 작품이다. 사실 15세기에만 해도 영국은 기껏해야 양을 키워 양모나 수출하는 별 볼일 없는 변방 국가였으나 16세기 이후 급속한 사회경제적 발전을 이루어서 18세기에 이르면 장차 산업혁명과 "해가 지지 않는 제국"을 예고하는 유럽 내 일류 국가로 확고히 자리잡게 되었다. 정치적으로도 이에 걸맞게 의회가 국왕의 절대 권력을 통제하는, 실로 개명된 정치 제도를 만들어가고 있었다.

　영국에서 의회 제도가 발전하게 된 데에는 하노버 왕조 시대의 독특한 사정도 작용했다. 앤 여왕의 사후 왕위는 독일의 하노버 선제후에게 돌아갔는데, 조지 1세라는 이름으로 영국 왕이 된 이 인물은 54세의 독일인으로서 영국 국내 정치에는 관심도 없는 데다가 무엇보다도 영어를 한마디도 못했다. 그의 아들인 조지 2세 역시 크게 다르지 않아서 영어를 어느 정도 말하기는 하지만 여전히 서툰 데다가 그역시 영국보다는 자기 출신지인 하노버 문제에 대해서만 관심을 두고 있어서 이에 대한 비판이 거셌다. (영어로 치자면 다시 그의 아들

영국의 부패한 투표제도를 그린 것으로 투표 장소로 가기 전에 뇌물로 공짜 진을 마시는 모습이다. 당시에는 공개 투표제도였기 때문에 뇌물은 더욱 효과적이었다. 영국에서 비밀 투표제가 확립된 것은 1872년에 가서의 일이다. 영국의 판화가 윌리엄 호가스의 에칭화.

인 조지 3세에 이르러서야 시원스럽게 이야기를 했으니, 영국 국왕이 영어를 배우는 데 3대가 걸린 셈이다).

이처럼 국왕이 정치에 대해 무심하고 능력도 없으므로 이 시기의 정치는 의회를 중심으로 전개될 수밖에 없었다. 그 이전 시기부터 형성되어 있던 토리와 휘그라는 두 개의 파벌은 서서히 '정당'으로 발전해 갔고, 따라서 본격적인 정당 정치라는 것이 이루어지게 되었다. 이제 내각은 다수 당에서 조각하고 그 내각이 의회에 책임을 지는 전통이 확고하게 성립되었다. 그리고 내각의 대표 한 명이 국왕에게 자신들의 결정을 보고하는 역할을 맡았는데, 이것이 나중에 총리로 발전했다.

이 제도를 볼테르와 몽테스키외가 보고 감탄했다지만, 사실 이 시대의 의회제는 많은 문제를 안고 있었다. 우선 일부 상층계급에게만

승리한 당선자가 행진하다가 반대편 운동원과 충돌하여 폭력 사태가 벌어진 장면이다. 영국의 판화가 윌리엄 호가스의 에칭화.

정치 참여가 허용되었을 뿐 아니라, 선거구도 백년 전인 엘리자베스 시절을 근거로 했기 때문에 인구가 많으면서도 대표가 없는 곳이 있는가 하면 인구가 거의 없으면서도 대표를 뽑는 곳도 많았다. 물론 표를 매수하는 부정도 많이 저질러졌다.

이 시기의 대표적인 정치 지도자는 두 차례나 내각을 이끈 월폴이었다. 그는 능력 있는 정치인이고 개인적으로는 청렴했으나, 당시의 부패한 정치를 그대로 끌고 감으로써 조직적인 부패를 더욱 부추기게 되었다. 그의 정치 모토는 "고요를 깨지 말라"였다. 경제적으로 번영을 누리고 유럽 국제 정치에서 영국의 지위가 불리할 것이 없는 한 그 상황을 그대로 지켜가려고 한 것이다.

그러나 그 고요의 밑으로는 그야말로 총체적인 부패의 늪이 부글부글 끓고 있었다. 귀족은 포르토에, 그리고 하층민은 진에 취해 있었던 것이 당시 사회의 모습이었다. 종교는 아무런 의미를 주지 못해서 당시 "국교회는 영혼 없는 해골에 불과했다." 이전 세기에 그토록 굳건했던 민족 의식도 희미해져서 당시의 떠도는 말에 의하면 "영국은 더 이상 민족도 아니었다."

대략 이 시기에 출판되어 나온 조너던 스위프트의 《걸리버 여행기》(1726)는 어찌된 일인지 오늘날에는 어린아이들이 보는 동화책 정도로 알려져 있지만, 실상 이 시기의 정치와 사회에 대해 예리하기 그지없는 풍자를 시도한 책이다.

예컨대 '소인국'은 영국의 자잘한 정치판을 비난하는 내용으로 가득하다. 이 나라에서는 국왕의 신임을 얻고 고위 공직에 오르려면 줄 위에서 춤을 추는 묘기 경쟁에서 승리해야 한다. 가장 오랫동안 떨어지지 않고 줄 위에서 춤을 잘 추는 사람이 자리를 얻게 된다.

그런데 이 나라에서는 언제부터인가 두 개의 당파가 서로 싸우게 되었는데, 그 유래는 구두의 높은 굽과 낮은 굽 사이의 갈등 때문이다. 현재 국왕은 오직 낮은 굽을 신은 사람만을 등용하며, 국왕 자신도 다른 사람들보다 훨씬 낮은 굽만을 고집한다. 그런데 문제는 다음 왕위를 이어받을 왕자가 높은 굽을 따르는 듯하다는 점인데, 이것이 아주 첨예한 정치 문제가 되고 있다. 왕자의 신발 가운데 한쪽의 굽이 다른쪽 굽보다 조금 높아서 길을 걸을 때마다 왕자가 약간씩 절름거리고 있다는 것을 정치 평론가들은 놓치지 않고 주시하고 있다.

또 국내적으로 심각한 정치적 갈등을 야기하고 심지어 주변국들과의 전쟁까지 불러일으킨 문제가 있는데, 그 기원은 놀랍게도 계란을 깨는 법에 있었다. 계란을 깨는 가장 오래된 방법은 넓고 둥근 방향의 끝부분을 깨는 것이었다.

그런데 현왕(現王)의 할아버지가 소년일 때 그런 방식으로 계란을

《걸리버 여행기》 중 '소인국'. 18세기 영국의 자잘한 정치판에
대한 통렬한 풍자이다.

깨다가 손가락을 베는 사건이 일어나서 그때부터 계란을 깰 때는 오
직 좁은 방향의 끝부분만을 깨라고 명령을 내렸고 또 이것을 어기는
경우에는 엄벌에 처하게 되었다. 그러나 이로 인해 여섯 차례의 반란
이 일어났고 만 명 이상의 사람들이 좁은 방향의 끝부분으로 계란을
깨느니 차라리 죽음을 택하였다. 아직도 넓은 방향의 끝부분을 깨는
것을 옹호하는 사람들이 있으나 이들에게는 출판의 자유가 제약되어
있다. 그렇지만 《성경》에는 사람들에게 편리한 방향으로 계란을 깨라
고 되어 있을 뿐이다.

정치 풍자에 대한 백미는 이 책의 3부인 '하늘을 나는 섬의 나라'
다. 이 나라에서도 두 당파의 사람들이 지나치게 싸우고 있었는데 학
술원의 정치학자들은 이를 해결하기 위해서 다음과 같은 안을 내놓
았다.

두 정당의 의원 100명을 골라내서 기술 좋은 외과의사가 이들의 뇌
를 톱으로 반씩 자른 다음 반대편 정당의 사람들 뇌에 붙인다. 그러
면 그들의 두개골 안에서 한참 싸움이 벌어질 테지만 얼마 안 가서
서로를 이해하게 되리라는 것이다. 그러면 이제 정치가들의 뇌에서
국민들이 그토록 바라는 중용과 조화가 나올 수 있을 것이다.

또 한 가지 묘안으로서 의원 선출을 차라리 제비뽑기로 하되 대신
그들이 투표할 때에 무조건 왕실을 위해 투표하도록 서약을 받는 방
식도 제시되었다. 그래도 말썽을 부릴 의원이 있을 것 같으면 정치
감사실에서 그들의 대변을 잘 조사해 보면 알 수 있다. 왜냐하면 사람
이 변기에 앉을 때면 언제나 진지하고 생각이 깊어지기 때문이다(이
건 내 생각인데, 대변이 너무 굳어 있는 의원은 강경파이고 붉은 색조
가 도는 대변을 보는 의원은 좌파 성향의 친북 인사임에 틀림없다).

의회 민주주의의 최선진국이라는 영국에서도 의원들이 이런 정도
의 조롱을 받았다는 것을 보면 우리 나라의 국회의원들만 예외적으
로 썩은 존재인 것만은 아닌 모양이다. 무능하고 부패한 국회의원 집
단, 국민은 안중에 없고 오직 자신들의 당리당략에만 몰두하는 패거
리들, 이런 저질 정치가들 없는 세상에서 한 번 살아보고 싶다.

# "세상이여 망해라, 새 세상이 오도록"
■ 위기 시대의 종교

역사상 수많은 위기들이 거론되지만 많은 역사가들은 아마도 유럽의 중세말(대략 14~15세기)이 가장 격심한 위기의 시대였을 것이라고 말한다. 위기의 세 박자는 전쟁, 기근, 질병이었다.

역사상 가장 유명한 전염병인 페스트를 보자. 그야말로 어느 날 갑자기 들이닥친 이 질병으로 유럽 인구의 3분의 1이 죽었다고 한다. 우리 나라 인구 5천만 명을 가지고 환산하면 몇 년 새에 1,500만 명이 전염병으로 죽은 셈이다! 백년 전쟁은 물론 백년 내내 계속해서 싸운 것은 아니라고 하더라도 생활을 피폐하게 만들기에 충분했다. 그리고 이런 것들의 원인이자 결과로서 심각한 흉작과 기근이 연이어 발생했다.

이런 상황에서 민중들이 동요하지 않을 수 없었으리라. 그런데 이들을 위로하고 인도한다고 하는 교회는 어떤가? 교회가 사람들을 구원하기는커녕 교회야말로 이 세상에서 가장 부패하고 무능력하고 죄많은 곳이었다 해도 과언이 아니다. 정치 놀음에 휩쓸리는가 하면 돈맛을 알게 된 교회는 자기들끼리 싸우다가 갈라서고 말았다. 카톨릭 교리에서 도대체 교황이 어떤 존재인가? 베드로의 계승자로서 이 세상에서 하느님의 뜻을 펼치고 만민을 인도하는 최고의 존재 아닌가? 그런데 두 명의 교황이 들어서서 서로 상대방을 악마로 선언하고 서로 파문에 처했다.

보다못해 각 지역의 뜻 있는 원로들이 모여 이 난국을 수습하자며 공의회를 열어 두 교황을 모두 은퇴시키고 제3의 인물을 새 교황으로 모시려고 하였으나, 오히려 사태가 악화되어 이번에는 세 명의 교황이 들어서고 말았다. 교황청이라는 꼭대기만 썩은 것이 아니어서, 시골 교회로 가면 라틴어로 미사를 하지 못하는 무능한 신부, 독신을 안 지키는 정도를 넘어서 첩까지 두는 신부, 교회직을 돈 주고 매매하는 신부들이 부지기수였다.

일반 민중들은 비록 무식하고 그래서 자기 생각을 조리 있게 표현하지는 못했지만 그래도 이 세상이 지금 어떻게 돌아가고 있는지 감각적으로 알고 있었다. 그들은 배운 사람들의 고상한 표현은 따라하지 못하더라도 소박하고 거칠게나마 자신들의 생각을 이야기할 수 있었으니, 그들이 아는 유일한 '문법'인 종교의 언어를 빌려 "지금 벌어지고 있는 일들은 하느님의 뜻에 맞지 않는다", 혹은 "옛 법에 어긋난다"고 말하곤 했다.

때로 그들이 훨씬 더 과격한 주장을 펼치는 때가 있었다. 이때에는 필경 이들에게 불을 지른 '사상가들'이 있게 마련이다. 이 사람들은 대부분 종교적으로 편향되었다고 할까, 뭔가 '삐딱한' 자세를 가지고 있었으며, 흔히는 기존 교회로부터 떨려져 나온 사람들이었다. 그 중요한 흐름들로서 신비주의 운동이나 말세론, 천년왕국운동 등을 들 수 있다. 사실 이런 종교적 흐름은 고대 종교로부터 면면히 이어져온 것이고, 그 자체로서는 반드시 이상한 방향으로 나간다고 말할 수는 없다.

그러나 여기에 여러 신앙의 요소들이 섞인 채 지하에 잠복해 있다가 사회적 위기 요인들과 겹쳐지면서 폭발해 나올 수가 있다. 특히 뿌리뽑힌 빈민층과 결합했을 때 극단적이고 폭력적인, 때로는 혁명적인 운동으로 폭발하기도 한다. 가난한 사람들은 자신들의 물질적 조건을 개선하고자 하는 욕구를 종교적인 환상 속에 혼합시키고 그럼으로써 순결하게 재생될 새로운 세계를 갈망하였다. 이런 가운데 그들은 스스로가 새 세상을 만들 수 있는 예언자, 혹은 하느님의 전사(戰士)라고 믿고, 때로는 자기 생각을 폭력적으로 실천하고자 했다. 천년왕국운동이 대표적인 사례라 할 수 있다.

'천년왕국운동(millenarianism)'은 종말론의 한 변형으로서, 그 주된 내용은 그리스도가 재림하여 지상에 메시아 왕국을 건설하고 천년 동안 통치를 하며 그 후에 마지막 심판이 일어난다는 것이다. 이 재림 왕국이 건설되기 직전이 바로 말세로서, 이때에는 적그리스도(anti-christ)가 출현하여 세상을 혹세무민(惑世誣民)하고 선민(選民)들을 괴롭힌다. 중세말의 시대에 많은 사람들은 '바로 오늘 이 시기'야말로 말세요, 적그리스도가 세상을 어지럽히는 시기라고 믿었다. 천년왕국운동에는 여러 가지 흐름이 있으나 여기에서는 자유심령파 형제단(Free Spirits Brethren)을 예로 들어보자.

이것은 신플라톤주의적인 형이상학에서 영향을 받은 것으로 보이는데, 이들의 생각을 살펴보면 다음과 같은 단계들로 정리된다.

1. 모든 피조물은 신성(神性)을 띠며 그 시원(始原＝신)을 향하고 있다.

2. 시간의 종말이 되면 신성이 넘쳐나고 사물은 다시 신에게로 흡수된다.

알브레히트 뒤러의 〈진노의 큰 날〉. 그림의 내용은 〈요한계시록〉 제6장 제12절에서 제17절에 따른 것이다. "진노의 큰 날이 이르렀으니 누가 능히 서리오."

3. 내 안에 신이 들어선다. 그 신성을 인식하기만 하면 곧 영적 존재가 되며 바로 천국시민이다. 반대로 지옥이란 이런 인식을 하지 못한 상태를 뜻할 뿐이다.

4. 이렇게 영적 수준이 높은(즉 먼저 인식한) '도사'들이 있고 영적 수준이 낮은 무리들이 있다. 이 도사들은 예수, 마리아, 성인들보다도 높은 존재들이며 이 세상에서 하는 일 모두가 완벽하다.

5. 신을 섬기기 위해서는 스스로 신이 되어야 하는데 벌써 이 단계에 이른 자들은 "이제 더 이상 하느님이 필요 없다."

6. 더 나아가서 이들은 점차 허무주의적 과대 망상으로 치닫게 되고 또 철저한 반도덕주의자가 된다. 왜냐하면 양심의 가책이란 '무지'의 상태에 있는 것, 지옥에 있는 자들의 일일 뿐이며, 죄란 죄라고 생각할 때에만 죄이기 때문이다. 즉 그들은 도덕을 초월해 있다.

7. 이것이 진화하면 야릇한 에로티시즘으로 발전한다. 소위 아담 숭배라는 이름으로 집단 난교를 하기도 하는데, 이것은 타락 이전의 순결 무죄의 상태로 되돌아가는 의식이며, 이들과 성교를 하면 오히려 이전에 잃었던 처녀성을 회복하게 된다. 대부분의 신도들은 이제 이들에게 무조건의 복종 서원을 하게 되며 그 반대 급부로 그들은 결코 죄를 범할 수 없다는 확신을 가지게 된다.

8. 이쯤에서 놀라운 일이 벌어지는데, 이들이 혁명적 사상으로 경도되는 것이다. 이들의 무한한 우월감의 한 갈래가 사유재산의 부정으로 이어진다. 즉 진실로 자유로운 자는 만물의 주인이며 따라서 무엇이나 사용할 권리를 가진다는 것이다. 말은 그렇게 멋있게 하지만 실제 내용은 마구잡이 강탈 행위이며 구체적으로는 집단적인 떼강도가 된다.

원래 청빈(淸貧)의 교리라는 것도 교회나 권력에 의해 통제될 때에는 아주 보수적인 성격이기 쉽지만(마지막 심판을 두려워하며 모두 가난한 마음으로 살도록 하라, 부자는 가난한 사람을 돕고 가난한 사람들은 만족하면서 살라), 일반 민중들은 이것을 아주 혁명적으로 받아들일 수가 있다. 또 마지막 심판이라는 것도 가난한 사람들에 대한 위로가 될 수도 있으나 민중들은 지극히 선동적인, 폭발력 있는 혁명의 예언으로 바꾸어 받아들였다. 말세가 가까워오고 이 임박한 사건에 대해 대비해야 하며, 더 나아가서는 말세를 앞당기기 위해 칼을 휘둘러야 한다. 이 세상이 무너져야 새 세상이 온다면 우리가 지금 이 세상을 부숴 버리면 될 것 아닌가.

워낙 폭넓은 내용을 담고 있는 복합적인 종교 현상을 이렇듯 단순하게 말해 버리면 오해를 가져오기 쉬운 것이 사실이다. 그러나 분명히 말할 수 있는 것은 종교는 저 세상의 일이 아니라 바로 이 세상의 일이기도 하다는 것이다. 중세말의 유럽이라는 저 먼 시대가 문제가 아니다. 이 어지러운 위기의 우리 사회에서 종교가 심상치 않은 것이다. 위는 썩었고 아래에서는 부글부글 끓는다. 종교가 세상을 더 힘들게 하는 것은 아닌가. 썩은 세상을 더 썩게 만들고 있지는 않은가. 그래 놓고는 이 세상을 구제하겠다고 어디선가 칼을 갈고 있는 것은 아닌가.

종교의 이름으로 세상을 어지럽히는 더러운 무리들만 없어도 이 세상이 약간은 더 살기 좋아지지 않을까 하는 생각을 갈수록 자주 하게 된다.

# 지구의 젖꼭지로 가는 모험
■ 발견과 정복의 심성사

여기 유명한 그림 하나가 있다. 얀 반 데어 스트라트(Jan van der Straet)의 원화를 가지고 테오도르 갈레(Theodor Galle)가 다시 판화로 제작한 〈아메리카〉는 아메리고 베스푸치가 아메리카 대륙에 처음 발을 내딛는 순간을 상상하여 그린 것이다.

이 그림은 구석구석 아주 많은 상징들을 담고 있다. 그림 전면에는 아메리고 베스푸치와 거의 전라(全裸)의 여인(아메리카 대륙을 상징한다)이 만나는 장면이 연출되어 있다. 아메리고 베스푸치는 오른손에 십자가가 그려진 깃발을 들고 있으며 왼손에는 천측의를 들고 있다. 그는 빈손으로 온 것이 아니고 기독교와 과학을 가득 안고 온 것이다.

게다가 그의 외투 밑으로는 은근히 칼이 내비치고 있다. 사실 언제든 빼어서 휘두를 채비가 되어 있는 이 칼(무력)이 없이는 신대륙의 탐험과 정복은 애초에 불가능한 일이다. 이에 비해 '아메리카 여인'은 아무것도 가진 것 없이 느긋하게 해먹에 누워 낮잠을 즐기다가 낯선 남자의 느닷없는 방문에 깜짝 놀라 일어나는 중이다. 그녀는 모자와 발찌 같은 약간의 장신구만 제외하면 아무것도 걸치지 않은 채 오직 탐스러운 몸매만 가지고 이 평화의 낙원에서 지내왔다.

이 두 주인공을 둘러싼 주변 요소들도 한 번 눈여겨볼 만하다. 화면 왼쪽의 바다에는 금방 도착한 듯 아직도 돛에 하나 가득 바람을 받고 있는 유럽 선박이 위풍당당하게 정박해 있다. 이와 달리 육지에는 유럽인들에게는 낯선 여러 동물과 식물들이 가득하다. 더욱 놀라운 것은 여인 가까이의 위쪽에 식인종들이 사람 고기를 구워 먹고 있는 장면이다. 사람을 토막내서 불에 굽고 있으며 한쪽에는 사람의 다리가 꼬챙이에 꿰어 있다.

이 그림은 따라서 유럽과 아메리카의 만남을 극단적인 두 요소의 대립으로 나타내고 있다. 문명 대 자연, 종교와 과학의 발달 대 야만, 그리고 다시 이런 것들은 남성 대 여성의 대조로 상징된다.

새로 발견한 아메리카 대륙을 여성화하여 파악한다는 것은 무슨 의미일까?

사모라(Zamora)의 섬세한 연구에 의하면, 아메리카 대륙을 처음 '발견'한 콜럼버스의 여러 기록물에서 이미 근대 초 유럽인들이 처음 접하게 되는 낯선 대륙에 대해서 어떤 심성을 가지고 있었는지를 알 수 있다. 유명한 콜럼버스의 《항해일지》나 국왕에게 보낸 서한 등을 보면 콜럼버스는 근대를 개척한 인물다운 진취적 심성과 고리타분한 중세적 사고의 복잡한 잡탕 속에 살아간 인물이었다. 따라서 그를 비롯한 당시 항해자들, 탐험가들의 사고에서 '발견'이라는 것은 여러 층위의 의미가 겹쳐 있었다.

콜럼버스가 신대륙을 찾아나선 것은 무엇보다도 종교적 의미를 가지고 있었는데, 이것은 또 당시 에스파냐 제국의 정치와 대단히 긴밀한 관련을 맺고 있었다. 원래 에스파냐라는 국가는 800년 동안 이베

테오도르 갈레의 판화 〈아메리카〉.

리아 반도를 지배하던 이슬람 세력을 몰아내면서 점차 모습을 갖추
어간 전사(戰士) 귀족 중심의 국가였고 그래서 국가 이념에서도 다른
어느 국가보다도 전투적인 카톨릭 이데올로기가 강했다. 국내적으로
는 아직도 잔존해 있는 이슬람교도와 유대인을 가혹하게 탄압하고
유럽 내적으로는 카톨릭에서 벗어난 '프로테스탄트 이단'에 맞서 싸
우려 했다.

더 나아가서 유럽 대륙 바깥으로는 몽골과 중국까지 전도하는 것을
신이 에스파냐 국왕에게 부여한 신성한 임무라고 여겼다. 따라서 콜
럼버스가 신대륙(콜럼버스의 생각으로는 아시아 대륙) 항로를 발견
한 것은 무엇보다도 에스파냐 국왕이 이루어야 하는 세계사적인 과
업의 첫 과정이었던 것이다.

그런데 이때의 '전도'라는 것을 오늘날의 의미로 보아서는 안 된

다. 쉽게 말해서 이때의 '전도'란 지배하고 착취하여 그들의 부를 빼앗으면서 동시에 강제로 기독교를 믿도록 하는 것을 뜻할 뿐이다(바스코 다 가마가 인도에 가서 "기독교도와 향료를 찾아서" 왔다고 공언한 것도 같은 의미다).

이런 관점에서 신대륙은 욕망과 찬탄의 대상이면서 동시에 멸시의 대상이었는데, 그것은 다름 아닌 '여성'의 모습을 띠게 된다. 아메리카는 아름답고 기름지며 탐나는 대상으로서, 남성이 여성을 '정복'하듯 그렇게 정복하는 대상이다. 그것은 예전부터 내려온 전설의 도움을 받아 지상 낙원의 이미지로 나타난다. 그런데 당시의 사고에서 이 말은 단지 상징적인 의미만이 아니라 지구상의 어딘가에 실존하는 장소로 여겨졌다.

당시까지 영향을 미치고 있던 중세적 지리 개념에 의하면 에덴 동산은 실제로 아시아에 위치해 있는 것으로 되어 있었다. 그곳은 대부분의 사람들에게는 접근이 불가능하지만 이제 인류의 마지막 전도 사업을 벌이려는 에스파냐 국왕 같은 인물에게는 하느님의 뜻에 따라 그곳으로의 접근이 가능해졌다. 이런 사고는 신대륙을 놀랍게도 여성의 젖가슴으로 형상화하는 대목에서 절정에 이른다. 콜럼버스는 3차 탐험에서 새로 발견한 곳을 국왕에게 보고하는 문장에서 이렇게 쓰고 있다.

지구는 여성의 젖가슴 모양으로 되어 있는데, 지상 낙원은 그 중에서 특히 젖꼭지에 위치한다(하늘에 가장 근접한 위치이기 때문이다). 그가 막 발견한 그곳이야말로 바로 그 낙원임에 틀림없다.

타대륙의 여성화(feminization) 혹은 성애화(eroticization)는 이런

맥락에 놓여 있다. 아름답고 탐나는 존재, 때로 위험을 품고 있으나 기본적으로는 약한 대상, 정복을 통해 우리의 씨를 뿌리고 자손을 퍼뜨리는 곳……. 장기적으로 제국주의 침탈에까지 연결되는 유럽 팽창은 물질적으로만이 아니라 근대 초 유럽인들의 마음속에 벌써 남근중심주의(phallocentrism)의 형태로 갖추어져 있었던 것이다.

# 중국이 서쪽으로 가지 않은 까닭은

근대 세계사에서 가장 중요한 현상은 무엇일까? 물론 역사가마다 다르게 이야기하겠지만 유력한 후보 중의 하나는 '유럽의 세계 팽창' 일 것이다. 생각해 보라. 중국이나 일본, 한국이 배를 타고 서쪽으로 항해하여 유럽을 '발견'했다든지, 아메리카 인디언들이 유럽을 정복하고 대량 살상을 했다든지, 혹은 아프리카인들이 유럽의 '흰둥이'들을 잡아다가 노예로 팔아먹는 따위의 일은 일어나지 않았다.

그와 반대로 유럽 세력이 —— 그리고 그 아류인 미국이 —— 전세계로 뻗어나가서 군사·정치·경제·문화적으로 온 지구를 지배하는 것이 15~16세기 이후 세계사의 전개 과정이다. 도대체 어떻게 이런 일이 일어나게 된 것일까? 유럽인들은 원래 그렇게 강한 힘을 가졌던 것일까? 그러나 아주 긴 역사의 흐름 속에서 바라보면 유럽 세력의 팽창은 그야말로 최근에 벌어진 한바탕 꿈자리로 보일 수도 있다.

중세(유럽사에서는 대개 서기 500년부터 1500년까지 천년을 가리킨다)에만 해도 서구는 압박받는 불쌍한 소수 민족에 가까웠다. 이슬람 세력을 예로 들어보아도 충분하다. 비잔티움 제국을 위협하고 북

바스코 다 가마. 유럽인 중 최초로 아
시아에 항해해 간 인물이다.

부 아프리카를 휩쓴 이슬람권은 8세기에 이베리아 반도로 들어와서
무려 800년의 세월 동안 이곳을 지배했다. 죽을 고비를 넘긴 유럽이
처음 가까운 바깥으로 힘을 써본 것이 12~13세기의 십자군 운동이
었다면, 약간의 자신감을 가지고 먼 곳까지 눈을 돌리기 시작한 것이
15세기 이후의 아프리카 해안 탐사나 아시아 여행이라 할 것이다.

　그나마 이 탐험 여행을 주도한 것은 유럽 내의 변방 국가인 포르투
갈과 에스파냐였다. 잘 알려진 대로 바스코 다 가마는 1497년에 리스
본을 떠나 다음해에 아프리카 동부의 말린디에 도착해서 당대 이슬
람권의 유명한 항해사인 마지드의 안내를 받아 인도의 캘리컷에 도
착했다. 이야말로 아시아와 유럽이 드디어 해상에서 처음 조우하게
된 역사적 순간이라 할 수 있다. 이제 유럽이 강대한 해상 세력으로

아시아를 정복하고 지배하게 되는 첫걸음을 뗀 것이라고 누구나 상상하게 된다.

그런데 그렇게 보기에는 뭔가 이상한 일들이 눈에 띈다. 다 가마는 인도에 도착하자마자 호기 있게 "우리는 기독교도와 향료를 찾아서 왔다"고 소리쳤다. 중세의 전설에 따르면 북아프리카의 이슬람권 너머에 기독교 왕국이 있다고 되어 있는데, 유럽은 늘 이 기독교 왕국을 찾아서 이슬람 세계를 양쪽에서 협공하는 것이 꿈이었다.

그런데 정작 아시아에서 그들이 만난 사람들은 전부 힌두교도였다. 더욱 기대에 어긋난 것은 향료를 사기 위해 유럽에서 가지고 간 직물을 비롯한 상품들을 내놓았다가 비웃음을 산 것이다. 인도의 한 제후에게서는 그런 조잡한 물건 가지고는 안 되겠으니 다음에 올 때에는 차라리 금을 가지고 오라는 충고까지 들었다.

더욱 놀라운 일은 이들보다 약 50년 전에 "당신들과 비슷하게 흰 피부를 가진" 사람들이 왔었다는 소문을 들은 것이다. 그것은 명나라의 환관 정화(鄭和)가 이끄는 대함대의 항해를 가리키는 것이었다.

1405년부터 1433년 사이에 명의 황제는 모두 일곱 차례 원정대를 내보냈다. 우선 그 규모가 엄청나서 하나의 선단은 300척의 배와 2만 8천 명의 선원으로 되어 있었다. 당시 유럽의 웬만한 도시 인구가 2만~3만 명이었던 점을 고려하여 요즘의 규모로 환산하면 40만~50만 명의 선원들이 움직인 것에 가깝다(역시 중국은 스케일이 크다는 것을 알 수 있다). 바스코 다 가마 선단의 선원수가 180명이 안 되었다는 점과 비교해 보면 그야말로 고래와 꽁치 정도의 차이인 셈이다.

정화의 선단이 어디까지 갔느냐 하는 것은 완전히 밝혀지지 않았으나 아프리카 동부 해안을 순항한 것은 분명하고 일설에 의하면 희망봉 근처까지 간 것으로 되어 있다. 내친김에 아프리카를 돌아 유럽까지 항해하여 런던 앞바다를 가로막고 행패를 부리고 왔다면 어떻게 되었을까?

그러나 실제 역사는 그렇게 돌아가지 않았다. 무엇보다도 정화의 항해는 비교적 평화적이었다. 가장 대표적인 충돌 사건으로는 실론 섬의 어느 국왕이 시비를 걸어와서 일어난 소규모 전쟁이 있는데, 이때에도 정화는 그 왕을 중국까지 잡아간 다음에는 잘 타일러서 돌려보내는 정도로 그쳤다.

또 하나 흥미로운 것은 1911년에 실론에서 발견된 비석이다. 정화가 원정 중에 실론 섬에 세운 이 비는 3개의 문자로 기록되어 있다. 한자로 쓰여진 부분은 정화가 절에서 부처님께 공양을 드렸다는 내용이고, 타밀어로 쓰여진 부분은 명나라 황제가 힌두의 신을 찬양해 비석을 세운다는 내용이며, 마지막으로 페르시아어로 쓰여진 부분은 알라 신의 영광을 위해 이 비를 세운다는 내용이다.

정말로 종교적 관용 또는 실용적 사고의 극치라 하지 않을 수 없다. 원래 이슬람 세력을 협공할 기독교 세력을 찾으러 왔다는 포르투갈과 비교하면 이 얼마나 큰 차이인가? 아닌게 아니라 포르투갈은 곧 종교재판소를 설치하고 비밀 조직을 동원하여 이교도들을 색출하고 처벌하였다.

중국이 그 엄청난 규모의 선단을 내보낸 이유는 공식적으로는 생사를 알 수 없는 전 황제인 건문제(建文帝)를 찾는다는 것이었으나, 실제로는 단지 중국의 힘과 위엄을 과시하여 중화 세계의 질서를 세우기 위함이었다. 차라리 가장 눈에 띄는 성과는 기린이나 사자 같은 이국적인 동물을 잡아와서 황제의 동물원에 보낸 '박물학적' 연구라 할 것이다.

그렇게 인도양을 순항하고 난 다음 중국이 내린 결론은 해외의 오랑캐들은 중화에 필요치 않다는 점이었다. 원래 중국은 지대물박(地大物博)하여 없는 것이 없고 이미 문화적으로 성현의 가르침을 받았으니 다른 미개한 나라에서 배울 것이 하나도 없다! 이런 태도인 데다가 곧 만주족의 위협이 심각해지자 남해(南海)보다는 북방 대륙으로 관심이 옮겨갔다.

거기에다가 정화 같은 환관들이 황제의 총애를 받으며 설쳐대는 것에 대해 유교적 관료들이 비판을 하고 나서자 해외 탐험은 물 건너가고 말았다. 그 정도가 아니라 배는 전부 쪼개서 땔감으로 쓰고 민간인들이 바다로 나가는 것 자체를 법령으로 금지시켰다(海禁).

이렇게 해서 중국은 '제국주의 없는 제국', 자기 내부로 갇혀 버린 제국이 되었다. 그러나 바로 얼마 지나지 않아 중국은 그런 결정에 대해 비싼 대가를 치르게 된다. 왜구들이 중국 해안을 제집 드나들 듯 헤집고 다녀도 제어하지 못하고, 포르투갈인을 비롯한 '서양 오랑캐'들이 집적대도 마땅히 대응할 방도가 없게 된 것이다.

근대로 들어오는 초입, 거대한 중화제국은 경제적으로나 문화적으로 여전히 전세계의 최정상에 있었던 것이 분명하다. 저 멀리 변방, 서양의 장사치들을 두려워할 이유는 없어 보였다. 상업을 천시하는 중화제국의 황제가 보았을 때 포르투갈 왕이 아시아에 콩알만한 선단을 보내고 나서는 자신을 "상업과 항해의 왕"이라는 촌스럽기 그지없는 이름을 쓰는 것을 알았다면 정말 눈물이 나게 웃었을 것이다.

그러나 장거리 경주에서 최후의 승자는 뒤에서 뛰쳐나오기 십상이다. 그리고 포르투갈의 뒤편에는 네덜란드, 영국, 프랑스같이 훨씬 더 지독한 종자들이 줄줄이 기다리고 있었다는 점을 황제께서는 알 리가 없었다.

# 먹느냐 못 먹느냐 그것이 문제로다
■ 다이어트의 문화사


지난날 인간의 삶을 이해하는 데에 가장 중요한 문제들 중 하나는 사람들이 역사적으로 얼마나 잘 먹고 살았느냐 하는 것이다. 단적으로 이야기하자면 지금까지 인류는 평균적으로 계속 굶주려 왔다. 먹을 것이 풍족해지고 사람들의 비만이 심각한 문제가 된 것은 20세기 후반에 들어와서의 일이며, 그나마 일부 국가의 일부 계층에 한정된 일이다. 이와는 달리 역사 기록을 보면 지난날 인간의 삶이 얼마나 빈곤했는지를 알 수 있다.

식량 부족이 모든 사람들을 덮쳤다. 짐승들까지 다 잡아먹고 난 다음 사람들은 끔찍한 배고픔에 사로잡혀 죽은 짐승 고기 같은 온갖 더러운 것들을 다 먹어치웠다. 그러고 나서 기아의 광증은 인육을 먹도록 만들었다. 여행자들은 힘센 사람들에게 잡혀서 몸이 절단되어 불에 구워졌고, 아사를 피하기 위해 이곳저곳 떠돌아다니던 사람들은 잠잘 곳을 마련했다고 생각한 곳에서 밤에 맞아죽어 결국 그곳 주인의 배를 채우는 역할을 했다. 많은 사람들이 과일이나 계란 같은 것으로 아이

부자의 식탁. 아스투리아스 가문의 왕자 탄생 축하연.

들을 으슥한 곳으로 꼬여서 죽인 다음 먹어버렸다. 어떤 사람은 시장에 인육을 가지고 와서 팔다가 화형에 처해졌다.

이 기록은 물론 극단적인 기근의 시기에 일어난 것이기는 하지만 인류는 늘 이런 종류의 위기 상황에 빠질 위험을 안고 살아갔다. 이런 상황에서 음식 문제는 사회적으로나 문화적으로 결정적인 영향을 미치게 된다.

예컨대 귀족과 농민의 구분이 가장 구체적으로 드러나는 것이 다름 아닌 음식의 차이였다. 자신들의 위신을 높일 필요가 있는 귀족들은 엄청난 규모의 연회를 열면서, 화려한 음식 접시들을 들고 길거리로 나와서 광장을 한 바퀴 돌았다. 굶주림의 시기에 이것이야말로 가장 확실한 부와 권력의 과시였을 것이다.

부를 획득한 부르주아들이 귀족을 흉내내려 했을 때 귀족들은 '사치금지법'이라는 것을 만들어서 자신들을 좇아오려는 이 '졸부'들을 따돌리려고 하였다. 예를 들어 부르주아 자제가 결혼식을 올릴 때 "피로연에서 세 코스 이상의 음식을 대접해서는 안 된다"는 등의 규정을 두려는 것이 다 그런 목적이었다.

농민들은 어떠했는가? 그들의 열망은 무엇보다도 잘 먹는 것이었고, 그것은 "음식이 지천에 널린 땅"이라는 민중적 유토피아로 표현되었다. 소위 코카인의 나라가 그것이니 이곳에서는 "모든 집의 벽들이 농어, 연어, 청어로 되어 있고, 서까래는 철갑상어로, 지붕은 햄, 작은 들보들은 소시지로 되어 있다. 길거리에서는 살찐 거위가 저절로 돌아가며 구워지고 있고 마늘 소스가 그 옆에 따라온다."

여기에서 강조하고 싶은 것은 먹는 문제라는 것 역시 문화의 차원이 있다는 점이다. 단적인 예가 미의식(美意識)의 문제다. 전통적으로 미녀들은 대개 통통한 몸매를 가지고 있었다. 굶주림의 시대에 바짝 마른 여자는 예뻐 보일 수가 없었다.

예전의 미인도를 보면 대개 통통한 몸매를 가지고 있으며 더 나아가서 루벤스의 그림에 나오는 여인들처럼 불그스름한 살집을 자랑한다. '기름기'라는 말은 전통 시대에는 아주 긍정적인 의미를 가져서, 권력과 미의 이미지를 가졌다. 예컨대 피렌체의 최상층 귀족을 직역하면 '기름기 있는 사람들(popolo grasso)'이었다. 15세기 이탈리아의 소설에 나오는 한 농부는 뚱뚱한 이웃사람을 부러워하다 못해 거세를 하면 그렇게 허리둘레가 커진다는 말을 듣고 실제로 거세를 한다.

이런 상황은 20세기에 들어와서도 마찬가지였다. 1950년대까지도 영화에 나오는 여주인공들은 풍만한 몸매를 가지고 있었다. '날씬함의 이데올로기'가 완전히 승리를 얻은 것은 20세기 마지막 20~30년 동안에 가서의 일이다. 이제 역사상 거의 처음으로 탐스러운 살집이 추한 모습, 혹은 가난한 사람들의 이미지와 겹쳐지게 되었다. 미국 사회에서는 살찌는 음식들을 정신없이 먹어대는 것은 빈민들의 행태, 특히 가난한 흑인들의 모습으로 비쳐지는 경향이 있다. 바야흐로 다이어트의 시대가 도래한 것이다.

부자들, 그리고 지적인 사람들은 이제 굶기 위해 노력한다. '다이어트(diet)'라는 말 자체가 이 엄청난 모순을 잘 설명해 준다. '사람마다 자신의 요구와 특질에 맞추어 구성하는 영양 체계(더 나아가서 생명의 체계)'를 가리키는 고대 그리스의 이 용어는 오늘날에는 오히려 음식의 절제 내지 거부를 의미하게 되었다.

살을 빼는 것이 얼마나 힘든가는 다이어트를 한 번 해본 사람에게는 설명할 필요가 없는 것이지만, 그 뒤에는 지난날 인간의 역사가 그대로 투영된 '몸의 진실'이 있다. 몇십만 년 이상 굶주림을 견디며 살아온 인간은 기근의 흔적을 몸 안에 가지고 있을 수밖에 없다. 사람의 몸은 음식 섭취와 관련하여 놀라운 적응력을 발전시켰다. 음식이 모자라는 상황에서는 아주 소량만 먹으면서도 오랫동안 버틸 수도 있고(예컨대 '빨치산' 활동을 한 사람들이 남긴 글을 보면 사람이 얼마나 기아를 잘 버텨내는지 알 수 있다) 그러다가 갑자기 음식이 생기면 최대한 영양소를 저장하려고 한다. 다시 말해서 사람 몸은 늘 식량 부족 상태를 예상하고 여분의 영양소를 차곡차곡 살로 만들어 보관하려고 한다.

살빼기가 구조적으로 힘든 이유가 여기 있다. 식사 조절과 운동으로 어렵사리 체중을 줄여놓으면 우리 몸은 곧바로 비상 사태를 선포한다. 우선 먹을 것에 극도로 민감해져서 계속해서 밥과 라면 생각이

농민의 식탁. 아드리안 반 오스타데, 〈식사 전
의 기도〉(1653).

간절하도록 만들고, 또 이제부터는 소량의 음식으로도 버틸 수 있도
록 몸의 효율성을 극대화시킨다. 그래서 순간의 방심으로 밥을 조금
만 더 먹어도 우리 몸은 곧 여분의 영양분을 저장해 놓는다. 공포의
살이 원상 복귀하는 때가 머지 않은 것이다.

우리 몸은 늘 기근에 대비하는 방향으로 진화해 왔지만 불필요할
정도로 많은 음식을 섭취하는 상황에 어떻게 대처하는지는 전혀 준
비되어 있지 않은 것이다. 맛있는 음식은 본질적으로 살찌게 하는 음
식이라는 어느 유명한 요리사의 말은 참으로 정곡을 찌르고 있다.

롤랑 바르트의 설명에 의하면 다이어트의 이면에는 미세하나마 종
교적 심성도 숨어 있다고 한다. 음식을 많이 먹고 살이 찐다는 것, 그
것은 지나친 쾌락과 상통한다. 자신의 모습을 그로부터 멀어지게 한
다는 것은 우리 마음속 깊은 내면에서는 일종의 과묵한 참회와 통하
고 있다는 것이다. 그래서 예컨대 음식 광고의 경우에도 노골적으로

'먹는 즐거움'을 강조하면 실패하는데, 그 이유는 이와 같은 잠재적인 죄책감을 불러일으키기 때문이다. 그래서 '몸에 좋고', '건강에 도움이 된다'는 메시지를 전하려고 한다.

세속적인 쾌락의 극대화를 치닫는 것처럼 보이는 우리 현실에서 먼 나라의 이 이야기가 그대로 들어맞는지는 모를 일이다. 그냥 한 번 생각해 본 바이지만 너무 많이 먹고 나서 살빼려고 하는 남쪽과 아직 굶주림에 시달리는 북쪽이 서로 합쳐서 적당히 반으로 나누면 얼마나 좋으랴.

# 유행과 사치, 그리고 역사의 동력

중세 유럽에서 최고의 사치품 가운데 하나는 분명 후추일 것이다. 인도와 동남아 지역에서 생산되는 후추가 바닷길로 아라비아 반도까지 가서 그곳에서 다시 대상(隊商. caravan)에 의해 지중해 동쪽의 항구 도시로 이송되고 이곳에서 이탈리아 상인들에 의해 유럽에 들어왔다가 최종적으로 유럽 전역으로 팔려갔으니, 그 당시의 교통 사정을 감안할 때 후추가 얼마나 비쌌을지는 짐작이 가고도 남는다.

한때는 통후추를 팔 때 같은 무게의 은과 교환되었다고도 한다. 그래서 당시에는 "후추처럼 비싼"이라는 속담이 있을 정도였다. 근대 초에 유럽의 항해사들이 한몫 벌기 위해 목숨 걸고 아시아로 가려던 중요한 목적 중의 하나 역시 후추를 직접 구하기 위함이었다는 것은 잘 알려진 사실이다. 그러다 보니 중세사를 공부하다 보면 후추 이야기가 하도 많이 나와서 중세인들은 마치 후추만 먹고 산 것 같은 느낌을 받는다. 그런데 여기서 한 번 다시 생각해 보자. 도대체 왜 그토록 후추를 찾았던 것일까?

사실 후추라는 것이 필수품은 아니다. 후추를 먹지 않는다고 무슨 영양상의 큰 손실이 오는 것도 아니지 않은가. 하여튼 지금까지의 속설은 냉장 보관 시설이 형편없던 그 시절, 고기가 너무 쉽게 상하므로 그 상한 맛을 숨기느라고 후추를 많이 뿌려서 먹었다는 것이다.

그러나 최근의 연구에 의하면 그것은 근거 없는 설이고, 가장 중요한 요인은 단지 매운 맛에 대한 과도한 열망이라고 한다. 최고급 음식과 음료에는 속이 아릴 정도로 많은 양의 후추를 쳐댔고, 그것도 모자라서 식후에 후추 과자를 디저트로 먹었다고 한다. 세계사적인 그 중요한 사건의 핵심 요인이 '맛'에 있었다니…….

그런데, 소위 '지리상의 발견'의 시대가 지나면서 후추가 대량으로 수입되기에 이르렀다. 곧 유럽에는 후추가 넘쳐났고 값도 폭락하였다. 이제 웬만한 수입을 가진 사람이면 후추는 쉽게 구할 수 있었다. 그러자 바로 이 시점부터 부자들은 후추에 대한 매력을 잃게 되었다. 다른 사람은 못 먹고 우리집에서만 후추를 팍팍 뿌릴 수 있을 때 그것이 폼나는 일이지, 다른 집에서도 얼마든지 먹는 것이라면 무슨 매력이 있단 말인가? 결국 과거의 사치품은 시간이 지나면서 일상품이 되고, 부자들은 다른 사치품을 찾게 되었다.

이 비슷한 현상은 그 외에도 많이 찾아볼 수 있다. 한때는 설탕이 부자들만 맛볼 수 있는 최고의 사치품인 때가 있었다. 유럽에 처음 차(茶)가 들어왔을 때에는 그 역시 부자들의 전유물이었다.

이런 일이라면 우리 역시 많은 예를 들 수 있다. 우리 어렸을 때는 바나나라는 것이 그 얼마나 귀한 물품이었는가? 백화점의 고급 식료품 가게에서 파는 바나나는 생일날에나 한 개 얻어먹든지, 혹은 몸이 아플 때 이를 안쓰럽게 여긴 부모가 큰맘먹고 사다주는 정도였다. 그런데 요즘은 차가 막혀서 서행하는 지점에 흰 마스크를 쓴 사나이가 "꿀빠나나 한 보따리 이천 원"이라고 쓴 종이딱지를 흔들며 길바닥에서 파는 신세가 되었다.

　이렇게 부자들이 '사치'나 '유행'에 민감하고 또 시간이 지나면서 엘리트들이 누리던 사치품이 점차 일상품이 되는 현상을 어떻게 이해해야 할까? 이것이 역사적으로 어떤 의미를 가지는 것일까? 기껏 해야 표피적인 변화, 변덕스럽기 그지없는 얄팍한 사람들의 심성, 건전치 못한 태도……. 이렇게 이야기하면 족할까?

　만일 어떤 사회의 사람들이 모두 극히 건전한 생활 태도를 가지고 있어서 도대체 사치라는 것을 모르고 유행이라는 것이 거의 전무하다고 생각해 보자. 백년이 지나도 사람들은 거의 변화가 없는 옷을 입고 있으며 거의 같은 종류의 소박한 음식을 먹을 것이다. 어제의 일이 오늘 반복되고 오늘 일이 내일 일어날 것이다. 좋게 말해서 사회가 안정적이고 약간 안 좋게 말하면 세상 참 심심할 것이다. (딱히 맞는 비유인지는 모르겠으나 산중 스님들이 대체로 이 비슷한 상황이리라).

　사회 전체가 이렇다면 변화와 발전은 불가능하다. 좋은 방향이든 나쁜 방향이든 사회가 변화의 동력을 가지기 위해서는 이 사회 내에 어떤 움직임이 있어야 하고, 그것은 우선 사람들의 마음속에 변화를 추구하는 조바심, 남과 나를 구분짓고, 나보다 앞서가는 자들을 좇아가려 하고, 혹은 내가 앞서 있다면 다른 자들이 좇아오지 못하도록 나 자신을 더 변화시키려는 욕구 같은 것이 있어야 한다.

　사람은 '필요'의 존재일 뿐 아니라 '욕망'의 존재이기도 하다. 밥을 먹어야 살지만 밥만 먹고 사는 것은 아니다. 혹은 밥을 먹더라도 뭔가 색다르게 먹고 싶어한다. 이런 욕망이 인간의 삶을 바꾸는 동력이 되는 것이다. 이렇게 생각하면 '사치'나 '유행'이라는 것이 그렇게 단순한 일만은 아니다. 인간 심성의 저 깊은 차원에서 보면 그것은 자신을 드러내려는 근본적인 욕구에 닿아 있고, 사회적으로는 계급간 다툼의 표징이 된다.

귀족은 늘 자신을 따라오려는 부르주아들을 못마땅하게 여기고 '사치금지법'이라는 것을 두어서 옷 색깔, 옷감 종류, 잔치 때 쓰는 음식의 가짓수 같은 것을 규제하려고 했다. 그러나 부르주아는 가능한 모든 방법을 다 동원해서 그 규제를 피해 가려 하고, 결국 자기 뜻을 이루고 만다. 하늘 높이에서 내려다보면 인간들의 이 부질없는 싸움이 정말로 한심해 보이겠지만, 인간은 원래 그런 존재다. 부르주아가 얻어낸 것은 다음에 일반 민중들이 누리게 되고, 그러면 또 다른 것들을 놓고 똑같은 다툼이 반복된다.

이런 종류의 일들에 주목한 학자는 베르너 좀바르트다. 《사랑과 사치와 자본주의》라는 약간 색다른 제목의 책이 그런 내용을 이야기하고 있다. 부자들의 사치가 자본주의의 동력 그 자체라고까지 말하는 것은 약간 과장된 주장이라는 느낌을 받지만, 그런 것이 사회 동력의 일부이며, 적어도 다이내믹한 사회의 징표라는 것은 받아들일 수 있을 것이다.

이제 우리의 현실로 돌아와 보자.

해마다 대학생들의 옷차림과 머리 모양이 야단스러워진다. 대개 보수적인 생각을 하기 쉬운 선생들은 드러내 놓고 말은 못하지만 속으로는 불만이 부글부글 끓어오른다. 도대체 학생이 하라는 공부는 안 하고 저렇게 겉멋만 잔뜩 들어 있으니, 우리 나라의 장래가 심히 걱정되도다, 우리 때에는 학생들이 얼마나 성실했는가, 세상이 망하려나, 아, 저 끔찍한 빨강머리……. 이런 말들이 입으로는 안 나와도 얼굴에 그대로 드러난다.

나 역시 그런 생각이 들지 않는 것은 아니지만 이제 생각을 바꾸기로 했다. 그럼 요즘 학생들도 군복 물들여서 입고 다니리? 모두 새마을 청년처럼 새파랗게 짧은 머리 하고 다니리? 검정 고무신이나 워커 신고 다니리?

이 세상은 자꾸 바뀌어야 하고 더 나은 방향으로 발전해야 한다. 똑같은 것이 하염없이 지속되기만 하면 안 된다. 우리 어릴 때와 같은 세상을 다시 물려줘서야 되겠는가. 그래서 학생들이 머리를 황금색으로 물들이든 무지개색으로 물들이든 예쁘게 봐주기로 했다. 무지막지히게 짧은 치마를 입든, 땅바닥을 걸레질하며 다닐 정도로 긴 바지를 입든 그냥 무심히 보기로 맘먹었다.

저렇게 일일신 우일신(日日新 又日新)의 정신으로 자기를 표현하려는 욕망이 강하니 이 사회가 어찌 변하지 않으리오.

다만 바라건대 껍데기만 그렇게 바꾸지 말고 마음속 깊이까지 바꾸었으면 한다. 속은 오히려 중늙은이보다 더 구태의연한 속물 근성이 그득하고, 진정 자기를 표현하는 개성 있는 방식을 찾는 것이 아니라 하나같이 똑같은 옷만 백화점에서 사 입어서 오히려 몰개성의 세대가 되어 버릴 가능성이 농후해 보이니, 그게 걱정이다.

몸과 마음 모두 속시원하게 멋대로 살아봐라!

이 세상을 바꾸어라!

# 근대사는 진보의 역사인가

근대사에 관심을 두고 있는 역사가로서 궁극적으로 묻게 되는 것은 과연 시간이 흐르면서 이 세상은 더 살기 좋아지는 것일까 하는 점이다.

물론 여러 방면에서 더 잘살게 된 요인들을 쉽게 찾을 수 있다. 근대 이전의 기록들을 보면 극심한 기근 때문에 많은 사람들이 영양실조에 걸려 있고 더 심하면 아사자가 생겨나며, 또 그렇게 되면 일종의 정신착란 증세로 인해서 자기 자식들을 솥에 삶아먹는 식의 끔찍한 일들이 일어나곤 했다(들리는 말에 의하면 우리 나라에서도 20세기 초반에 흉년이 심해지면 이런 일이 벌어졌다고 한다).

농업이 점차 발전해서 우선 그런 사태가 많이 완화되었다는 것만으로도 우리는 시대가 지나면서 사정이 많이 좋아졌다고 말할 수 있을 것이다. 수제비로 연명하던 어린 시절을 보낸 사람 같으면 음식이 남아돌 정도로 풍족한 요즘 세상 "참 많이 좋아졌다"는 말이 자연스럽게 나오게 마련이다.

우리 일상에서 가까운 예를 하나 더 찾아보자. 예전에 여성들의 삶은 대부분 고단한 노동의 연속이었다. 밤새 물레 돌려서 실 잣고 길쌈질하여 옷감 만들고 다시 바느질하여 옷을 짓는 그 모든 노동을 집에서 해야 한다고 생각해 보라. 거기에다가 물지게 지어서 물길어오고 빨래감 머리에 이고 개울가에 가서 빨래하는 일만으로도 중노동이었을 것이다. 요즘에야 세탁기에다가 빨래감을 집어넣고 버튼 누르면 완벽하게 끝나지 않는가. 이런 종류의 진보를 두고 기계화로 인한 비인간화네 어쩌네 하고 너무 쉽게 이야기해 버리는 것은 순진한 낭만주의라고 불러 무방하리라. 실제로 젊었을 때 내내 빨래로 고생하다가 세탁기를 사용하게 된 우리 어머니 말씀이 세탁기 발명한 사람 만나면 하루에 세 번씩 절을 하겠다고 하신다. 겪어보지 않은 사람은 하지 못할 이야기일 것이다.

그러므로 근대가 우리 인간을 여러모로 해방시킨 점이 많다는 것은 분명하다. 귀족만의 자유가 점차 일반 대중의 자유로 확대되었고, 높은 생산력 발전의 덕을 많은 사람들이 누리게 되었고, 분명 더 많은 지식과 풍부한 문화 경험을 하게 되었다. 그러나 여기에서 이야기하고 싶은 점은 그런 해방의 이면에 폭력과 억압의 측면이 동시에 깔려 있었다는 점이다. 무엇보다도 노예무역이야말로 근대의 역설이라 하지 않을 수 없다.

우선 우리가 막연히 잘못 생각하는 한두 가지 점에 대해 이야기해야겠다. 노예제라고 하면 대개 고대사의 주제라고 생각하기 쉽지만 사실 노예제가 가장 대규모로 보편화된 것은 근대에 들어와서의 일이다. 고대에도 가혹한 노예제가 있었지만 정작 가장 악랄한 노예제는 근대 서양에서의 플랜테이션 체제였다.

사실 노예제와 노예무역이라는 것은 고대에만 한정된 것이 아니라 아주 오랜 기간 동안 전세계 어디에서나 볼 수 있는 대단히 보편적인

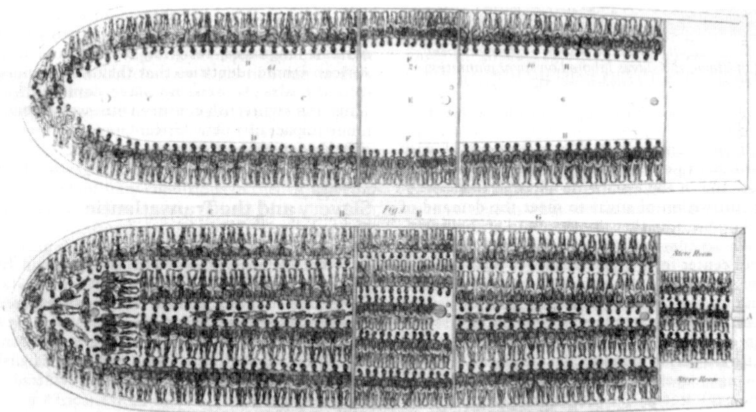

대서양을 넘는 노예선. 흑인 노예들은 "책꽂이에 꽂힌 책처럼" 혹은 "관에 넣은 시체처럼" 배의 화물창에 실려서 대서양을 건넜다.

현상이었다. 아프리카만 해도 대서양으로 대규모 노예 유출이 이루어지기 이전에는 사하라 사막을 넘어 이슬람권으로 노예를 수출하는 것이 천년 이상 이루어지고 있었다. 슬라브족과 코카서스인 노예가 오토만 제국에 유입된 현상 역시 아주 오래된 전통을 가지고 있었다. 또 인도 내부로부터 인도의 해안 지역, 그리고 더 너머 동남아시아의 부유한 지역으로 노예가 팔려나간 것 역시 마찬가지다.

유럽인들이 들어오기 전의 아메리카 문명권에서도 노예제와 노예무역이 존재했다. 그러므로 노예무역이라는 것이 전세계적인 현상이었던 점은 분명하다. 근대에 들어와서 달라진 점이 있다면 여태까지 지방 차원에서 비교적 소규모로 이루어지고 있던 노예무역이 전 지구적인 차원으로 대량화되었다는 것이다.

대서양 노예무역이 얼마나 끔찍한 방식으로 이루어졌는지는 많은 기록들이 증언하고 있다. 강제로 배에 올라타게 된 아프리카인들은 고통과 불안을 이기지 못하고 바닷물에 뛰어들어 자살을 기도했다.

아프리카의 내륙 지역에서 잡혀서 해안 지역으로 이송되는 흑인들.

그러면 선원들은 이들을 구하지 않고 그대로 지나가 버렸다. '상품들'을 그렇게 잃어버려서는 안 되므로 짐칸에 쇠사슬로 묶어두자 이번에는 아예 식사를 거부하고 굶어죽는 방식으로 항의를 했다. 그러자 선원들은 이들 중 한두 사람을 끌어내서 수족을 절단하여 다른 사람들에게 공포를 심어주었다.

흑인이 노예로 잡히면서부터 끔찍한 대서양 항해, 그리고 신대륙에서의 고단한 삶에 이르기까지 그들이 겪은 고통이야 다시 말해 무엇하겠는가? 다만 노예무역과 관련하여 제기되는 중요한 문제들 한두 가지만 살펴보도록 하자.

아프리카에서 아메리카로 끌려간 흑인들의 수가 어느 정도였을까? 이에 대한 선구적인 연구는 P. 커튼이라는 학자에 의해서 수행되었는데, 그는 1451년부터 1870년까지의 기간 동안 대략 956만 명이 아메리카로 끌려간 것으로 추산하였다. 여기에 대해서는 많은 후속 연구들이 이루어져서 부분적인 수정을 가하곤 했지만, 커튼의 원래 수치가 대략적으로 맞은 것으로 현재 일반적으로 받아들여지고 있다. 약 1천만 명의 흑인들이 주로 간 곳은 어디일까? 가장 많이 간 곳은 카리브 지역의 사탕수수 플랜테이션이었다. 달고 흰 설탕은 검은 노예들의 쓰디쓴 강제 노동의 결과물이었던 것이다.

그렇다면 가장 많이 노예들이 잡힌 곳은 어디였을까? 시대마다 약간씩 다르지만 베냉, 앙골라, 비아프라, 콩고 등지가 가장 큰 희생이 이루어진 곳이다. 노예무역이 이 지역의 궁핍화를 초래한 것은 분명하지만, 구체적으로 어떤 일이 일어났는가? 아프리카 대륙의 역사는 아직 많은 부분이 어둠에 묻혀 있지만 연구가 진행되면서 그 중의 일단이 밝혀지고 있다.

대충 생각하는 것과는 달리 인구 감소라는 점에서는 생각보다 큰 피해가 없다. 그 이유는 노예상들이 주로 건장한 남자들을 사갔기 때문이다. 여자들이 남아 있었기 때문에 일부다처제의 방식이 발전해서 (극단적인 경우에는 한 남자가 20명의 부인까지 거느렸다) 인구 '수'의 면에서는 인구 유출을 감당할 수 있었던 것이다.

그러나 인구 '구조' 측면에서는 심각한 왜곡을 가져왔다. 건장한 남자의 유출은 당연히 '피부양 인구 / 노동 인구'의 비율을 악화시켰다(노예무역이 없었던 곳에서는 이 비율이 67 / 100 정도이지만 노예무역이 심한 곳에서는 85 / 100 정도가 되었다).

남자의 부족은 곧바로 여성에게 더 많은 노동을 부가하여 이들의 생활 조건을 크게 악화시켰다. 그렇더라도 밭 개간, 나무베기, 사냥, 어업과 같이 근력이 많이 필요한 남자의 일이 제대로 되지 않아서 전반적으로 이 지역 경제가 쇠락한 것은 말할 필요도 없다. 참으로 역설적인 결과의 하나는 남자에 비해 여자의 수가 많아져서 여성 노예제가 확대되었다는 점이다. 노예무역이 또 다른 노예제를 불러온 것이다.

　다시 원래의 논점으로 돌아와서 근대 이후 이 세계는 더 살기 좋아졌는가를 다시 생각해 보자. 근대 서구의 비약적인 발전, 즉 산업화와 민주화, 문화의 만개 등은 노예무역의 확대와 함께 일어났다. 그러니 명쾌한 답은 아니지만 어쩔 수 없이 이렇게 대답해야겠다.

　근대사에는 인간을 해방시킨 요소도 있고 인간을 더 억압하는 요소도 있다. 때로 그것은 동전의 양면처럼 함께 일어나기도 한다. 인간의 역사는 원래 그렇게 복합성을 가진 것이지만, 근대 이후 인간 사회의 연관성이 더욱 증대되면서 한편의 행복이 곧 다른 한편의 불행을 초래하기 쉽게 되었다는 점이 차라리 근대의 큰 특징 중의 하나라고 볼 수도 있을 것이다.

# 역사 속의 인구
■ 학문의 기본기

　한 사회를 이해하는 데에 무엇보다도 가장 중요한 정보 중의 하나는 단연 인구에 관한 정보일 것이다. 정말로 많은 사항들이 사람수에 달려 있는 것은 아닐까? 특히 이전 시대로 거슬러 올라갈수록 그런 것은 아니었을까?

　그런데 문제는 오늘날의 인구에 대해서도 오차가 엄청나게 큰데 —— 중국의 인구 센서스에서는 오차가 1억이다 —— 과거의 인구에 대해서 어떻게 알 수 있느냐 하는 점이다. 그러나 유럽의 집요한 역사가들은 여러 자료와 방법론을 개발하여 결국은 어느 정도 받아들일 수 있는 인구사의 성과들을 창출해 냈다. 예컨대 성당의 세례 기록, 결혼 기록, 장례 기록 등을 가지고 한 마을의 인구 규모와 인구 변동을 끈질기게 추적해 가는 식이다. 이런 성과가 모여서 한 지역 전체에 대한 추산을 해보고, 프랑스 같은 한 국가의 인구 통계를 만들어보고, 그 다음에는 유럽 대륙, 나아가서 세계 인구를 추산하는 식이다.

　물론, 이미 짐작했겠지만, 그런 결과들을 곧이곧대로 믿을 이유는 없고, 사실 그런 식으로 '16~18세기의 세계 인구 추세' 같은 것을 이야기하는 인구사가라고 해서 자기의 계산이 정확하다고 말하지는 않는다. 그러나 천 명이나 만 명 단위까지 정확한 통계를 주장하는 것은 아니라 하더라도 세계 인구가 과연 수천만 명 수준인지 수억, 혹은 수십억 명 수준인지, 즉 어느 정도의 '규모'였는가는 이야기할 수 있다. 그리고 이것만으로도 정말로 많은 사실들을 알 수 있다. 그 가운데 몇 가지 사실들을 살펴보도록 하자.

사람들은 물 위에 기름이 퍼지듯 지구상의 공간에 균일하게 퍼져서 사는 것이 아니라 좁은 곳에 모여 산다. 인구가 빽빽이 들어찬 이런 곳은 지구 전체로 볼 때 약 1,100만km²로서 아주 좁은 띠에 불과하다. 그런데 이 좁은 띠에 전 인구의 70퍼센트가 군집해 있다. 이 띠는 결국 온대 문명권에 해당한다. 이곳에 대해 계산을 해보면 문명화된 시대 이후의 인구 밀도가 30/km² 정도인데, 그렇다면 30/km²라는 이 수치는 문명권을 이루는 기본 요건이라 할 수 있다. 그 바깥 지역에는 아주 넓은 땅에 소수의 사람들이 원시적인 사냥을 하며 살거나 유목 생활을 한다.

각 지역은 시기에 따라 인구 증가와 감소를 반복한다(지속적으로 그것도 폭발적인 비율로 증가가 이루어진 것은 20세기 후반 이후의 일이다). 그런데 신기한 것 중의 하나는 세계의 거의 모든 지역에서 인구 증가와 감소 경향이 일치한다는 점이다. 중국에서 인구가 늘어나는 시기에는 유럽 인구도 늘고 있었으며, 중국에서 인구가 감소하는 시기에는 유럽에서도 인구가 감소하고 있었다.

왜 전세계적으로 이런 동일한 인구 변동이 일어나는 것일까? 그에 대한 답은 명확하게 내리지 못하지만, 아마도 가능성 있는 답 중의 하나가 기후 요인이라고 일부 역사가들은 생각하고 있다(그러나 물론 이것도 단정할 수는 없는 문제다). 이렇게 인구가 증가와 감소를 반복하면서도 몇백 년 단위의 긴 기간으로 보면, 예컨대 1300년부터 1800년을 잡아보면 인구가 적어도 2배 이상 증가하였다.

눈에 바로 보이는 사실은 아니라고 해도 근대사에서 일어난 가장 중요한 사실의 하나는 이처럼 인구가 급증했다는 사실일 것이다. 같은 땅에 2배 이상의 사람들이 살게 되었을 때 그 생활의 양태가 완전히 다르리라는 것은 쉽게 짐작할 수 있다.

이번에는 영국과 프랑스를 비교해 보자. 현재 이 두 나라의 인구는 대략 4,500만 명으로 거의 비슷하다. 그런데 16세기쯤으로 거슬러 올라가면 프랑스 인구가 영국 인구의 4배였다. 그렇다면 그 시기에 프랑스는 상대적으로 인구 '과잉'에 있었다고 볼 수도 있다. 프랑스에서 에스파냐 쪽으로 농민들이 계속 유출되고 있었던 점도 이런 시각에서 설명할 수 있을 것이다. 또 프랑스에서 유독 일찍부터 피임법이 개발되어 나온 것도 이 사실과 연관지어 생각해 봄직하다("남편들은 열정의 순간에도 집안에 자식이 하나 더 생기지 않도록 조심했다").

20세기 이후 인구가 워낙 크게 증가한 나머지 우리는 흔히 과거의 상황도 오늘날의 모습과 비슷하리라 생각하기 쉽다. 그러나 과거로 거슬러 올라갈수록 스케일이 작아질 수밖에 없었다. 역사 교과서에서 읽은 적이 있을 터이지만 프랑크족, 반달족 하는 소위 '게르만족의 이동'은 사실 몇만 명 수준의 사람들이 이동한 것에 불과하다. 그러므로 오늘날 잠실 운동장에 6만~7만 명이 모인 것은 예전 같으면 세계사적인 사건이 되고도 남았을 것이다.

근대에 쾰른의 인구가 2만 명으로 추산된다고 하니, 내가 일하는 서울대학교 관악 캠퍼스만으로도 이전 시대에는 대도시에 해당한다. 기독교권 유럽 문명이 일치 단결하여 이슬람권 터키와 일대 충돌한 레판토 해전에서는 양측 합하여 10만 명의 해군이 싸웠다고 한다. 그런데 이것을 오늘날의 비율로 환산하여 보면 백만 명이 해전을 벌인 것에 해당한다.

우리 학문의 뿌리가 약하다고 한다. 당장 돈이 되는 분야에는 집중 투자하여 금방 과실을 따먹으려고 한다. 그러나 뿌리가 약한 나무에 계속해서 열매가 맺힐 리 없다. 눈에 안 보이더라도, 화려한 각광을 받지는 못하더라도, 가장 기본적인 분야가 튼튼히 받쳐주어야 다른 분야도 살게 된다. 역사인구학 혹은 인구사라는 분야가 그와 같은 사례가 될 것이다. 체력과 기본기가 없는 축구 팀이 제대로 경기를 할 수는 없다. 이제는 이런 기본 분야에도 눈을 돌릴 때가 되었건만.


## 보론

인구사의 연구 현황을 살펴보기 위해 하나의 사례를 살펴보도록 하자. 다음 그래프들은 프랑스 인구사센터(INED)에서 과거의 인구 동향에 대한 대규모 조사를 한 결과의 일부다. 이 그래프들은 결혼, 출산, 사망 등의 월별 동향을 나타내고 있다. 달마다 일수의 차이(28일부터 31일까지)가 있다는 점을 감안하여 통계 처리를 해서 평균 100인 지수를 만든 것이다. 그래서 지수 100 위로 높이 올라갈수록 다른 달에 비해 결혼, 출산, 사망이 많았다는 점을 나타내고 지수 100 아래로 많이 내려갈수록 다른 달에 비해 그것들이 적었다는 것을 나타낸다. 이를 통해 기본적인 인구 요소들의 변동에 계절별 변화가 있는가, 지리적 차이가 있는가, 또 그런 게 있다면 그 원인은 무엇인가, 그 외의 문화적 · 관습적 요인들은 무엇인가 등을 추적할 수 있다.

1. 결혼

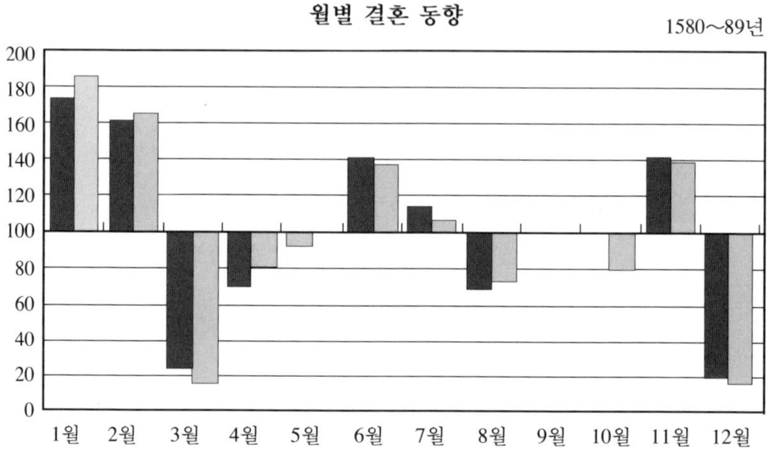



첫 번째 그래프를 보자. 16세기와 18세기의 월별 결혼을 보여주는 이 그래프를 보면 이 시기 프랑스에서 결혼은 아무 때나 하는 게 아니었음을 알 수 있다. 1월, 2월, 11월이 사람들이 가장 많이 결혼을 하는 달이고 3월, 4월, 12월이 가장 결혼을 피하는 달이다. 결혼을 피하는 이유는 무엇보다도 종교적인 이유에서다. 12월의 크리스마스 시즌과 부활절 전 사순절(3월 22일~4월 25일)에는 교회에서 결혼을 금했던 것이다. 게다가 여름에도 결혼을 피하는데(8월, 때로는 9월까지), 그 이유는 이 시기가 농번기이기 때문이다. 5월에 결혼을 많이 할 것으로 예상할지 모르지만 사실 많은 지방에서 5월을 불길한 기간으로 여겨서 이때에도 결혼을 피하였다(5월은 음기가 강한 기간이라 이때 여성들이 기운이 세고 그래서 이때 결혼을 하면 남자가 쥐여 산다고 믿었다. 5월에 여성 축제가 많은 것도 이런 연유다). 따라서 이

런 저런 이유로 결혼을 피하는 기간을 제외하고 나면 1∼2월과 11월
에 결혼을 가장 많이 하게 된다.

## 2. 아이 만들기

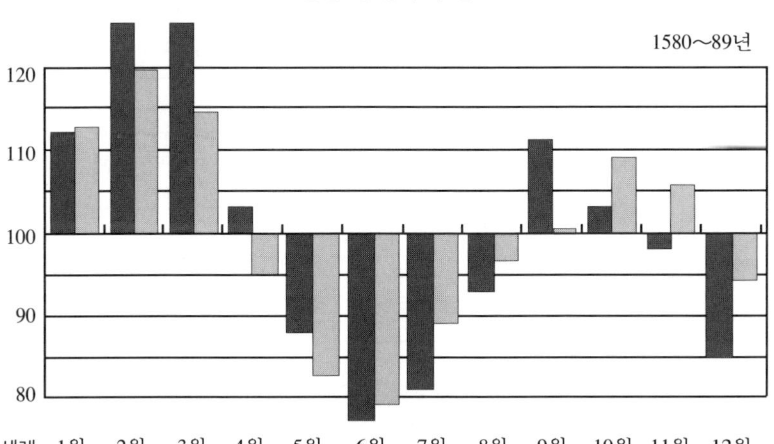

**월별 출생과 임신**

1580∼89년

런 저런 이유로...

세례  1월  2월  3월  4월  5월  6월  7월  8월  9월  10월  11월  12월
임신  4월  5월  6월  7월  8월  9월  10월  11월  12월  1월  2월  3월

두 번째 그래프는 세례 자료를 가지고 만든 것이다. 세례를 했다는
것은 그 얼마 전에 아이가 태어났다는 것을 뜻하고, 그것은 또 그로
부터 9개월쯤 전에 임신했다는 것을 의미한다. 그러나 태어난 지 얼
마 후에 세례를 받았느냐는 사람마다 차이가 날 것이므로 이 자료로
부터 아주 엄밀한 임신 날짜를 계산할 수는 없다. 여기에서는 임신과
세례 사이의 기간을 9개월로 가정한 것이다.

임신한 달을 보면 시골에서는 5∼6월, 12∼1월 순으로 많고 대신
9∼10월은 적다는 것을 알 수 있다. 왜 그럴까? 5∼6월의 경우는 일
단 사람의 자연스러운 신체적 요인을 생각해 볼 수 있다(봄이니까!

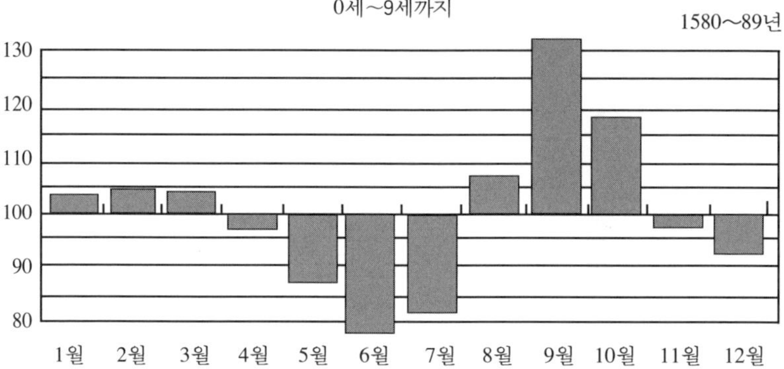


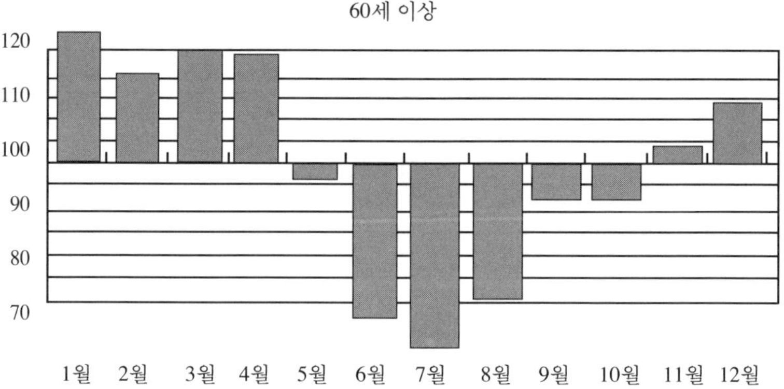


몸이 부르니까!). 이에 비해 9~10월은 왜 적을까? 농번기라는 점이 작용하였을 것이다(피곤하니까!). 그렇다면 3월은 왜 적을까? 결혼 그래프에서 보듯이 3월에 원래 결혼을 잘 안 한다는 점이 중요한 한 요인이다. 여기에 더해서 부활절과 그 이전 기간 동안에는 육체 관계를 하지 말라는 교회의 가르침도 작용하였다. 그렇지 않아도 금식 기간이므로 육체 관계를 할 기운도 없었을 것이다.

## 3. 죽기

전반적으로 보면 9~11월, 그리고 늦겨울부터 초봄(1~4월) 순으로 많은 사람이 죽는다. 반대로 늦봄부터 초여름까지(5~8월)에는 잘 안 죽는다. 그런데 사망률이 높은 집단은 아이들과 노인들의 두 집단이므로 이를 나누어서 살펴보아야 한다.

0~9세 사이의 아이들은 9월에 많이 죽는다. 이때 장염과 열병이 기승을 부리기 때문이다. 게다가 농번기인 이 시기에 어머니가 바빠서 잘 보살피지 못한다는 점도 사망률이 높은 중요한 요인이다. 이에 비해 노인들은 겨울에 많이 죽는데, 추위 때문에 폐병이 많이 발생하기 때문이다.

이상 몇 가지 간단한 요인들을 살펴본 데에서 알 수 있듯이, 인구 동향은 문자 그대로 사람수만 헤아리고 끝나는 것이 아니라, 사회의 중요한 요소들과 긴밀한 관련을 맺고 있다. 따라서 인구 정보는 그 사회의 가장 기본적인 측면들을 파악하는 핵심적인 지표다.

# 살아라, 그리고 기억하라
■ 〈쇼아〉, 고통의 기억

토요일 아침 10시, 십여 명의 학생들이 모여들었다. 이날 우리는 유대인 학살을 다룬 9시간 30분짜리 영화인 〈쇼아〉를 보기로 했다. 혼자서는 그 긴 시간을 인내하며 이 영화를 본다는 것이 거의 불가능에 가깝기 때문에 이렇게 여러 사람이 작심하고 모여서 서로를 달래가며 보는 수밖에 없었다. 까만 커튼을 치니 교실은 곧 가스실 내부처럼 어둡고 우중충해졌다. 저녁 7시 반에 술 마시러 갈 때까지 우리는 이런 상태에서 "고통스러운 기억의 영화"를 고통스럽게 지켜보았다.

이 영화의 구성과 내용은 실로 단순하기 짝이 없다. 감독은 유대인 학살의 생존자들, 나치 가담자들, 그리고 이 학살의 과정을 지켜보았던 폴란드인들을 찾아다니면서 인터뷰를 한 것이다. 그리고 인터뷰 중간에 지금은 폐허로 변해 버린 학살 현장의 신(장면)이라든지 혹은 그곳을 향해 가는 기차를 나타내는 신 등이 간간이 삽입되어 있을 뿐이다. 그러므로 관객들은 거의 무한에 가깝게 반복되는 인터뷰를 차례로 듣고 보게 된다. 물론 그 내용은 지옥을 경험하고 온 사람들의 이야기답게 우리의 가슴을 짓누른다.

영화 〈쇼아〉 중에서 인터뷰 외에는 어디론가 향해서 움직이는 기차의 신이 거의 유일하다. 이것은 알 수 없는 미지의 장소로 우리를 끌고 가는 숙명적인 힘을 느끼게 하는 효과를 낸다.

어떤 유대인은 수용소에서 차출되어 땅에 묻은 시체를 파내는 일을 하게 되었다. 나치는 이전에는 사람들을 죽인 다음 땅에 집단으로 파묻었는데, 증거를 없애기 위해 이제 그 시체들을 도로 파내서 소각하기로 결정한 것이다. 하여튼 이 사나이는 그 일을 하는 대가로 그 시간 동안만이라도 목숨을 연장하고 있었다. 땅을 파내려 갈수록 시체가 점점 "얇아지고" 부슬부슬 부스러지는 일이 일어난다.

그런데 어느 날 그가 파낸 시체 중에 다름 아닌 아내의 시체가 나오는 것이 아닌가! 그는 아내의 시체를 꺼내 옆에 누이고 곁에 서 있는 나치 병사에게 차라리 자기도 죽여달라고 눈물로 애원을 한다. 그런데 그 나치 병사는 이렇게 말한다.

"너는 아직 일할 힘이 있으니까, 아직은 안 죽여."

여러 사람이 공통적으로 가장 인상 깊게 느낀 이야기 가운데 하나는 아브라함 봄바의 증언이다. 나치들의 입장에서는 한두 시간 만에 몇백 명씩 계속 죽이고 소각하는 일을 지속해야 했기 때문에 가장 중

영화 〈쇼아〉의 한 장면.

요하게 신경을 썼던 부분이 가스실로 가는 사람들이 마지막 순간까지 자신이 곧 죽는다는 사실을 모르도록 조치하는 것이었다(사실 한 시간 안에 자신이 죽는다는 것을 사람들이 알면 어떻게든 저항할 것이고 그렇게 되면 나치들이 '일하는 데' 지장을 받을 것이다). 그래서 전직 이발사들을 모아서 대기실에서 사람들의 머리를 깎는 척했다.

봄바가 일한 곳에는 여자들 몇백 명이 벌거벗은 채 밀려들어왔다. 그러면 그를 비롯한 이발사들이 짧은 시간 동안 대충 머리를 깎는다. 그러고는 옆방에서 소독을 하게 되어 있다고 속이고는 가스실로 밀어넣는 것이다. 그런데 어느 날, 그와 함께 일하던 동료는 기막힌 일을 경험한다. 아내와 여동생이 그곳에 들어온 것이다.

이런 이야기도 있다. 한 유대인은 간수 보조원 일을 하고 있었다. 물론 그는 가스실로 가는 사람들에게 진실을 절대 말하지 말아야 했다. 그런데, 어느 날 자기 마을의 여자를 만나게 되었다. 그 여자에게 당신은 이제 30분 후면 재로 변할 것이라고 말해 주었다. 이 여자는 같이 있던 여자들에게 큰 소리로 그 사실을 말했다. 그러나 누구도 그 사실을 믿으려 하지 않았다.

그러자 이 여자는 히스테리 상태에서 남자들 무리로 달려가서 큰 소리로 "우리는 곧 죽는다"고 소리질렀다. 그러나 역시 누구도 그의 말을 믿지 않았다. 결국 이 남녀 무리는 다른 사람들과 마찬가지로 가스실을 거쳐 화장터에서 재가 되었다. 단 그 여자는 따로 불러내어 아주 가혹한 고문을 가해 간수 보조원 중에 누가 그 말을 했는지를 알아냈다. 그 이야기를 발설한 남자는 결국 산 채로 화장터의 불가마에 던져졌다.

지금부터 50년 전에 인류는 이토록 엄청난 학살극을 겪었다. 그러나 그것을 누군가가 기록하지 않는다면 그 사건은 기억에서 멀어져 기고 결국 잊혀진다. 고통의 기억을 간직한다는 것은 고난을 겪었던 한 민족의 정체성의 핵심 사항이다. 클로드 란츠만 감독이 이 영화를 만들기 위해 11년 동안 총 350시간 분의 인터뷰를 한 것은 그 고난의 기억을 지켜내려는 처절한 싸움이었다.

그런데 여기에서 한 가지 더 지적해야 할 사항이 있다. 사실 600만 명의 유대인이 가스실에서 죽었다는 사실은 웬만한 사람들은 다 알고 있다. 그리고 그에 대해서는 당시의 사진들이나 다른 영상 자료, 혹은 증언들이 이미 많이 존재하고 있으며, 또 이를 소재로 한 극영화도 많이 만들어졌다.

그러나 이 영화처럼 엄청난 충격을 주는 작품은 드물다. 그 어떤 것이 이 영화에 그와 같은 힘을 주는 것일까? 다름 아닌 인간의 육성(肉聲)과 표정이다. 이것이야말로 가장 강력한 표현 수단인 것이다. 그 시기를 직접 경험했던 사람들이 이야기를 할 때 저절로 드러나는 찡그림, 한숨과 눈물, 그리고 그들의 그 목소리들! 진실의 힘은 그 어떤 극적인 드라마보다 더 극적이다.

이 영화는 출시 당시부터 전세계적으로 논란의 대상이 되었고, 엄청난 지적 충격을 던져주었다. 그리고 이 영화에 대해서는 찬탄과 동시에 수많은 비판이 이어졌다. 예컨대 이 영화는 폴란드인들에 대해 지나칠 정도로 가혹한 비판을 가하고 있고, 독일인과 여타 민족에 대한 증오에 근거해 있으며, 결국 유대인의 고난만을 절대화하는 신학적인 구조를 가지고 있다는 것 등이 대표적인 비판의 사례다.

그러나 여기에서는 일단 그런 비판을 접어두도록 하자. 여기에서 주목하고 싶은 것은 약간은 단순한 차원의 것이다. 그것은 이 영화를 만든 이들이 가지고 있는 처절할 정도의 역사 의식, 곧 한 민족의 기억을 지키고 공유하려는 엄청난 노력이다. 그 어떤 엄청난 사건도 우리의 기억 속에 살아남아 있을 때에만 의미를 갖기 때문이다.

# 일본, 서구의 그림자

■ 카케무샤(影武者)


'본체가 없는 그림자의 고뇌.'

구로사와 아키라 감독의 영화 〈카케무샤〉를 보고 난 뒤에 드는 첫 느낌은 우선 이것이었다.

그러나 그 고뇌는 도대체 무엇에 관한 고뇌였을까? 우리 모두는 영원한 진아(眞我)로부터 떨어져 나온 불완전한 그림자에 불과하고 결국 거스를 수 없는 힘 앞에서 스러진다는 비장한 숙명주의 같은 것일까?

그럴지도 모르겠으나 역사가라는 직업을 가지고 있는 나로서는 이 영화가 서구 문명을 받아들여 일본의 근대화를 추진해 가는 일본사(日本史)의 자기 정체성에 대한 영화인의 물음으로 비쳐졌다(영화 하나도 맘놓고 편하게 보지 못하는 것은 분명 나와 같은 직종의 사람들이 심하게 앓고 있는 직업병이다).

때는 일본 전국시대 말기. 여러 강력한 영주들이 막강한 군사력을 가지고 서로 대립하고 있다. 그 중 가장 강력한 파벌의 하나가 다케다 신겐 파이고, 이에 대항하기 위해 오다 노부나가 파와 도쿠가와 이에야스 파가 연합하여 대치중이다.

여기에서 잠깐 먼저 언급할 일이 있다. 유럽이든 일본이든 봉건시대를 이해하는 빠른 길은 오늘날의 깡패 조직을 연상하는 것이다. "보호와 충성의 서약을 한 기사들이 계서제를 이룬 채 지방을 할거하여 분권적인 통치를 한다"는 식의 교과서 기술은 사실 '형님 동생 하며 서로 죽기 살기로 맹세한 칼잡이들이 패거리를 이루어 땅을 갈라먹고 그곳에서 주민들을 갈취하며 살아간다'로 이해하면 편하다. 이 영화의 배경도 '양은이 파에 대해서 신명동 파와 막가 파가 연합하여 신사동에서 한판 붙었다'와 본질적으로 다르지 않다.

다시 영화로 돌아가자. 어느 날 밤 다케다 신겐이 저격을 당해 죽고 만다. 그는 죽기 전에 자기 파의 미래를 위하여 자신의 죽음을 3년 동안 숨기고 그 3년 동안 절대로 군사를 움직이지 말라는 유언을 한다. 영주의 죽음을 숨기기 위해 우연히도 그와 생긴 모습이 비슷한 도적을 한 명 데려와 연습을 시켜서 대역을 맡게 하였다. 이 가짜 무사를 카케무샤, 즉 그림자 무사라 한다.

일자무식의 도둑 출신인 이 그림자는 처음에 그 역할을 하느니 차라리 죽겠다고 버티다가 진짜 신겐의 장례식을 보고는 기꺼이 그의 역할을 대신 하겠다고 나선다. 그 역할을 어찌나 잘했는지 적들은 물론이고 손주, 애첩들까지 모두 그를 진짜로 오인하고 만다. 그러나 이 가짜가 비록 진짜 영주 역할을 아무리 잘해도 그림자는 영원히 본체가 되지는 못한다. 그는 밤에 진짜 신겐을 만나는 악몽에 시달린다.

그러다가 너무 '오바' 한 가짜가 진짜 신겐의 말을 타다가 낙마하여 가짜임이 들통난다. 그 후 사태는 급진전하게 되었으니, 여태 가짜 아버지에 눌려 기를 못 피던 아들이 이참에 그림자를 내쫓아 버리고 자신이 군대를 직접 지휘한다. 그는 아버지의 의견을 따르지 않고 군

영화 〈카게무샤〉 포스터.

대를 움직여 적을 치려고 하였으나, 아버지 신겐의 예상대로 이것이 그의 몰락을 초래하고 만다. 나가시마 전투에서 그의 기병대는 적의 소총 부대에 의해 완전히 몰살당한다.

이 영화에서 특히 눈에 띄는 몇 개의 대목이 있다.

첫째는 오다 노부나가의 군대 내에 서양 신부가 들어와 있는 부분이다. 그의 군대가 출진할 때 이 신부들이 그 군대에게 축성을 해주자 오다 노부나가가 큰 소리로 "아멘" 하고 답한다.

둘째는 오다 노부나가와 도쿠가와 이에야스가 만나서 이야기를 하면서 서양 포도주를 마시는 장면이다. 오다 노부나가는 도쿠가와 이에야스에게 "이건 사람 피가 아니오. 포도주라는 거요" 하면서 한 잔을 건네는데 포도주를 처음 마신 도쿠가와 이에야스는 그 비릿한 첫 맛에 상을 찌푸린다. 그러나 조만간 그는 서양의 맛을 알게 되리라.

셋째는 나가시마 전투 장면이다. 이 장면은 영화 미학적으로도 대단히 멋지게 처리된 부분이지만, 그 와중에서도 눈에 들어오는 것은 연속 발사 방식으로 총을 쏘는 기술이다. 이 시기의 총이라는 것은 한 번 쏘고 다시 장전하는 데 몇 분이 걸렸다. 그러니 한 번 쏘고 난 다음에 적군이 달려들면 속수무책이 된다. 이 약점을 극복하는 방법은 소총수들을 여러 줄로 만들어서 첫 줄이 사격을 하고 뒤로 빠지면 다음 줄의 소총수들이 앞으로 나와 쏘고 다시 그 다음 줄의 소총수들이 나와서 쏘게 하는 것이다.

이 방식은 유럽의 경우 1590년대에 네덜란드에서 처음 개발된 것으로 알려져 있다. 그런데 놀랍게도 일본에서는 그보다 수십 년 앞서 독자적으로 이 기술을 개발한 것이다. 영화에서는 그 부분이 비교적 정확하게 그려져 있다. 이제 귀족적인 기사들이 농민이나 도시 하층민에서 충원된 보병들(이를 아시가루(足輕)라 한다)에게 패배하는 일이 벌어진다.

1543년에 포르투갈인이 가지고 들어온 조총은 이렇게 사회 전반을 변화시켰고, 이렇게 힘을 배양한 일본은 그 여세를 몰아 바깥으로 팽창하려고 했다. 그러므로 이 전투는 일본 근대사만이 아니라 한국과 중국을 포함하는 동아시아의 역사에서도 중요한 의미를 가지는 전투다. 그와 같은 전투를 거치며 일본의 천하통일을 이룬 도요토미 히데요시는 강력하게 결집된 힘으로 중국을 지배하겠다는 야심을 가지고 조선 침략을 감행하였다(임진왜란). 그리고 조선에 대규모 원군을 보낸 명나라는 이 때문에 기력이 더욱 쇠진하여 몰락을 재촉하게 되었다.

그런데 이 영화에 대한 최원식 선생의 코멘트가 재미있다. 일본열도 통일의 3대 주인공을 흔히 거론하지만 이 영화에서는 그 중 두 명만 등장하고 임진왜란을 일으킨 도요토미 히데요시는 빠져 있는 것

이다. 즉 이 영화는 일본이 어떻게 서구를 받아들이는가를 고민하지
만 아시아 침탈에 대해서는 아예 언급도 되어 있지 않은 것이다. 사
실 이 점은 구로사와 감독이 일본보다도 오히려 미국이나 유럽을 지
향하고 있으며 실제로 그의 작품이 늘 해외에서 더 큰 호응을 얻었다
는 점과도 무관하지 않은 듯하다.

그렇게 보면 이 영화의 제작과 관련된 에피소드도 범상치 않다. 이
영화에 대한 아이디어를 접한 일본 영화사들은 600만 달러에 달하는
제작비를 투지할 엄두가 나지 않았다. 그러자 평소 구로사와 감독을
존경하던 프랜시스 포드 코폴라와 조지 루카스가 이십세기 폭스사와
접촉하여 이 작품의 제작을 주선하고 더 나아가서 일본 외의 해외 보
급판의 공동 제작까지 직접 담당하였던 것이다. 말하자면 구로사와
감독은 아시아를 뛰어넘어 구미로 들어간다는 탈아입구(脫亞入歐)의
주제를 다룰 뿐 아니라 그 스스로 이를 잘 수행한 셈이다.

그러나 일본이 '아시아의 악우(惡友)들'을 떨쳐버리고 유럽에 합류
하는 것이 가능할까? 오늘날 일본이 다른 아시아 국가들에 비하면 훨
씬 힘도 강하고 세련된 미를 가지고 있다는 것은 부인할 수 없는 사실
이지만, 그렇다고 일본이 준백인(準白人)이 되는 것은 아니다. 우선 자
기네가 백인인 척 하려고 하는 것 자체가 뭔가 마땅치 않다. 아시아를
잊으려 한다고 해서 잊혀지는 것이 아니다. 최소한 자신들의 아시아
침탈이 '해방'을 위한 전쟁이었다는 식의 억지를 부려서는 안 된다.

이런 점에서 반성과 심사숙고가 없다면 일개 무식한 도둑놈이 영주
의 그림자 무사가 된다 한들 영원히 그림자에 불과하게 된다. 영원한
본체는 도저히 도달할 수 없는 저 멀리에 있으니, 그림자의 고뇌가
어찌 비장하지 않겠는가.

# 영화와 프로파간다
■ 소련의 영화

"모든 예술 가운데 영화가 가장 중요하다." —— 레닌
"영화는 가장 중요한 대중 선동 수단이다." —— 스탈린
"영화는 최상의 프로파간다 도구다." —— 트로츠키

영화의 중요성을 언급한 소련 지도자들의 이런 언급에다가 나치의 선전상 괴벨스가 한 다음의 말을 추가할 수 있을 것이다
"영화는 대중들에게 영향을 미칠 수 있는 가장 근대적이고 가장 파급력이 큰 매체다."
영화의 힘에 눈뜨고 그것을 적극적으로 활용한 점에서는 소련 정부나 나치 정부나 큰 차이가 없었다. 물론 이들의 관점은 영화를 고급 예술이라든지 즐거운 오락으로 보는 것과는 거리가 멀다. 이들은 다수의 사람들에게 자신들의 가치와 생각을 불어넣을 수 있고 그래서 그들을 원하는 방향으로 이끌 수 있다는 점에서 영화가 중요하다고 보았던 것이다. 한마디로 말해서 영화는 가장 힘있는 프로파간다 수단이었던 것이다.

소련의 정치 지도자들이 왜 영화에 그토록 큰 중요성을 부여했는지
는 당시의 사정을 생각해 보면 쉽게 이해할 수 있다. 1917년에 10월
혁명이 성공을 거두었다고는 해도 정국은 계속 내전 상태였고, 광대
한 지역이 아직 반혁명 세력의 지배하에 놓여 있었다. 집권 세력으로
서는 어떻게 해서든지 사람들을 혁명에 동조하도록 유도해야만 했
다. 그러나 당시 상황에서 그것은 실로 엄청난 일이었다.

이런 일화가 있다. 혁명이 일어난 지 2년 뒤인 1919년에 레닌의 부
인인 크룹스카야가 볼가 강을 따라 여행을 한 적이 있는데, 어느 지
역에 가보니 사람들이 이때까지도 볼셰비키가 뭔지, 소비에트가 뭔
지 전혀 모르고 있었다. 그러니 이런 상황에서 도대체 어떤 수단을
써서 사람들을 혁명으로 이끌어들인단 말인가. 거의 대부분의 사람
들이 문맹으로 남아 있었고, 더구나 소련 내에는 수많은 언어가 존재
했다. 따라서 이전의 활자 매체로는 도저히 사람들의 생각과 마음을
끌어들일 수가 없었다. 여기에서 가장 효과적으로 여겨진 것이 바로
영화였다.

이런 목적에서라면 당시의 영화, 특히 무성 영화는 가외의 장점이
있었다. 우선 시각 매체였으므로 사람들이 쉽게 내용을 이해할 수 있
었다. 특히 무성 영화는 언어가 다른 지역에서도 그림만으로 내용을
이해할 수 있었다. 또 한 가지는 아직도 영화는 최신 기술이었기 때
문에 —— 시골 지역에 가면 당시까지 영화를 한 번도 보지 못한 사람
들이 거의 대부분이었다 —— 사람들에게 영화를 보여줌으로써 새로
운 정권이 진보적이라는 느낌을 심어줄 수 있었다.

이런 이점을 안고 소비에트 정권은 영사기와 영화 필름을 가지고
전국을 누비고 다녔다. 지금 생각해 보면 이 방식에는 낭만적인 요소
가 없지 않다. 이름하여 '선동열차' 가 그것이다. 영화와 각종 책자,

팸플릿 등 선전물을 실은 열차가 지방으로 내려간다. 그곳에서 사람들에게 교육을 시키고 선전 책자도 나누어주고, 저녁에는 영사 시설을 갖춘 객차에 사람들을 올라오게 해서 필름을 보여주는 것이다. 시골 사람들은 소련 지도자들의 모습을 이때 처음으로 보았다. 따라서 주로 뉴스영화 필름에서 보여주던 당시 레닌은 거의 신적인 모습으로 연출해 놓았다고 한다.

이렇게 영화가 중요한 역할을 수행할 수 있었다고는 하나 가장 큰 문제는 당시 소련이 워낙 열악한 상태에 있었기 때문에 새로운 영화를 많이 생산하지 못했다는 점이다. 할 수 없이 1924년부터 외국 영화를 다시 수입하게 되었으니, 놀랍게도 혁명 후 소련의 주요 도시에 있는 극장가는 할리우드 영화가 완전히 지배하게 되었다. 당시 사람들은 채플린, 페어뱅크스, 메리 픽포드 등 미국의 배우들이 나오는 코미디 영화를 가장 좋아했고, 심지어 《프라우다》 지에 할리우드 영화 광고가 크게 실리기도 했다.

이 시기에 트로츠키가 "영화를 장악해야 한다", "이토록 우리가 무력하게 영화에 손을 대지 못하고 있으니 우리는 얼마나 바보인가" 하는 탄식을 한 것도 그 때문이다. 소련 영화가 본격적으로 제자리를 잡은 동시에 당이 영화의 내용을 통제하는 것은 1920년대 후반에 들어와서의 일이다. 이제부터는 외국 영화를 내몰고 소련 영화를 상영할 수 있게 되었고 더 나아가서 사람들이 소련 영화를 보도록 사실상 강제하기에 이르렀다.

여기에서 문제가 되기 시작한 것이 소련 초기 영화감독들과 당국의 갈등이다. 다름 아니라 〈전함 포템킨〉을 만든 에이젠슈테인이 가장 대표적인 사례다. 1925년 작인 〈전함 포템킨〉은 독일을 비롯한 서구 각국에서 벌써 사회주의 혁명의 대의를 옹호하는 내용을 가진 위대

에이젠슈테인 감독, 〈10월〉(1927). 10월 혁명 10주년 기념으로 소련 정부가 에이젠슈테인 감독에게 주문한 대작으로서, 영화가 정권의 압력을 받아 선전물로 변질해 가는 과정에서 아주 중요한 의미가 있는 작품이다.

한 영화작품으로 인정받고 있었다.

그러나 당국이 보기에 이 작품은 당의 공식적인 혁명관, 혹은 당이 원하는 해석과 달랐다. 한마디로 에이젠슈테인의 영화에서는 군중이 주인공이다. 그러나 당이 원하는 것은 어느 한 위대한 인물이 혁명을 주도하는 것으로 그리는 것이었고, 특히 그 당시에 권력을 잡은 지도자들이 혁명 때부터 뛰어난 활약을 보인 것으로 등장해야 했다. 그런데 그의 작품은 그것과는 거리가 멀었다.

또 한 가지 결정적인 문제는 이런 작품들이 너무나 어렵다는 점이다. 최고 수준의 지식인인 이 감독은 그야말로 역사에 길이 남을 위대한 작품을 만들고자 했다. 그러나 그 결과는 오늘날의 시점에서 볼 때에도 많은 부분에서 곧바로 이해가 되지 않는, 상당히 고도의 상징을 구사한 것이었다. 그리하여 "30년 뒤에나 이해할 작품이 아니라 지금 여기에서 이해할 작품", "수백만 명이 이해할 수 있는 작품"을 만들라는 비평을 자주 듣게 된다.

우리 나라에 널리 알려진 작품은 아니지만, 에이젠슈테인의 〈10월〉은 이 시기의 분위기를 잘 보여주고, 또 앞으로 소련 영화 내지는 더 넓게 문화 일반이 어떤 방향으로 나아갈 것인지를 보여준 작품이다. 10월 혁명 10주년을 기념하여 당이 에이젠슈테인에게 의뢰한 이 작품은 여러 가지 흥미로운 점들을 가지고 있다.

우선 이 영화는 기본적으로 지적 엘리트가 만든 '어려운' 영화의 특징을 그대로 안고 있다. 유리 조각으로 만든 공작이 날개를 치면서 움직이다가 뒤로 도는 장면 바로 뒤에 케렌스키(10월 혁명 전의 임시 정부 수반)가 차르의 방으로 들어가는 장면을 이어붙임으로써, 오만하지만 깨지기 쉬운 인물이 혁명을 탈취하여 자기가 황제가 되려는 욕심을 가지고 있다는 사실을 말한다는 점은 당시의 농민과 노동자들은 거의 이해하지 못했을 것이다.

더구나 이 공작이 뒤로 돌면서 날개를 들어올릴 때 문을 통과한다는 것이 공작의 항문으로 들어간다는 것을 암시한다는 점은 요즘의 웬만한 영화분석가들도 놓치기 쉬울 것이다. 당시의 비평가들과 당 인사들이 모두 이 점을 지적하고, "수백만 명이 이해할 만한" 영화를 만들어야 한다고 떠들기 시작했다.

그러나 그보다 더 중요한 점은 이 영화에서 레닌의 우상화가 시작되고 있다는 점이다. 수많은 사람들이 기차역에 도열하여 있고 서치라이트가 긴박하게 돌아가는 장면 후에 레닌이 등장하면서 사람들은

바실리예프 형제 감독, 〈차파예프〉(1934). 스탈린 시대 프로파간다 영화의 최고 작품으로 칭송받은 작품이다. 이 사진은 전설적인 '빨치산' 지도자 차파예프가 감자를 가지고 전술을 설명하는 유명한 장면이다.

환희에 들떠 만세를 부른다. 이런 식으로 레닌은 세상을 구한 신적인 영웅의 이미지를 본격적으로 띠게 되는 것이다. 레닌의 우상화는 곧 스탈린의 우상화와 직결된다. 영화에서 회의 장면을 보면 레닌의 바로 옆에는 늘 스탈린이 붙어 앉아 있다. 레닌은 스탈린을 "데리고 다니면서", 또 그와 상의해 가면서 혁명을 완수하는 것이다.

혁명 당시에는 스탈린보다 월등 우월한 지위에 있었던, 그러나 나중에 스탈린에 의해 숙청되고 자객에게 암살당하는 트로츠키는 어떤가. 그는 결정적인 순간에 혁명을 일으켜서는 안 된다는 빗나간 말만 하다가 레닌에게 야단맞는 악역을 맡고 있다. 이 시기의 영화에서는 곱슬머리, 동그란 안경, 매부리코를 가진 트로츠키 비슷한 인물이 대개 '나쁜 편'이라고 보면 된다. 이 시기에 영화는 벌써 정치적 판단에 휘둘리고 있었다.

그러나 정작 당이 보기에는 이런 우상화가 너무 약해빠졌다는 점이 문제였다. 이 영화만 해도 레닌은 물론 혁명의 주인공이지만 그는 대중들 가운데 묻혀 있다. 혁명의 진짜 주인공은 여전히 민중인 셈이다. 1930년대에 들어가서 스탈린의 우상화가 본격화될 때 여전히 민중의 자발성을 주장하려던 에이젠슈테인은 비판당하다 못해 영화 제작을 아예 거부당하는 지경에 이르렀다.

영화는 정말로 영향력이 큰 예술·산업·오락 매체다. 바로 지금 이 순간에도 전 지구적으로 몇백만 명의 사람들이 영화관에 앉아 있다. 바로 그런 이유 때문에 권력은 영화를 통제하고 조정하려고 한다. (우리의 경우에도 "부자와 가난한 자가 한 화면에 나타나서는 안 된다"는 식으로 철두철미하게 검열을 가한 결과 한때 의식 있는 영화들은 죽어버리고 '벗기는 영화'만이 판을 치게 되었다.)

그러나 영화는 사후(事後)에라도 복수를 가한다. 당시에는 전혀 의식하지 못했겠지만 오늘날 이런 시대의 영화를 분석해 보면 그 시대의 진정한 면모를 읽을 수 있다. 그것을 읽어내는 것은 영화인과 역사가 공동의 몫이다. 영화는 현대사의 중요한 사료가 되어 마땅하다.

# 《먼나라 이웃나라》의 역사 인식

　역사학 연구자와 일반인들의 역사 인식은 당연히 다르다. 요즘 내가 관심을 두는 것은 일반 대중들이 어떤 경로를 거쳐 어떤 역사 인식을 가지느냐 하는 점이다. 사실 최근에 일본의 역사 교과서 문제가 아주 큰 관심의 대상으로 떠올랐지만, 사람들이 교과서만 가지고 역사를 배우는 것은 아니다. 소설이나 영화, 혹은 그 외에도 많은 매체들이 사람들의 역사 인식에 기여하고 있다.

　그 중 특이한 것이 바로 만화다. 이제 만화는 결코 가볍게 생각해서는 안 되는 대상이 되었다. 현재의 대학생 및 그 이하의 세대에게는 만화가 이 세상을 읽는 중요한 창구가 되어 버렸다. 그것이 싫든 좋든 어쩔 수 없는 하나의 사실로 굳어져 버렸다는 점을 인정해야 한다.

　이미 십여 년 전부터 역사(그 중에서도 특히 나의 전공 영역인 서양사)를 이야기하는 가장 중요한 책의 하나가 이원복의 《먼나라 이웃나라》라는 만화책인 것 같다. 물론 이 만화가 백 퍼센트 역사를 다룬 것은 아니지만 내용의 상당한 부분이 역사에 관한 것이기 때문이다.

　나는 이 만화책이 단지 초등학생들이 심심할 때 읽는 정도에 그치는 줄 알았다. 그러나 최근에 와서 들은 바에 의하면 이 책이 수많은 학원에서 소위 논술용 교재로 사용된다는 것이다. 초등학교 5~6학년 학생들이 이 책을 읽고 그 내용에 대해 토론하고, 더 나아가서 밑줄을 그으며 외워댄다는 이야기를 듣고 상당히 놀랐다.

그때까지 이 만화를 보지 않았던 나는 서울대 도서관에서 대출하여 밤에 읽어보기로 했다. 여기에서 또 놀라운 점은 서울대 학생들이 이 만화책을 어찌나 열심히 봤는지 온갖 색깔의 형광펜으로 밑줄이 그어져 있으며, 볼펜이나 연필로 메모한 것들로 가득하다는 것이다. 사실 예전에 리포트를 받아보면 참고문헌으로 《먼나라 이웃나라》를 언급한 경우도 가끔 있었다. 그런 걸 보면 이 책은 초중고 및 대학교 학생, 더 나아가서 일반인들에게까지 아주 폭넓게, 또 아주 깊이 영향을 미치는 책이라고 해야 할 것 같다. 그래서 기회가 닿으면 이 책에 대해 좀더 세심하게 분석을 시도해 볼 필요가 있다는 생각을 했다.

이번에는 샘플로 제1권(1998년에 나온 《새 먼나라 이웃나라》)만을 읽고 한 번 평가를 해보기로 했다. 역사학 종사자로서, 그리고 초등학교 3학년인 딸을 둔 아비로서…….

전체적인 느낌은 내용이 비교적 충실하다는 점이다. 이 정도면 많은 사람들이 찾을 만하다는 생각이 들었다. 저자 자신의 생활 경험, 자신의 생각에다가 자료 조사 등을 거친 좋은 내용과 만화가 가질 수 있는 장점들, 즉 이해가 쉽고 흥미를 끄는 방식이 결합되어 있는 것이다.

그러나 다시 내 본업인 역사학자의 관점으로 되돌아와서 본다면 많은 문제점들이 눈에 띄었다. 몇 가지 사항을 들어보도록 하자.

첫째, 문자 그대로 틀린 내용들이다. 몽골 제국이 헝가리까지 침입하였을 때 그 중 일부가 아시아로 되돌아가지 않고 주저앉은 것이 오늘날 헝가리 국민의 다수를 차지하는 마자르족인 것처럼 기술하고 있다. 마자르족은 그보다 몇백 년 전인 9세기경에 유럽 동쪽에 나타나서 한때 유럽 전역을 공포에 떨게 했던 사람들이다. 그때 이미 다뉴브 지역에 정착했던 것이지 칭기즈 칸과는 거리가 멀다.

사소한 것까지 따지면 이런 식으로 역사 사실에서 틀린 부분이 상당히 많다(네덜란드의 황금기인 17세기의 대표적인 인물로 에라스무스를 드는데 그는 16세기의 인물이다. 투르-푸아티에 전투는 그 두 곳에서 일어난 것이 아니라 그 두 지역 가운데쯤에서 일어나서 그렇게 부른다. 네덜란드의 영어식 표기는 반드시 정관사와 복수형을 써서 The Netherlands라고 써야 한다.)

둘째, 역사 사실보다는 해석이 틀린 부분이다. 서양에서는 2천 년 전인 고대 그리스 시대부터 '나'를 중심으로 하는 개인주의가 확고히 자리 잡았다고 그러는데, 이건 지나친 과장이거나 오히려 정반대로 이야기해야 맞을 것이다. 그리스는 폴리스를 떠나서는 인간으로서의 가치를 완전히 상실할 정도로 철저하게 공동체 중심적인 사회였기 때문이다.

면죄부(Indulgentia)에 대한 서술도 잘못되어 있다. 이것은 완전히 썩어빠진 제도가 아니고 실제로는 카톨릭 교리에 맞는 것이었으며 일반적으로 생각하는 것과는 달리 무조건 죄를 면해 주는 것이 아니라 대단히 엄격한 조건 아래 시행되었고 그 나름의 합리성을 가진 것이었다. 문제는 그것이 심각하게 '오용·남용'되었다는 점이다.

여기에서 특히 지적해야 할 점은 전반적으로 개신교가 긍정적으로 그려져 있는 반면 카톨릭은 대단히 부정적으로 그려져 있다는 점이다("카톨릭은 썩었다"는 식의 표현이 너무 자주 나온다). 우리 나라의 서양사 책들에서 이런 점이 많이 보이는데 혹시 미국식 역사교육(암만 해도 개신교 중심이기 쉽다)의 영향은 아닌가 의심이 든다.

이슬람 세력을 생쥐로 묘사한 이 장면은 우리 스스로 유럽중심주의를 체화(體化)하고 있음을 말해 준다.

셋째, 비슷한 문제일지 모르겠지만, 해석이 틀렸다 맞았다 하는 점이 문제가 아니라 해석이 너무 일방적이거나 편파적인 부분이다. 유대인이 모두 눈치 빠르고 돈 잘 버는 사람들만은 아니었다. 예를 들어 동유럽의 아쉬케나지파 유대인들은 대부분 그 사회의 최하층을 차지하는 가난한 사람들이었다.

한편 집시들에 대해서는 도둑질을 하며 유랑하는 인간들이라는 점을 지적하면서 "오죽하면 히틀러가 이들을 청소해 버렸겠느냐"는 투로 썼는데 어린 학생들에게 자칫 인종주의적인 사고를 불어넣지 않을까 걱정이다.

"프랑크 왕국이 갈라져 힘이 약해지자 기다렸다는 듯이 북쪽의 오랑캐들(!)과 에스파냐의 이슬람교도들이 야금야금 왕국을 파먹었다"(119쪽)는 말은 정말로 위험한 표현, 해석이라고 보인다. 게다가 터번을 쓴 이슬람교도를 생쥐로 표현하고 있다. 저자의 '사관(史觀)'이 지나치게 유럽중심적이고 더 나아가서 유럽 주요 국가중심적인 것은 아닌지……. 왜 우리가 프랑스, 독일, 이탈리아 등의 국가들과 정체성을 같이 해야만 하는가.

넷째, 잘 이해가 안 되며 부정확한 부분, 지나치게 단순하게 설명하는 부분들이다. 남유럽이 어머니 중심적이고 북유럽이 아버지 중심적(그리고 설명을 보건대 가부장적)인 문화라는 근거가 무엇인가? 최근의 가족사(家族史) 연구를 보면 이 문제는 너무나도 복잡한 현상이라 일반화가 거의 불가능해 보인다. 우리같이 작은 나라인 경우에도 만일 경상도는 가부장적인 문화이고 전라도는 모성중심적인 문화라는 식으로 일반화하게 되면 대뜸 근거가 무엇이냐는 질문을 받게 될 것이다.

이 책을 보면서 만화이기 때문에 쉬운 것이 아니라 훨씬 더 어려울 수 있다는 느낌을 받았다. 재미있는 사례를 들어보도록 하겠다.

《안네의 일기》를 소개하는 장면을 보자. 안네의 아버지 프랑크 씨만이 수용소에서 목숨을 건지고 집으로 돌아온다. 그는 옛집의 마룻바닥에 떨어진 안네의 일기장을 발견하고 눈물을 흘리며 이 일기를 읽는다……. 그 과정을 멋지게 만화로 표현했는데, 엄밀하게 말하면 이 내용은 틀렸다. 안네 가족이 연행되는 날, 나치는 이 집안의 물건들을 다 뒤집어엎었는데, 이때 안네의 일기장이 땅바닥에 떨어져 있었다. 이를 수거한 사람은 은신처의 아래층 사무실에서 일하던 미프 히스와 베프 포스콰일이라는 사람이었다. 이 중 미프 히스는 이 일기를 읽지도 않고 자기 책상 서랍에 보관해 두었다가 나중에 프랑크 씨가 돌아오자 이 일기책을 넘겨준 것이다. 이런 구체적이고 자잘한 내용까지 완벽하게 정확성을 기한다는 것은 실로 어려운 일이다. 그러나 가능하면 이런 수준에까지 최선을 다해서 정확성을 기해야 한다.

어느 책이나 단점은 있게 마련이어서 기를 쓰고 단점을 찾아보자면 얼마든지 골라낼 수 있는 법이다. 그런 점에서 이 책의 단점이나 실수한 점들만 뽑아내서 나열해 놓고 의기양양해 하고 싶은 생각은 전혀 없다. 다만 이 책이 전국의 수많은 '내 딸, 내 아들들'이 보는 책이기 때문에 좀더 신중하게, 좀더 신경을 써서 만들어야 한다는 점을 말하고 싶다. 그리고 아울러서 이 책을 비롯한 만화책에 대한 비평이 활성화될 필요성도 지적하고 싶다.

# 시오노 나나미의 역사 인식 1

일반인들의 역사 인식을 형성하는 매체는 무엇인가?

사실 보통의 사람들이 역사학 잡지에 실린 논문, 혹은 역사학 관련 전문 저서를 읽고 역사를 이해할 수는 없는 일이다. 그보다는 대개가 TV 드라마 〈태조 왕건〉을 열심히 보든지, 황석영의 《장길산》 같은 역사소설을 탐닉하는 가운데, 또는 〈쉰들러 리스트〉와 같은 영화를 감상하며 역사를 이해할 것이다.

특히 최근 들어 매스 미디어는 그 영향력이 엄청나게 커져서 사람들이 필요로 하는 대부분의 정보를 제공하고 있다. 역사 분야도 다르지 않아서, 사람들이 역사에 대해 알게 되고 생각하게 되는 기본 소양을 제공하는 것도 이런 매스 미디어이며, 그런 점에서 보면 이제 대한민국에서 가장 영향력 있는 역사가는 KBS-TV 〈역사 스페셜〉의 진행자인 유인촌 씨가 아닌가 싶다.

사실 이런 분야야말로 정말로 중요한 의미를 가진다고 하지 않을 수 없다. 역사 인식은 우리의 정체성, 우리의 민족 의식, 우리의 세계관 등에서 핵심적인 요소이기 때문이다. 따라서 역사학의 과제라 할 때 중요한 것은 우선은 학문 내적으로 깊이 있는 연구를 심도 있게 진행하는 것이겠지만 그와 동시에 그런 연구 성과를 어떻게 하면 일반인들에게 알기 쉽게 잘 전달하느냐 하는 것도 중요한 문제인 것이다. 그것이 영화나 드라마가 되었든 혹은 일반인들이 알기 쉽게 쓴 책이든 말이다.

우리 역사학계의 경우 심도 있는 연구가 완벽하게 잘 되어 있다고 할 수는 없겠지만, 그보다도 더 큰 문제인 것은 역사학의 '보급'에 관한 문제가 아닌가 생각된다. 전문 역사학자들이 심층적인 연구를 수행하면서 동시에 '보급판' 저서를 따로 쓴다든지 역사적인 내용을 다룬 미디어 작품을 제작한다는 것은 쉽지 않은 일이다. 미국이나 유럽의 경우를 보면 이 '보급'의 분야가 대단히 크게 발달해 있다. 말하자면 심층적인 '연구'와 '보급' 각각이 전문화되어 있는 것이다. 우리나라에서 그 수요는 대단히 크지만 가장 크게 부족한 분야가 바로 이 지점이 아닌가 싶다.

그런데 우리의 이런 상황 —— 즉 역사 지식에 대한 큰 수요와 전문가의 부족 사이의 괴리 —— 에서 그 시장을 선점한 사람들이 있다. 그중 하나가 시오노 나나미다. 그의 로마사 관련 저작들과 르네상스 시기 관련 저작들, 또 몇 가지 에세이들이 베스트셀러가 되었다고 들었다. 위에서 설명한 그런 이유로 인해서 나는 이 작품들을 무심하게 넘길 수 없었다. 자신이 일하는 분야에서 몇십만 부가 팔리는 책이 있다는 사실은 정말 보통 일이 아닌 것이다. 도대체 그것이 어떤 책이길래 이런 엄청난 영향력을 행사한단 말인가.

이와 관련해서 몇 번의 특이한 경험이 있었다.

우선은 입학 시험의 면접 때였다. 역사학과 학생들을 면접하다 보니 자연스럽게 "혹시 역사학 책 중에 읽은 책이 있습니까?"라는 식의

'고전적인' 질문을 하게 되었는데, 그야말로 천편일률적으로 "시오노 나나미의 《로마인 이야기》를 감명 깊게 읽었습니다"라는 대답을 들었던 것이다.

그 외의 다른 책을 언급한 학생이 있었는지는 기억도 없다. 누구나 시오노 나나미였다. 물론 그런 판에 박은 질문을 수험생들은 미리 다 예상하고 들어오게 마련이고 그래서 모범 답안을 준비해 온 것이 틀림없는데, 그 모범 답안의 내용이 글쎄 시오노 나나미라는 사실 자체가 이 책이 얼마나 큰 영향력을 행사하는지 입증하는 것이 아니겠는가.

두 번째 경험은 《대학신문》에 아주 짧은 글을 썼을 때였다. 너무 짧은 글이라 자세히 쓸 수는 없었지만 도대체 아무런 비판 의식 없이 너도나도 시오노 나나미를 이야기하는 것이 마땅치 않아서 비판적인 톤으로 글을 썼다. 그러자 어느 학생이 자기가 그토록 흠모하는 시오노 나나미를 '감히' 비판한 그 작자에 대해 "너는 도대체 얼마나 잘 났길래……" 하는 식의 원한을 품고 있다는 이야기를 들었던 것이다.

이 정도가 되면 이 책은 정말로 중요한 '사회적 현상'이라고 봄직하다. 자기 인생을 걸고 시험에 임하는 수험생들이 모범 답안으로 여기고 있으며 또 이 책에 대해서 비판하면 못난 놈이 질투하고 있다는 이야기를 들을 정도면 이 책은 우리의 이성, 감성, 심성 전반에 지대한 영향력을 미치고 있는 중이라고 보아도 무방할 것이다.

여기에서 이 책의 내용을 자세히 분석하고 조목조목 밝힐 수는 없다. 그러나 몇 가지 사항만은 이야기하는 것이 좋겠다.

그의 책이 삼류 저질 도서라고 말할 수는 없다. 편하게 읽히는 가운데 독서의 즐거움을 가질 수 있고 거기에 덧붙여서 역사 지식을 얻을 수 있으니 그런 정도로 자기 몫을 다하는 책인 것은 분명하다. 아니 그 정도를 넘어서, 그만큼 쓰는 것도 쉽지 않겠다고 말하는 것이 더 온당한 말이 될 것이다. 그러나 더도 덜도 아니고 딱 그 정도다. 그것이 우리 인생에 고귀한 지혜를 주는 것도 아니고 국정 운영에 더할 나위 없는 통찰력을 주는 것도 아니다.

이쯤에서 이 책에 대한 나의 평가를 드러내 놓는 것이 속 편할 것 같다. 이 책은 일본 우익 작가가 일본 우익들에게 이야기하는 우익 에세이다. 그것이 내 판단이다.

민주주의란 약자들의 넋두리이고 고대 그리스식의 대화와 토론은 쓸데없는 수다에 불과하다. 지배자는 효율적으로 국정을 운영하기 위해 강력한 카리스마를 가진 황제 내지 황제형의 인물이 적합하며 지도자가 민주적일 필요는 없다. 공동체의 발전을 위해서는 우수한 자와 그렇지 못한 자, 건강한 자와 그렇지 못한 자 등을 같이 하지 않고 분리하는 수밖에 없다…….

한마디로 그는 로마 제국을 이야기한다고 하지만 그것을 통해 일본 제국주의를 설파하고 있는 것은 아닐까? 로마 제국은 모든 제국의 영원한 원형이 아니던가? 그러나 일본은 그러한 제국의 꿈을 완전히 이루지는 못했다. 말하자면 원형으로부터 벗어난, 일그러진 그림자에 불과하다. 그러니 그 근원으로 돌아가 완전한 제국을 탐사하는 것이 흥미롭지 않은가?

우익이든 뭐든 우리에게 도움을 주는 책이면 족한 것이 아니냐고 물을 것이다. 글쎄 그런 면도 있다. 그렇지만 임진왜란이 중국과 그 너머 인도까지 지배하려는 일본인의 기개를 떨친 —— 그러나 아쉽게 도 뜻을 이루지 못한 —— 일이라고 주장하고, 자신들의 동남아시아

지배가 해방전쟁이었다고 버젓이 주장하는 그 일본 우익 교과서라는 것을 보면 약간 께름칙한 것은 사실이다.

그의 책을 읽어서는 안 된다든지, 읽지 말자든지 하는 것이 아니다. 내가 이야기하고 싶은 바는 알 것은 알고 읽자는 것이다. 그리고 너무 호들갑떨지 말자는 것이다. 약간의 비판적 안목만 있으면 이 책의 색깔이 어떻다는 것은 금방 눈에 들어오는데, 우리 나라 주요 신문들이라는 것이 그런 점 하나 지적하지 못한 채 로마로 찾아가서 인터뷰 공세를 펴며 시오노 나나미를 우리 시대의 현인으로 추켜 올리는 것이 정말 꼴사납기에 하는 말이다.

# 시오노 나나미의 역사 인식 2

우리 나라에 엄청난 독자들을 가지고 있는 시오노 나나미 여사에 대해 비판적인 글을 인터넷에 올리자 상당한 정도의 찬반이 오갔다는 이야기를 들었다. 그리고 수업 중에도 이에 대해 토론을 해보았다. 나의 주장에 동감한다는 의견도 많았지만 여러 가지로 비판적인 의견도 꽤 있었다. 이 과정에서 무엇보다도 시오노 나나미 씨는 정말로 대단한 영향력을 가지고 있다는 사실을 다시 한 번 절감하지 않을 수 없었다.

나는 지금도 시오노 나나미 씨야말로 일본 우익 제국주의의 성향을 온전히 가지고 있는 작가라는 점에 대해서 전혀 의심하지 않지만, 이 점을 자꾸 이야기하는 것이 잘못하면 의도적으로 반일감정을 자극함으로써 기본 점수를 따고 들어가려는 얄팍한 전술로 오인받을 수 있겠다는 괜한 걱정도 들었다.

이참에 이야기하건대, 일본을 한 번 방문해 본 내 소감을 말하자면 일본은 역시 듣던 대로 깨끗하고 질서정연한 선진국이라는 점이다. 이를 부인하고 일본을 무조건 욕한다면 그것이야말로 열등 콤플렉스라고 해야 할 것이다. 그리고 《로마인 이야기》가 한 작가가 평생의 노력을 기울여 쓰고 있는 역작이라는 점을 이야기해야 옳을 것이다. 우선 우리의 역사가, 작가들 가운데 이런 정도의 대작을 내는 사람이 흔치 않다는 점도 우리가 반성해야 할 대목이다.

그리고 이 책이 일반인들에게 로마사를 쉽게 접근하도록 한다는 점에서는 자기 소임을 다하고 있다는 생각도 들었다. 이런 여러 가지 점들을 고려할 때 이 책에 대한 비판을 좀더 성실하게, 무엇보다도 근거를 가지고 해야겠다고 생각했다.

그래서 《로마인 이야기》와 또 이 책들에 대해 작가 스스로 자기 생각을 전개하고 있는 일종의 사론집 격인 《로마인에게 묻는 20가지 질문》을 중심으로 하여 내 생각을 개진해 보도록 하겠다.*

1. 무엇보다도 시오노 나나미 씨는 로마인들이 이민족에 대해 너그럽고 관용적으로 지배했다는 점을 강조한다. 로마인들은 "민족적 편견이나 차별 따위는 찾아볼 수 없는 로마인의 특질인 개방성과 다인종, 다민족, 다종교, 다문화로 이루어진 보편 제국을 통치하는 데 빼놓을 수 없는 뛰어난 지배 감각"을 가지고 있으며, "제국을 이끌어가기 위해서 적이라도 포용"하는 자세를 견지한다. 심지어는 그리스의 경우 그들의 "독립과 자유를 구하기 위해 자신의 비용으로 자신의 피까지 흘려가며 싸우고 게다가 이긴 뒤에 군대를 철수"했다는 것이다. 더 나아가서 로마는 정복한 지역의 경제적 번영을 도와주는 민족으

---

* 논지를 집중하기 위해서 《로마인 이야기》 가운데에서는 주로 제2권 《한니발 전쟁》을 많이 예로 들었다. 아래에서 따옴표 안의 내용은 물론 이 책들에서 그대로 인용한 것들이다. 그리고 로마사에 관한 일반 교과서적인 내용에 대해서는 김진경 외 《로마사 강의》를 참조하였다.

로 소개된다. 그리고 그에 대한 증거로 소위 '사회간접자본(로마의 도로망)'을 건설해 주었다는 점을 들고 있다.

이런 이야기를 들으면 정말 마음이 착잡하다. 너그러운 이민족 지배자, 오히려 남을 도와주는 지배자라는 것이 세상에 존재하는 것일까? 한 번 차분히 짚어보도록 하자.

로마는 기원전 264년 이후에 시칠리아라는 첫 번째 '해외' 예속지(provincia. 속주)를 건설하기 시작한 이후 약 120년 정도 지중해 전역을 상대로 전쟁을 하여 기원전 146년경에는 지중해 주요 지역 전체를 지배하는 대제국을 건설했다(이 기간 동안 로마가 전쟁을 하지 않았던 기간은 제1차 포에니 전쟁 이후 딱 2년간이다). 말하자면 이때의 로마는 터미네이터 같은 전쟁기계에 다름 아니었다.

물론 단순무식한 방법으로 무조건 파괴하고 보는 그런 방식은 아니었고, 철저히 계산하여 여건이 불리하면 외교적인 방식에 의존하다가 자신이 우세하면 가차없이 군사 공격을 하였으며, 무엇보다도 자기들이 먼저 공격하는 것이 아니라 상대방의 공격에 대한 방어 전쟁을 한다는 명분을 얻으려고 고심하였다. 제국주의 침탈과 지배가 결코 단순한 게임은 아니었던 것이다.

그러나 아무리 그런들 로마가 벌인 전쟁의 진상은 철저한 지배와 약탈이었다. 3차에 걸친 포에니 전쟁이나 동지중해에서 벌어졌던 여러 전쟁들이 하나같이 그랬다. 아프리카 북부를 근거지로 해서 지중해 서부에서 대세력으로 이미 성장한 카르타고와, 이탈리아 반도를 평정하고 난 후 본격적으로 해외 팽창을 하려던 로마는 필연적으로 부딪칠 수밖에 없었다. 지중해에서 두 개의 해상 지배세력이 존재할 수 없는 마당에 한쪽이 다른 한쪽을 철저히 파괴해야 했다는 점은 오늘날에 와서 본다면 —— 좋다 나쁘다의 문제가 아니고 —— 다 '자연

'스러운' 일이다.

2차 포에니 전쟁에서 승리를 거둔 로마가 카르타고의 해외 영토를 모두 빼앗고는 천문학적인 배상금을 물리고 10척 이상의 함선 보유를 금지하는 모든 일들이 그렇고, 그 후에 카르타고가 경제적으로 다시 일어나려는 기미가 보이자 그야말로 말도 안 되는 핑계를 대서 3차 포에니 전쟁을 일으켜서 적을 완전히 파괴한 것도 마찬가지다.

시오노 나나미 씨 자신도 "기원전 146년, 로마는 3년 동안의 공방진 끝에 함락한 수도 카르타고를 파괴했을 뿐 아니라 소금을 뿌려 불모지로 만들었습니다"라고 쓴 점을 보면 이런 사실을 설마 모르지는 않았을 것이다. 그런데 그렇게 되면 로마가 모든 민족을 다 포용하는 '보편 제국'을 성립시켰다는 주장과 모순된다는 문제가 발생한다.

바로 여기에서 논지의 전개에 무리가 일어난 것이 아닐까? 로마는 3차 포에니 전쟁을 일으키기 위해 카르타고에다 대고 도시와 항구를 모두 파괴하고 15킬로미터 내륙으로 들어가라고 요구했다. 이건 역사상 가장 어이없는 생트집 중의 하나다. 오늘날 싱가포르에다 대고 항구와 도시를 모두 파괴하고 산속으로 들어가라고 하는 것과 같은 이야기인 것이다.

그런데 시오노 나나미 씨의 해석이 참 독창적이다. 15킬로미터는 그리 먼 거리도 아니고 이 정도면 로마가 참으로 관용적인 조건을 제시한 것인데 카르타고가 "거듭해서 외교적 실수를 저지른" 결과 전쟁이 일어났다는 것이다. 결국 그의 주장은 로마는 관용적이고자 했으나 카르타고가 일을 그르쳤다는 식이다. 사실 우리로서야 로마인들이 남을 도와주고 싶어 안달하는 박애주의자가 아니라 침략자였다는 점에 대해 전혀 이상하게 생각하지 않고 그저 담담하게 받아들일 수 있다. 그런데 왜 시오노 나나미 씨는 굳이 로마를 그런 이상화된 지배자로 만들어야만 하는 것일까?

동지중해 지역에서의 전투도 마찬가지다. 3차 마케도니아 전쟁에서 승리한 후 로마는 이 지역을 4개의 국가로 분할한 다음 왕가의 재산을 동결시키고 광산을 폐쇄해 버렸으며 매년 100탈렌트를 납부하게 만들었다. 게다가 아주 철저한 보복 조치를 취했다. 그동안 로마에 밉보인 그리스 정치가들을 모두 추방했는가 하면 —— 아카이아에서만 천 명 이상 추방했는데 이 중에는 시오노 나나미 씨가 자주 인용하는 역사가 폴리비오스도 포함되어 있다 —— 아이밀리우스 파울루스라는 인물은 에피루스에서 70개 도시를 파괴하고 1만 5천 명을 노예로 판매했다.

로마의 장군들은 어떤 때는 순전히 전리품 획득을 목적으로 전쟁을 한 경우도 많았는데, 한 예를 든다면 89년 만리우스 불소는 아시아의 그리스인들을 보호한다는 명목으로 원정에 착수해서 지나가는 도시를 모조리 약탈해 버렸던 것이다. 앞에서 언급한 '사회간접자본'은 다름 아니라 이런 원정과 수비에 필요한 군사이동, 그리고 전리품 수송을 위한 도로를 가리킬 뿐이다. 도대체 그 어디에서 피지배민들의 독립과 자유를 지키려는 고귀한 노력을 찾을 수 있는가.

로마인들이 전쟁을 일으키고 약탈할 수밖에 없는 것은 당연하다. 이를 좀더 세밀하게 이해하려면 지배층의 젊은 귀족이 어떤 존재인가를 봐야 한다. 명문 가문의 출신이든 혹은 신인이든 귀족들이 자신의 입지를 확고히 하려면 '위대한 행위'를 해서 이름을 날려야 하는데, 그것은 결국 전쟁에서 이기고 개선하는 것을 뜻했다(개선식을 받으려면 적 5천 명 이상을 살해해야 했다!). 전쟁에서 승리를 거둘 경우 물론 엄청난 전리품을 얻어서 부를 챙길 뿐 아니라 병사들에게도 나누어주어서 그들의 충성을 확고히 하고, 더 나아가서 정치에 뜻이 있다면 일부를 공공사업에 투자해서 민중의 지지를 얻을 수 있었다.

로마 전체로 보더라도 이런 '제국주의적인 착취'가 막대한 이익을 가져다주었던 것은 분명하다. 시칠리아와 사르디니아 같은 곡창지대는 수확의 10분의 1을 내도록 했고 광산은 직접 빼앗었으며 피지배민의 인력을 동원해서 도로를 건설했다. 그 덕분에 이탈리아 내에서는 사람들이 세금을 내지 않고도 살 수 있었다.

그러니 경제적 이익을 무시하고 단지 상대방을 보호하기 위해서 전쟁을 치렀다는 주장은 지나치게 순진한 이야기든지 혹은 뭔가 이데올로기적인 왜곡의 결과라는 의심을 금할 수 없다.


2. 로마사에서 다루어야 할 핵심 문제의 하나는 노예(제)다. 시오노 나나미 씨는 우선 기본적으로 노예 문제에 대해서 많은 언급을 하지 않지만 —— 역사에서 무엇을 다루느냐도 중요하지만 무엇을 다루지 않느냐는 것도 역시 중요한 사안이다 —— 일부이나마 이 문제에 대해 언급한 부분을 가지고 대강 어떤 생각을 하고 있는지 짐작할 수 있다.


그들의 세계가 태어나면서부터 신분 차이가 생기는 것은 자유민의 사회보다 훨씬 치열한 경쟁 사회였기 때문이다. 이 사회에서 문제가 되는 것은 출신이 아니라 기능이다. 교양이 많거나 어학에 소질이 있거나 예능에 뛰어나거나 장사에 뛰어난 재능이 있거나 특수한 기능을 가진 노예는 데려가는 사람이 많았다. 이런 노예들이야말로 해방노예가 되는 지름길에 있는 사람들이었다.


이러한 언급을 보면 고대의 노예를 오늘날의 자유경쟁 노동자쯤으로 생각하는 모양이다. 그녀의 주장에 따르면 노예가 해방되지 못하는 것, 노예가 노예로 존재하는 것은 전적으로 그들의 잘못이다. 노예가 자기 특기를 발휘하여 그 상태를 벗어나면 될 터인데 그렇지 못했다면 그것은 그의 무능력 때문이다!

기본적으로 시오노 나나미 씨는 노예제라는 것에 대해 일반인들과 다른 독특한 견해를 가지고 있는 것으로 보인다. "노예제 사회와 노예제는 악(惡)이라고만 생각하는 이런 꽉 막힌 사람을 빼면 로마를 나쁘게 보는 사람은 없다"는 것이다. 아닌게 아니라 시오노 나나미 씨는 생각이 탁 트여서 그런지 몰라도 노예와 주인과의 관계를 매우 호의적으로 보고 있다.

"노예제가 있었던 시대에 존재한 주인과 노예 간의 강한 유대, 그 돈독한 신뢰 관계에는 다소나마 향수를 느끼지 않을 수 없습니다."

노예제에 대해 향수를 느끼고 있다는 것이다! 아끼던 노예가 죽기라도 하면 저술 활동을 계속할 수 없다고 한탄한 철학자 키케로의 비서 노예, 카이사르 암살 후 그의 시체를 사저까지 옮긴 노예들, 그 외에도 "로마 역사상 유명한 인사들의 노예 중에는 죽음까지 주인과 함께 한 경우가 많습니다……. 인간의 평등이 옳다는 것은 알고 있지만, 강한 유대감과 신분의 평등은 병립할 수 있는 것인지 아닌지 생각하게 됩니다."

인간의 평등보다는 이런 다정다감한 주인과 노예 사이의 관계가 훨씬 인간적이라고 서슴없이 이야기하는 시오노 나나미 씨! 그런 그이기에 로마의 노예제와 노예 반란에 대해서는 안중에도 없는 것이다. 로마에서 노예 반란이 거의 안 일어났다는 점을 언급하면서 —— 기원전 73년부터 71년까지 수천 명의 무장 노예를 끌고 이탈리아 반도를 남북으로 가로지르며 전국을 뒤흔들어놓은 스파르타쿠스의 반란 같

은 약간의 '예외(!)'가 없지 않지만 —— 특수한 재주를 타고나지는 못
했다 해도 날마다 함께 살고 있으면 정이 들기 때문에 노예 해방이
성행했고 따라서 위험이 따를 수밖에 없는 반란을 일으키기보다 해
방노예가 되려고 애쓰는 편이 훨씬 현실적인 선택이라는 주장이다.

사슬에 매여서 땅속에 한 번 들어가면 두 번 다시 햇볕을 못 보고
죽을 때까지 광석을 캐야 했다는 광산 노예는 마치 존재하지 않았던
것 같다.

3. 시오노 나나미 씨에게 중요한 인물들은 따로 있다. 그의 책에서
가장 중요한 자리는 귀족적인 영웅, 영웅적인 귀족이 독차지하고 있
다. 그의 책은 심각한 —— 솔직히 표현하면 저질의 —— 영웅주의에
중독되어 있다. "역사는 한 천재의 출현으로 완전히 달라지는 경우가
많다"는 것이 그 주장의 핵심이다. 그 당시로서는 세계대전이라 할
만한 대규모 전쟁인 포에니 전쟁을 한니발 대 스키피오라는 두 인물
의 전쟁으로 축소시켜 버렸다. 수많은 사람들의 인생이 절단 나고 국
가의 운명이 결정 나는 이 전쟁을 다루면서 시오노 나나미 씨는 스키
피오와 한니발의 얼굴 이야기, 남자의 옷 입는 법, 멋진 분위기를 길
게 이야기하고 있다.

'세레노'한 분위기, 굳이 번역하면 담백하고 소탈한 분위기를 자아
내는 것이 지도자로 성공하는 남자의 중요한 조건이라고 말한 적이 있
는데, 스키피오야말로 젊었을 때부터 이런 분위기를 지니고 있었다.
그가 연단에 올라선 것만으로도 사람들의 흉중에는 그를 지지하고 싶
은 마음이 솟아난다. 그리고 대머리가 되기 전의 스키피오는 미남이기
도 했다. 또한 그는 코르넬리우스 가문이라는 로마 제일의 명문 귀족

출신이다…….

역사의 거대한 흐름도 토가를 멋있게 둘러입은 "세레노"한 분위기의 귀족 주인공이 활약하는 배경에 불과하다. 쉽게 말해서 역사를 멜로드라마로 만들고 있는 것이다.

4. 시오노 나나미 씨의 지론은 역사는 엔터테인먼트라는 것이다. 그리고 자신은 아마추어 역사가이며 따라서 전문 역사가들이 추구하는 재미없는 실증 역사학이 감히 하지 못하는 방식을 수행하고 있다고 주장한다. 사실(事實)과 허구 사이를 자유롭게 넘나드는 방식을 통해 역사를 재미있게 즐길 수 있다는 것이다.

그런데 사실 나는 아직도 이 말이 무슨 의미인지 잘 모르겠다. 사실은 사실이고 허구는 허구인데, 사실과 허구를 넘나든다는 것이 도대체 무슨 뜻인가? 도대체 왜 사실과 허구를 넘나드는가? 사실과 허구를 넘나들면 그것은 사실인가 허구인가?

역사소설을 쓰는 사람은 자기가 역사소설을 쓰고 있다고 분명히 말한다. 역사가들도 사료가 부족한 경우 추측과 해석에 의존하기도 하지만 적어도 방증에 의한 합리적 추론을 하는 것이고, 또 어디까지가 증거에 따른 것이며 어디서부터는 추론에 의한 것인지를 솔직히 이야기한다. 문제는 시오노 나나미 씨의 경우 이 두 가지가 별다른 설명 없이 마구 섞여 있다는 점이다.

우리는 역사적 사실이라는 확증이 있는 것만 '사료'로 취급하고 '만약'을 엄격히 금지하는 사고방식에 얽매일 필요가 없습니다……. 이런 현상 때문에 역사를 대하는 즐거움이 얼마나 줄어들었는지 모릅니다.

학설이나 사관처럼 검증에 방해가 될 만한 것은 깨끗이 버리고 허심탄회하게 역사와 마주서는 것이 역사에 친숙해질 수 있는 왕도라고 생각합니다.

올랄라!

바로 그렇게 허심탄회하게 역사와 마주선 사례를 한 번 보자. 다음은 유복한 여성들의 특별세 문제에 대해 여성들이 반발하여 재판을 걸고, 또 유명한 변호사의 딸이 호르텐시아가 변호인으로 나선 사건을 서술한 부분이다.

그날 율리우스 공회당은 자리를 가득 메운 방청객으로 터져 나갈 지경이었을 게 분명합니다. 여느 때라면 공회당은 커튼으로 칸막이하여 네 건의 재판이 동시에 진행되지만, 그날은 이 재판만 벌어졌을지도 모릅니다. 고발당한 두 권력자가 법정에 출두했다는 증거는 없지만 어쩌면 그들도 최초의 여성 변호사의 변론에 호기심이 동하여 참석했을지도 모릅니다. 어쨌든 로마 전체의 눈길이 쏠린 가운데 재판이 시작되었습니다……. 옥타비아누스는 황제가 되어 아우구스투스로 이름을 바꾼 뒤에도 또 한 번 여자들한테 당했으니, 웃음이 나옵니다.

■ 《질문》, 222쪽, 밑줄은 필자가.

이 부분을 보면서 정말로 웃음이 나오지 않을 수 없었다. 사실 문제의 그 사건은 여성의 재산 문제이고 여성 변호사가 나왔다는 점에서 흥미로운 사례인 것은 사실이다. 그러나 위의 서술에서 보듯이 이에 대한 증거가 절대적으로 부족한 상황이다. 그렇다면 아무리 흥미로운 사건이라 하더라도 차라리 이야기를 하지 않는 것이 정직한 태도다. 이것은 고리타분한 실증주의를 다시 주장하는 것이 아니라 역사를 다루는 사람이라면 누구라도 지켜야 하는 성실성의 문제인 것이다.

여기에서 자세히 다룰 수는 없으나 실증주의와 실증은 엄연히 다른 사항이다. 만일 실증의 부담을 마음대로 벗어 던지고자 한다면 기원전 5000년경에 한반도 사람들이 일본 열도인들을 노예로 삼아서 부렸다고 주장할 수도 있고, 우리의 강토가 중국과 인도에까지 펼쳐져 있었다고 주장해도 될 일이다, 우리의 마음에 흡족하고 즐겁기만 하다면!

실증에 얽매이지 않고 사실과 허구를 넘나들고 단지 재미있으면 된다는 역사철학에 근거한 이 작품은 따라서 아주 특이한 결과를 가져왔다. 다른 어느 로마사 전문가라도 해결하기 힘든 많은 문제들을 손쉽게 풀어내고 있는 것이다. 서너 번만 "만약"이라는 것을 동원한다면 이 세상에 해결 못할 역사 문제가 없는 것이다. 그렇다면 증거 대신 무엇을 사용하는가. 답은 레토릭이다.

그러므로 《로마인 이야기》를 비판적으로 읽는 법은 이렇다. 멋있는 문장, 의미심장한 구절이 나오면 의심하라! 내 느낌을 말하자면, 명확한 증거가 부족하고 그래서 판단을 내리기 힘들 경우 갑자기 문투가 화려해진다. 예컨대 "나이가 사람을 완고하게 만드는 것이 아니라 성공이 사람을 완고하게 만든다", 이런 식인데, 추측컨대 많은 독자들이 이런 멋진 말이 나오면 그곳에 예쁘게 밑줄을 그었으리라. 바로 이와 같은 잠언 비슷한 부분들이 이 책의 묘미일 터이나, 내 생각에는 그런 부분일수록 '증거 부족'의 도피처 역할을 할 뿐이다.

여기에서 놀라운 사실 하나를 첨가해야 하겠다. 시오노 나나미 씨는 사료가 부족할 때 과감히 사료를 만들어서 집어넣었다. 그런데 정상적인 사고를 하는 사람들이라면 이런 종류의 일에 대해 상당히 부끄러워할 만한데, 시오노 나나미 씨는 이것에 대해 사뭇 자랑스럽다는 투로 스스로 이렇게 이야기를 하고 있다.

……세 번째 작품에 이르러 내 장난기가 발동했다. 이 또한 진짜 학
자라면 절대로 용서될 일이 아니겠지만, 학자에게는 가능한 존경을 다
하면서도 학자가 아닌 나는 이런 비밀스런 즐거움이 가능하리라. 그러
니까 있지도 않은 사료를 만들어 사람들의 눈을 속여보자는 것이다.
……사실만을 열거해 본들 이야기가 안 되는 곳은 추리력으로 연결해
주는 것이 필요아이라고 생각했기 때문이다. 아무튼 내가 쓰는 것은
학술 논문이 아니니까.
■《사일런트 마이노리티》, 242~243쪽.

구체적인 가짜 사료의 제작 방식은 다음과 같다.

사료는 아니다. 그러나 사료에 있다 한들 이상하지 않을 정도로 납
득이 가는 가짜 사료를 만들어내야 한다. 우선 진짜 사료를 낱낱이 조
사할 필요가 있다. 그것을 바탕으로 가짜 인물을 설정하여 그 인물이
가졌을 편견까지도 생각해 내야 했으니, 실제로 존재하는 사료를 그대
로 번역하는 편이 훨씬 편한 일이었다. 끙끙 앓아가며 겨우 가짜 인물
을 하나 만들어냈다. 이름을 플로리도라고 하여 교황 비서로 설정했다.
사보나롤라에게 부치는 교황의 편지는 거의 그가 받아적도록 했다.
■《사일런트 마이노리티》, 248쪽.

이것이 그녀가 고백하는 첫 번째 가짜 사료 만들기의 이야기다. 이
번 것은 작품 말미에 가짜 사료였다고 자백했다고 한다. 문제는 그
다음이다.

내 장난기가 또 발동했다. 이번에는 정말 감쪽같은 가짜 사료를 만들어야지. ……이번에는 조금 교묘하게 했다. 둘 다 완전한 사실에 의한 것이지만, 한 가지는 사료 그대로를 열거한 것이고, 다른 하나는 확실히 내가 만든 것처럼 일부러 꾸며, 이 두 가지를 적당히 뿌려 두었다. 물론 이번에는 고백하지 않았다.

■《사일런트 마이노리티》, 249쪽.

시오노 나나미 씨의 주장은 자기는 학술 논문을 쓰는 것이 아니고 오락으로서의 역사를 쓰기 때문에 이런 종류의 일을 하는 것이 얼마든지 가능하다는 것이다. 그럴까? 굳이 그 점에 대해 반박하지 않겠다. 그녀의 자유라고 해두자. 문제는 우리다. 그녀의 저작물이 이런 수준에서, 이런 방식으로 쓰여지고 있다는 점을 과연 제대로 알고 있었던 것일까?

5. 그런데, 백번 양보해서 최소한 재미있으면 그만 아닌가? 그렇게 생각할지 모르겠다. 그러나 정말 재미만의 문제일까? 그렇지는 않다. 세상에 아무런 편향 없는, 소위 가치중립적인 역사책이란 없다. 그 뒤에는 의식적이든 무의식적이든 저자의 생각과 저자의 이데올로기가 작동하는 것이다. 시오노 나나미 씨의 로마사 역시 예외가 아니다. 그리고 나는 그녀의 그런 부분이 아주 불편하게 느껴진다. 그러므로 우리는 저자가 로마사를 서술하면서 그 뒤에 가지고 있는 것이 무엇일까를 생각해 보지 않을 수 없다.

우선 그녀는 왜 일본인으로서 로마사를 공부했던 것일까? 그 심중을 헤아릴 수 없으니 단지 그녀 자신의 글을 통해 넘겨짚을 수밖에 없다.

— 로마인의 역사를 알면 알수록 일본인과의 격차가 느껴져서 참담한 기분이 듭니다.

"고대 로마인과의 격차를 느끼는 것은 일본인만이 아니라는 점을 우선 말씀드리겠습니다. 로마 제국을 모태로 하는 유럽 각국은 물론, 로마 제국의 테두리 바깥에 있었던 독일이나 미국에서도 고대 로마에 대한 연구가 활발한 것은, 현대인도 좋든 나쁘든 '격차'를 느끼고 있다는 증거입니다."

— 로마인도 온천을 좋아히고 생선을 좋아했다는 걸 알고 나니까 격차가 좀 줄어든 것 같긴 한데, 역시 로마인은 대단하다 싶어서 또다시 기분이 우울해지는 것 같습니다.

"걱정할 것 없습니다. 서양인도 로마인과의 격차를 느끼고 있었기 때문에 이런 글을 쓰는 것이니까요. 그리고 격차를 의식한다는 것은 열등감을 품는 것과는 좀 다릅니다. 격차를 의식한다는 것은 자신을 향상시켜 그 격차를 줄이고자 하는 마음을 자극하기도 합니다. 세계의 패자(覇者)로 자타가 인정했던 시대의 영국 엘리트들도 그렇게 생각했을 것입니다."

■《질문》, 85쪽, 94쪽.

내가 너무 넘겨짚는 것은 아닌지 모르겠으나 시오노 나나미 씨가 로마사를 공부하는 것이 "그냥 재미있어서"라고 말할 수는 없을 듯하다. 그것은 분명 '일본인으로서' —— 적어도 무의식적으로라도 —— '일본을 염두에 두고' 보고 있는 것이다. 하긴 그러니까 일본 독자를 상대로 일본에서 책을 출판하는 것이 아니겠는가.

위의 문장에서 보이듯이 로마 제국은 이상적인 존재이며 영국, 독일, 미국 같은 서구 국가들이나 일본은 그로부터 간격을 두고 떨어져 있는 상태다. 로마는 그 간격을 줄이고 그것을 향해 나아가야 하는 어떤 시원(始原), 즉 완전한 국가의 이상이며 후대의 국가들은 그것을 모방하는 하나의 그림자 같은 존재라고 할 수 있다.

시오노 나나미 씨의 연구 테마 혹은 자주 언급되는 내용들을 보면 로마라는 이상, 그리고 그것을 다시 부활시킨 르네상스, 그것의 정당한 후계인 영국 제국주의, 그리고 마지막으로 그것의 아시아판인 일본제국, 이런 순서가 되는 것이 아닐까?

6. 내가 상당히 질 나쁜 의심을 하는 것은 아닌지 모르겠지만, 내 생각으로는 시오노 나나미 씨는 표면적으로는 로마 제국을 이야기하고 있지만 그 뒤에 일본제국주의에 대한 —— 적어도 무의식적인 —— 향수를 가지고 있는 것으로 보인다. 그러나 그 점에 대해서 낸들 어찌 단정지을 수 있으리오. 내가 시오노 나나미 씨의 책을 보고 그렇게 해석하는 자유를 누렸듯이 다른 사람들 역시 마음 놓고 해석할 자유가 있다는 정도만 언급해 두자. 다만, 정말로 심각하게 생각해 볼 만한 구절을 두 가지만 제시하도록 하겠다.

첫째, 영화 〈간디〉에 대한 감상의 글을 보자.

간디 같은 인물이 로마 제국에서 태어났다면 어땠을까……. 그만한 재능을 가진 속주민이라면 로마의 시민권을 얻었을 뿐 아니라 원로원에도 의석을 얻었을 게 확실합니다. 그리고 원로원 선거로 선임되는 중앙 정부의 요직을 몇 개 거친 뒤 인도 총독에 임명됩니다. ……그렇다면 간디도 인도 독립에 열정을 쏟기보다는 대영제국을 존속시키는 데 정열을 쏟지 않았을까요.

■《질문》, 105~106쪽.

둘째, 일본 식민지에 대한 다음의 말도 꽤나 흥미 있는 말이다.

— 식민지 시대의 인도인이나 이집트인은 대영제국의 운명을 자기가 짊어지고 있다고는 생각지 않았을 게 분명합니다. 대만 사람이나 조선 사람들도 일본과 운명을 함께 하고 있다고는 생각지 않았을 것입니다. 어떤 민족이 다른 민족을 지배하는 것이 '민족 제국'이고, 지배자와 피지배자가 혼연일체가 되어 버리는 것이 '보편 제국'입니다. 로마 제국이 전무후무하고 유일무이한 보편 제국이었다는 것은 구태여 미국의 헌팅턴 교수의 말을 빌릴 필요도 없이 역사상 엄연한 사실입니다.

— 왜 로마인한테만 그것이 가능했을까요?

　"로마인이 다신교 민족이었기 때문일 것입니다."

— 다신교 민족인 건 일본인도 마찬가지입니다.

　"제국 시대의 일본인이 자기가 다신교 민족이라는 것을 잊어버리고 일신교 민족의 제국주의적 방식을 흉내낸 것이 일본의 식민지 통치가 실패한 원인이 아닐까요?"

■《질문》, 127쪽.

# 제2부 | 문학 속의 역사

# '나'를 만나는 두려움
■ 소포클레스의 《오이디푸스》

## 1. 공포 속의 나

고대 그리스의 철학자 탈레스에게 알렉산드로스 대왕이 물었다.

"이 세상에서 가장 쉬운 일이 무엇인가?"

"남에게 충고하는 일이다."

"그렇다면 이 세상에서 가장 어려운 일이 무엇인가?"

"나를 아는 일이다."

그렇다. '나'를 아는 일이야말로 그 무엇보다도 어렵다. 그뿐 아니라 이 세상에서 가장 무서운 일이기도 하다. 사실 우리는 언제나 남을 보기만 하지 진실로 '나'를 되돌아보는 경우란 거의 없으므로 '나'는 이 세상에서 가장 가까우면서도 가장 낯선 존재일 수밖에 없다. 그래서 어떤 경우에든지 '나'를 직면하게 되는 경우에는 극도의 공포에 휩싸인다.

언젠가 이런 꿈을 꾸었다.

어둑어둑한 집이 한 채 있다. 문을 열고 들어가니 다시 문이 하나 있다. 그 문을 열자 방이 나오고 그 가운데 한 사람이 뒤돌아서 서 있다. 그 사람이 천천히 뒤를 돌아보며 웃는다. 그는 누구였을까? 아, 다름 아닌 '나' 가 아닌가! 저 앞에 나 자신이 서서 나를 지켜보며 웃고 있다니.

그 공포스러운 나 자신과의 만남, 그것은 무의식적으로 피하려고 하지만 언젠가는 직면하지 않을 수 없다. 그러므로 이미 2천 년 전부터 고대 그리스 문명은 이렇게 말해 왔다.

"너 자신을 알라."

소포클레스의 《오이디푸스》는 자신을 알아가는 공포스러운 경험을 이야기하는 작품이다.


## 2. 오이디푸스의 운명

《오이디푸스》의 배경과 기본 스토리는 어느 정도 잘 알려져 있다.

테베의 왕 라이오스는 아들을 못 가지는 운명이었으나 신의 뜻을 거스르고 기어이 아들을 원했다. 그러자 신은 이 아들이 아버지를 살해하고 어머니와 결혼하는 운명으로 만들어 버렸다. 정작 아들이 태어났을 때 이런 신탁을 받은 라이오스 왕은 목동에게 아들을 살해하라고 지시했다.

그러나 어린 아기를 불쌍히 여긴 이 목동은 차마 죽이지 못하고 이웃 나라 코린토스의 목동에게 아기를 넘겨준다. 마침 아들이 없던 이 나라의 국왕에게 발견된 어린 오이디푸스는 결국 코린토스의 왕실에서 자라게 된다. 장성한 오이디푸스가 자신의 운명을 알아보기 위해 신탁을 받아보자 역시 마찬가지의 내용을 듣게 된다.

코린토스의 왕과 왕비를 자신의 아버지, 어머니로 알고 있던 오이

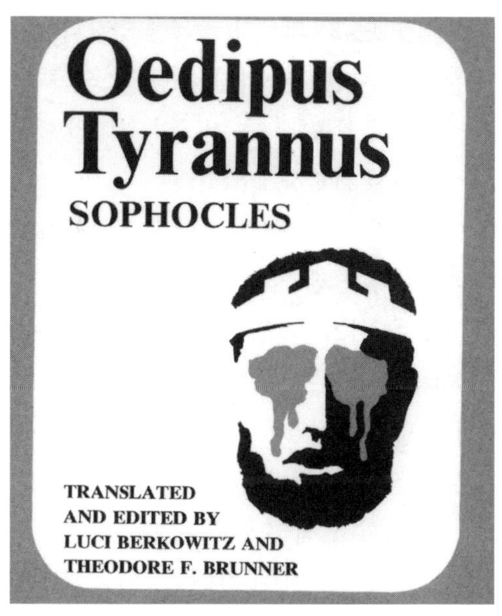

〈오이디푸스〉의 영역본이다.

디푸스는 이 운명을 피하기 위해 이 나라를 떠난다. 그는 방랑하던 중에 세 갈래 길에서 우연히 그의 친아버지인 라이오스 일행과 맞닥뜨려서 시비가 붙게 되자 자신도 모르게 아버지를 살해하고 만다.

그러고는 흘러 흘러 자신이 태어난 곳인 테베로 가게 되었는데 이곳에서는 스핑크스라는 괴물이 길을 막고 사람들을 괴롭히고 있었다. 이 괴물은 지나가는 나그네에게 수수께끼를 던져서 만일 그것을 못 풀면 그 사람을 잡아먹고, 누군가가 그 수수께끼를 풀면 스핑크스가 죽게 되어 있었다. 그런데 수많은 사람들이 스핑크스의 수수께끼를 풀지 못하고 죽었다.

오이디푸스는 이 수수께끼를 풀어서 스핑크스를 물리치고 그 덕분에 테베의 왕이 되었고 —— 전왕 라이오스는 국가의 재난을 이겨내기 위해 신탁을 받으러 가던 중 의문의 죽음을 당했다는 사실만 알려져 있었기 때문에 테베의 시민들은 마침 스핑크스의 재난을 푼 오이디푸스를 새로운 국왕으로 앉혔다 —— 전왕의 왕비인 이오카스테(즉 오이디푸스의 친어머니)와 결혼하게 되었다.

이렇게 해서 오이디푸스의 운명은 신탁대로 이루어지고 말았다. 이 사이에서 2남 2녀(에테오클레스, 폴뤼네이케스, 안티고네, 이스메네)가 탄생했으니, 이들은 따지고 보면 오이디푸스의 아들이자 동생, 그리고 딸이자 누이동생이 되는 셈이다.

그런데 테베에는 새로운 재앙이 닥쳤다. 여자들은 아이를 유산하고 곡물은 자라지 않고 역병이 돌아서 시민들이 다 죽게 된 것이다. 계속되는 재앙을 이겨내기 위해 오이디푸스는 다시 신탁을 받아보았다. 그 신탁의 내용은 이 나라에 부정(不淨)한 자, 즉 전왕을 죽인 살인자가 있기 때문에 재앙이 일어난 것이므로 그 자를 없애야 한다는 것이었다. 국가의 지배자로서 오이디푸스는 그놈을 기어이 잡아서 국가를 평안히 하겠다고 선언한다.

소포클레스의 극은 이 지점에서 시작된다. 오이디푸스는 만백성을 모아놓고 그 죄 많은 자를 잡아서 처형하겠다고 선언한다. 그러므로 이 극은 오이디푸스가 자기 자신을 찾아내 가는 이야기가 된다.

조금씩 조금씩 여러 정보들이 들어오고 그때마다 오이디푸스는 약간씩 자신에 대해 알아간다. 그러고는 마침내 자신이 선왕을 살해한 자이며 더구나 그 선왕이 자기 아버지이고 현재 한 침대를 쓰는 여인이 자기 어머니라는 사실을 깨닫는다. 왕비 이오카스테는 자살하고 오이디푸스는 스스로 자신의 눈을 찔러 장님이 되어 이 세상을 방황하게 된다.

## 3. 스핑크스의 두 번째 수수께끼

오이디푸스의 이야기 가운데 흥미로운 요소 가운데 하나가 스핑크스의 수수께끼다. 그 수수께끼의 내용 역시 널리 알려져 있다.

아침에는 네 발로 걷고 점심 때에는 두 발로 걷다가 저녁에는 세 발로 걷는 동물이 무엇인가? 답은 물론 '인간'이다.

그런데 이 수수께끼를 놓고 그 많은 사람들이 풀지 못해서 괴물에게 잡아먹혔다고 한다. 한마디로 '목숨 걸고' 풀어야 할 수수께끼라는 뜻이다. 그런데 이 수수께끼가 과연 그렇게 어려운 난제였을까? 만일 당신이 처음 이 문제를 받았다면 이 문제를 풀 수 있었을까? 사실 이 수수께끼 자체는 그다지 어려운 것으로 보이지는 않는다. 그토록 많은 사람들이 이 문제를 풀지 못하고 괴물에게 잡아먹힌 것치고는 너무 쉬운 문제가 아닌가?

여기에서 주목해야 할 점은 이 수수께끼의 의미가 무엇인가 하는 점이다. 이것은 결국 "인간이란 무엇인가"를 묻는 문제다. 즉 그토록 많은 사람들이 인간이란 어떤 존재인지, 인생이 무엇인지 해결하지 못하고 괴물 같은 인생 그 자체에게 잡아먹혔다는 뜻이다. 그런데 인생이라는 수수께끼는 어렵다면 어려운 것이지만 막상 용기를 가지고 풀려고 하면 의외로 쉽게 풀리고, 그러면 그 수수께끼는 사라지고 만다.

그런데 어떤 판본에서는 스핑크스의 수수께끼는 하나가 아니고 두 개로 되어 있다. 스핑크스의 두 번째 수수께끼에 대해서 들어본 적이 있는가? 당신이 만일 이 수수께끼를 풀지 못하면 목숨을 내놓아야 한다고 할 때 자신 있게 풀 수 있었을까?

그 수수께끼는 이러하다. 언니와 동생이 있다. 언니는 동생을 낳고

스핑크스의 수수께끼를 푸는 오이디푸스.

동생이 언니를 낳는다. 이 자매는 누구인가?

답은 낮과 밤, 즉 '시간'이다. 우리가 정말로 풀어야 할 또 하나의 수수께끼는 시간이 무엇인가 하는 것이다. 우리는 모두 시간 속에 살아간다. 시간이 흐르면서 우리는 도저히 우리 힘으로 어쩔 수 없는 막무가내의 운명에 휩쓸려 들어가서 고통받으며 살다가 늙고 병들어 죽는다. 그렇다. 인간은 시간을 벗어날 수 없다. 시간을 벗어나 있는 존재는 신밖에 없다.

## 4. 만물은 슬프다, 시간이 흐르는 곳에……

그러므로 우리는 시간 앞에서 무력하고, 운명의 신이 정해 놓은 길에서 벗어날 수 없다. 자신도 모르는 새에 그토록 엄청난 죄를 저질 렀다는 것을 뒤늦게 깨달은 오이디푸스는 이렇게 외친다.

"신이시여, 저에게 무엇을 하시려 하셨나이까?"

오이디푸스는 극의 처음에 '대왕'으로 나와서 만백성을 모아놓고 그들의 고통을 해결해 주겠다고 선언한다. 그러나 극의 끝에서는 자기 자신의 문제조차 해결하지 못하고 결국 눈을 뽑아 장님이 된 채 온 세상을 방랑하는 추방자가 된다. 최상의 자리에서 최하의 위 치로 급전락한 것이다. 수수께끼를 풀어 영광을 차지했다고 생각한 순간 그것이 곧 그의 파멸을 초래하는 새로운 수수께끼가 되어 그를 덮친다.

이 운명을 제대로 보고 있는 사람은 오직 장님 예언자 테이레시아 스뿐, 눈뜬 사람들은 아무도 보지 못하고 있다. 오이디푸스가 마침내 운명의 길을 보게 되었을 때 그는 눈을 뽑아 장님이 되었다. 이 '암 흑'을 가져다준 것은 '광명'의 신 아폴론이다. 우리 인생은 이처럼 아이러니의 연속인가?

우리의 삶이 이러할진대 인간이 할 수 있는 길은 자신의 운명을 받 아들이며 사는 길밖에 없다. 그리스인에게 가장 중요한 말의 하나인 운명(Moira)의 원래 뜻은 자기 '몫'이다. 너에게 주어진 몫에 만족하 고 그대로 살아가라. 그 이상의 몫을 요구한다면 그것은 신의 뜻과 운명의 힘, 섭리에 어긋나는 길을 가려는 것이고, 그것은 인간이 범 하는 가장 큰 죄의 하나인 오만(hybris)을 범하는 것이다. 가장 슬기 로운 일은 조화와 중용을 지키는 것이다.

우리는 모두 이렇게 강물에 떠내려가는 풀잎처럼 하염없이 휘몰리 기만 하는 존재인가? 대부분의 사람들은 그럴지 모른다. 그러나 때로 그 엄청난 힘 앞에 과감히 맞서서 장렬히 부서지는 인간이 존재하는

법이다. 때로는 패배할 줄 알면서도 싸워야 하는 사람들도 있게 마련
이다. 중요한 것은 우리가 도대체 어떤 존재인지 스스로 깨닫고 또
우리의 삶에 대해 책임을 지는 일이다.

사실 우리는 소포클레스의 이 비극 작품을 보면서 도대체 오이디푸
스에게 무슨 죄가 있어서 그토록 처참한 고통을 받아야 했는지 묻지
않을 수 없다. 물론 그는 성격이 급하고 그 결과 함부로 칼을 휘둘러
결과적으로 자신의 아버지를 살해했다. 또 어머니와의 사이에서 아
이를 낳은, 생각하기도 힘든 죄악을 저질렀다.

그러나 그것이 진정 그의 잘못인가? 신이 원래 그렇게 정해 놓았다
면 그것은 신의 뜻이 이루어진 것이지 오이디푸스의 잘못이라고 말
할 수는 없다. 오히려 오이디푸스는 유덕하고 고귀한 인간의 풍모를
가지고 있기도 하다. 그는 올바르고 자비로운 왕이며 훌륭한 남편이
자 아버지였다. 그리고 이에 더해서 진실을 갈구하는 용기를 가지고
있었다. 바로 이 진실에 대한 용기가 오히려 그의 몰락을 초래했다는
것이 비극이라면 비극일 따름이다.

그러나 오이디푸스는 자신의 책임을 다른 어느 누구에게, 혹은 신
에게 돌리지 않았다. 비록 신이 우리에게 그런 운명을 예정해 놓았더
라도 결국 나의 삶을 산 것은 나이므로 책임은 내가 질 수밖에 없다.
오이디푸스가 자신의 눈을 찌른 후 코러스(시민들)와 나눈 대화는 오
이디푸스의 도덕성을 말해 주는 절창(絶唱)이다.


코 러 스　　오, 대왕이시여! 어떻게 이런 일을 하실 수 있었습니
까? 어떻게 스스로 빛을 앗아갈 수 있었단 말입니까? 그 어떤 사악
한 신이 이렇게 했습니까?

오이디푸스　　아폴로 신이오. 그것은 아폴로 신이었소. 내게 이 고

통, 이 괴로움을 준 것은 신이었소. 그러나 **내 눈을 친 것은 나의 손이었소.**

비록 우리가 한치 앞을 내다볼 수 없는 장님 같은 존재라 하더라도 우리는 우리의 길을 더듬어 나갈 수밖에 없다. 나의 삶은 전적으로 나의 것이고 그에 따른 모든 책임은 내가 진다. 오이디푸스의 그 장렬한 쓰러짐을 보면서 연민과 동시에 그 어떤 위대함을 느끼게 되는 깃은 인간이 한없이 무력한 존재이면서도 내가 나 자신을 알고 나 자신에 대해 책임질 수 있는 용기를 가졌기 때문이다.

# 고대 그리스의 여인들 1 : 섹스로 세계 평화를
■ 아리스토파네스의 《뤼시스트라테》

## 1. 전쟁과 여자

아리스토파네스의 《뤼시스트라테》가 처음 상연된 때는 기원전 411
년. 아테네와 스파르타를 비롯한 그리스 전역에 전운이 감돌고 있었
다. 이미 오랜 세월 동안 전쟁과 휴전을 거듭하면서 견원지간이 되어
있던 아테네와 스파르타 사이에 다시 불화의 기운이 번지고 있었던
것이다. 마치 1970~80년대 남북한간의 관계와 비슷한 모양이었나
보다. 적당한 타협을 통해 모두 평화로운 삶을 살 수도 있으련만 당
시 분위기에서는 국민 감정이 극도의 흥분 상태로 치닫고 있었고 그
래서 평화를 이야기하는 사람들은 찾아보기 힘든 대신 강경파만이
득세했다.

전쟁이 일어나면 결국 아테네든 스파르타든 불행을 피할 길이 없다
는 것이야 너무나도 분명하다. 그런데도 그 상황에서는 분위기가 자
꾸 전쟁 쪽으로 몰려가고 있다. 이 얼마나 어리석은 일인가! 정녕 이
난국을 해결할 방법이 없단 말인가.

방법은 있다. 그리고 그것은 의외로 엉뚱한 곳에 있었다. 야한 노란 가운, 향수, 연지, 그리고 속이 환히 비치는 드레스……. 이런 것들이 평화를 찾아주는 소도구들이다. 무식한 남정네들이 자꾸 전쟁만 주장하고 있으니, 여자들이 나서서 부드러운 힘으로 그 미친 전쟁광들을 살살 녹이는 것이다.

구체적으로 어떻게 하는가? 아테네와 스파르타, 그리고 그 외 모든 동맹국들의 여인들이 일치단결, 남자들이 더 이상 전쟁을 하지 않고 평화협정을 맺을 때까지 남자들과의 육체관계를 거부한다. 구체적인 행동 강령은 다음과 같다.

해줄 듯 말 듯 살살 약만 올리고는 절대로 해주지 마라. 만일 남자가 강제로 침대로 끌고 가려고 하면 기둥을 붙들고 늘어져라. 그러다가 남자가 주먹질을 해대면 할 수 없이 응하되 아주 성의 없이, 딴청부리며 겨우 하라.


## 2. 만국의 아줌마들이여, 단결하라

이 방법에 대해 아리스토파네스의 극에서는 아테네의 여인인 뤼시스트라테가 발의하여 어느 날 밤중에 모든 폴리스의 여성 대표들을 불러모아 합의를 이끌어낸 것으로 그리고 있다. 각국 대표들은 논란 끝에 —— 그리고 안타까운 심정에 눈물을 흘리며 —— 이런 결의를 한다(한 구절 한 구절 뤼시스트라테가 선창하면 다른 대표들이 몸을 꼬며 복창한다).

"애인이나 남편이나 이 세상의 어떤 남자도 일으켜 세워 가지고 접근하지 못할 것이니라. 집에서는 비단옷을 입고 화장하여 예쁘게 꾸

미며, 그래서 남편이 내게 뜨거운 욕정을 느끼게 만들고 나서는 절대로 기꺼이 남편에게 허락하지 않으리라. 만일 그가 강압적으로 나오면 서투르게 할 것이며, 화합하여 몸을 흔들지 않고, 페르시아 슬리퍼를 천장을 향해 올리지도 않고, 칼자루에 조각된 사자처럼 웅크리고 앉지도 않으리라."

그러나 실질적으로 평화를 되찾기 위해서는 이보다 더 적극적인 행동이 필요했다. 그래서 여인들은 아크로폴리스에 있는 파르테논 신전을 점거해 버렸다. 무릇 전쟁을 하려면 막대한 돈이 필요한 법인데, 그 전비가 파르테논 신전에 보관되어 있었기 때문이다. 당황한 남자들이 파르테논 신전으로 몰려가서 여성들과 한판 싸움을 벌인다. 이것은 남자 코러스와 여자 코러스 사이의 설전으로 표현하고 있는데, 여기에서 여자들은 그동안 마음속에 쌓여 있던 생각들을 마음껏 퍼부어댄다.

예컨대 여자 코러스의 주장 중에는 이런 부분이 있다. 만일 여자들 생각대로만 된다면 우선 남자들이 "꼴값 떠는" 일부터 금지해 버리겠다. 왜 군복을 입고 시내를 돌아다니는가. 어떤 자는 고르곤 두상을 한 방패를 가지고 시장에서 정어리 값을 깎고, 어떤 자는 창과 방패를 휘두르며 무화과 장수를 새파랗게 질리게 만들어 놓고는 제일 잘 익은 과일을 게걸스럽게 먹어댄다(우리 나라에도 제대 후까지 군복을 입고 돌아다니기를 즐기는 사람들이 적지 않다).

하여튼 여자들이 "아프로디테의 의식"에 참여하지 않자 세상이 발칵 뒤집혔다. 남자들은 모두 비참한 고통 속에서 지내게 되었으니, 울적한 심사 속에서 신음을 발하게 되었고, 특히 아침에는 많은 이들이 경련을 일으켰다. 외투를 입어도 배 부분이 몸에서 멀리 떨어져 텐트 모양이 되었다. 읍내를 돌아다닐 때에도 바람 속에 등잔불을 들고 돌아다니듯이 모두들 구부정한 자세로 걸어다녔다. 남자들이 길거리에서 만나면 서로 이런 대화를 나누는 것이었다.

거리를 지나는 남자 A　도대체 요즘 여자들 웬일인가?
거리를 지나는 남자 B　아니, 자네 집도 그러나?
거리를 지나는 남자 A　말도 말게, 내건 벌써 사흘째 서 있네.

이 상황에서 스파르타의 대시기 황급히 아테네로 달려온다. 그의 말에 의하면 스파르타와 동맹국들의 상황도 마찬가지여서 "온 스파르타가 뻗쳐 있다." "여자들이 꾸민 국제적 음모"에 빠졌다는 것을 확인한 양 국민은 사태가 급박함을 인정하고 어떤 조건으로라도 평화를 맺기로 한다. 그래서 스파르타인은 곧장 자기 나라로 달려가서 하소연하기로 하고, 아테네인은 아테네인대로 의회에서 "자기 물건을 보이면서" 평화협정 체결을 설득하기로 한다.

남자들이 이제야 깨달은 사실은 "그 어떤 사나운 짐승들보다도 여자하고 싸우는 것이 힘들다"는 점이다.

그리고 이미 옛 속담에 이런 말이 있지 않은가.

"암캐들과는 살 수 없다. 그러나 암캐 없이는 더더구나 살 수 없다."

이에 대해 여자들은 점잖게 이렇게 충고한다.

"그러니까 우리를 믿음직한 동지로 삼으라니까 그러네……."

## 3. 실타래 풀 듯이 하는 정치

아리스토파네스의 극에서는 결국 여자들에 의해 그리스 세계가 평

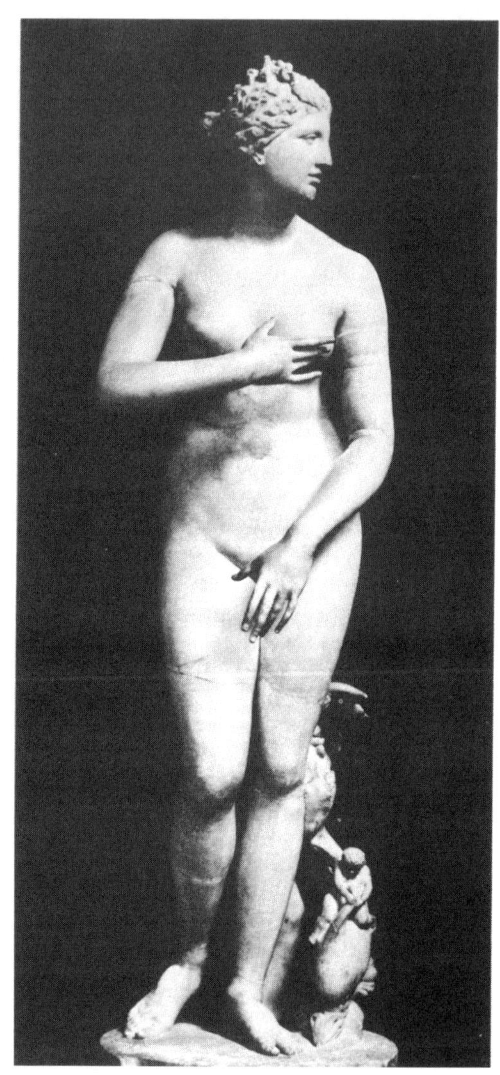

아프로디테.

화를 되찾는다. 그동안 소외되었던 여성들의 힘으로 반전(反戰)과 평화를 이루는 것이 실제로 가능한 것일까? "아프로디테의 권능으로 그녀들의 가슴과 넓적다리에 매혹의 입김을 불어넣어 남자들의 '정열의 곤봉'을 일으켜 세워 그것으로 남자들을 혼내주는 것"으로 진짜 평화가 찾아올 것인가? 만일 그게 가능하다면 우린들 왜 못할손가, 남과 북의 여인들이여, 일치단결하여 통일의 그날까지 힘 좀 써주소서…….

그러나 사실 아리스토파네스의 진의는 '여권신장'이라기보다는 '반전'과 '평화'였다. 더 구체적으로 말하자면 고대 그리스판 '반(反)제국주의'였다. 국력이 일취월장한 아테네는 그리스 세계 각국을 힘으로 누른 다음 군인들을 징발하고 그것이 싫으면 군사비를 내놓게 만들었다. 이것이 스파르타 같은 이웃 강국의 반발을 불러오고 그 결과 전쟁으로 치달았던 것이다. 아테네 문화의 황금기가 사실 이웃 국가들에 대한 착취에 기반해 있었다는 사실은 서양 고대사에서 흔히 하는 이야기다.

이런 상황에서 아테네의 시민들은 자국의 팽창에 찬성하여 전쟁도 마다하지 않으려 했고, 반전주의자들의 목소리는 그런 압력에 파묻혀 버렸다. 이런 상황에서 전쟁에 대한 직설적인 비판은 씨가 먹히지 않는 정도가 아니라 상당한 위험을 감수해야 했다.

아리스토파네스가 음탕한 익살 뒤로 숨어 세상을 마음껏 조롱하는 방식을 취하게 된 것도 그런 맥락에서다. '여자에 의한 평화'는 따라서 그의 진심이라기보다는 '웃기는 세계'이고 '거대한 농담'에 가깝다. 희극의 일반적인 구조대로 극의 전반부에서는 얽히고 설킨 이야기들이 전개되고, 후반부에 가면 작가가 주장하는 바가 실현되었을 때 일어날 가상의 세계가 왁자지껄하게 펼쳐진다.

그것은 중세 유럽의 축제 때처럼 현실이 뒤집어진 세계가 된다. 그 임시의 시공간 속에서 하인이 왕이 되고 창녀가 성녀처럼 되고 여자가 남자를 혼내준다. 그렇게 만들어 놓은 재미있는 상황에서 모두들 낄낄대며 즐기고 음탕한 소리를 질러대면서 한바탕 논다.

그러나 그러한 축제의 시간이 지나면 쓸쓸하게도 모두 다시 원래의 세계로 되돌아와야만 한다. 그렇다면 그 가상의 세계는 완전히 무의미한 것이었을까?

그렇게 보고 싶지 않다. 아리스토파네스가 그린 그 세계가 단순히 한번 놀고 지나가는 것이라고 하기에는 작가의 주장이 너무나도 진지하게 느껴지는 까닭이다. 나는 그의 농담이 현실이 되었으면 좋겠다고 생각해 본다. 특히 오늘 우리의 초라하기 그지없는 정치판을 보면 지금부터 2천 년도 더 전에 아테네의 여인들이 남정네들에게 한 수 가르쳐준 정치의 요령을 귀담아 들을 필요가 있을 것 같다.

의 원 나 리  여자들은 집에 가서 옷감이나 짜라.
뤼시스트라테  당신 말 잘했소! 우리가 옷감 짜듯, 실타래 풀 듯 정치를 하면 아테네는 벌써 천국이 되었을 거요. 한번 들어봐요. 금방 깎은 양털을 갖다가 더러운 걸 다 씻어내는 것 본 적 있지요? 그와 마찬가지로 제일 먼저 이 국가를 빨래판에 좍 펴놓고 두들겨서 썩은 자들을 빼내죠. 사기꾼들을 가시 뽑듯 뽑아내고 요직만 얻으려고 애쓰는 음모가와 계략가들의 단단한 마디를 찾아내서 느슨하게 빗겨 내려요. 한걸음 더 나아가서 그들의 목을 잘라 버리죠. 그 다음에 한 바구니 안에 좋은 성품의 사람들을 다 모아 넣는 거예요. 그들이 시민이건, 외국인이건, 친구건 친척이건, 또는 전혀 모르는 사람이건, 나라에 빚을 진 자까지도, 모두 뒤섞어도 위험할 건 없어요. 아테네

가 식민화한 국가들을 주변에 널려 있는 양털 조각처럼 생각하고 아
무렇게나 내버려둘 것이 아니라, 그들 모두에게서 실을 뽑아내서 하
나의 커다란 실뭉치를 만든 다음 국민들을 위한 외투를 짜 가지고
그들을 따뜻하게 해주고 보호해 주어야 해요.
의 원 나 리  아니, 얼마나 무서운 생각인가! 저들은 나라를 양털
쪼가리로 여기는군! 전쟁에 대해서는 아무것도 모르는 주제에.
뤼시스트라테  저런 돌대가리!

# 고대 그리스의 여인들 2 : 행동하는 '엽기'

■ 에우리피데스의 《메데이아》

## 1. 영웅의 탄생

'영웅'으로 번역하는 heros(영어의 hero)는 원래 신과 인간 사이에
서 태어난 존재, 반인반신(半人半神)을 뜻한다. 그래서 인간의 몸을
가지고 있지만 신과 같은 탁월한 능력을 가지고 있는 존재다.

고대 그리스의 신화만이 아니라 세계 각국의 모든 신화에는 수많은
영웅들이 등장한다. 절반의 인간이자 절반의 신, 인간이면서 인간 이
상의 힘을 가지고 있으며, 인간으로서는 하기 힘든 위업을 이루는 존
재인 영웅. 왜 이런 존재가 만들어진 것일까?

그러나 사실 그 영웅은 다른 곳에 있는 것이 아니라 우리 내부에 있
는 것이다. 영웅의 전기를 보면 그것은 다름 아니라 인간이 인간다
운, 진정한 인간으로 태어나는 과정을 그리고 있다. 그런 점에서 보
면 이 세상의 모든 어린이는 영웅의 길을 가고 있다. 그것은 곧 진정
한 어른으로 태어나는 것을 뜻한다. 이 세상의 험난함, 우리 인생의
무의미함과 슬픔, 이런 것들을 이겨낼 수 있는 자질을 얻은 다음에야

우리는 성숙한 인간이 된다.

미국의 저명한 신화학자 조셉 캠벨의 말에 따르자면 그 자질은 죽음을 두려워하지 않는 용기와 동시에 그것을 잘 다스릴 수 있는 자제심을 말한다. 그런 자질을 얻게 되면 이제 자신을 돕는 동반자를 얻어 영웅의 길을 가게 된다. 우리가 이 세상의 의미를 구하며 살아가는 이 하루하루가 어쩌면 영웅의 길이 될 수도 있지 않은가.

그러나 모든 사람이 그렇게 아름다운 길을 가는 것도 아니고, 영웅 중에는 가짜, 사이비 영웅도 있게 마련이다. 여기 그런 사이비 영웅의 이야기가 있다.


## 2. 잘못된 만남

우선《메데이아》의 배경이 되는 이야기를 살펴보도록 하자.

테살리아의 왕 아타마스가 왕비 네펠레와 이혼하게 되었는데, 네펠레는 아이들을 안전한 곳으로 보내기 위해 헤르메스에게 부탁하여 황금색 양을 얻어서 아이들을 태워보냈다. 그런데 황금양이 날아가는 도중에 딸 헬레는 바다에 빠지고(안전 벨트가 없었던 모양이다) 아들 프릭소스는 흑해 연안 콜키스 왕국에 도착하여 자기가 타고 온 양의 가죽을 왕에게 바쳤다. 왕은 이 황금양피를 용에게 지키게 하였으니, 이것이 그리스 신화의 중요한 대목인 황금양피 전설의 시작이다.

한편, 이웃 국가에 아이손이라는 왕이 정무에 싫증이 나서 아우인 펠리아스에게 왕위를 맡겼다. 단, 아이손의 아들 이아손이 장성하면 이 아들에게 왕위를 돌려주라는 조건을 달았다. 그러나 아우는 한번 왕이 되자 조카에게 왕위를 돌려주기가 싫었다.

그래서 이아손이 장성하여 왕위를 돌려달라고 하자 일부러 황금양피를 찾아오라는 어려운 모험을 시켰다. 이아손은 그리스의 수많은 영웅들을 모아서(헤라클레스, 테세우스, 오르페우스, 네스토르 등) 아르고 호라고 명명된 배를 타고 천신만고의 어려운 항해 끝에 콜키스에 도착하게 되었다.

콜키스 왕은 이웃 국가의 새파란 청년이 나타나서 보물을 달라고 하자, 그에게 아주 어려운 난제를 주어서 시험을 하였다. 즉 불을 뿜는 두 마리의 황소에게 쟁기를 매게 하고 용의 이빨을 밭에 뿌리면 황금양피를 주겠다고 약속한 것이다. 게다가 여기에는 트릭이 숨어 있었으니, 용의 이빨을 밭에 뿌리면 거기에서 무사들이 뛰쳐나와 그에게 덤벼들게 되어 있었던 것이다.

이아손 혼자의 힘만으로는 이 문제를 풀 수 없었으나, (스토리 진행상 반드시 나오게 되어 있는) 어떤 여인과의 운명적인 만남으로 그는 문제를 풀게 된다. 다름 아닌 이 나라의 공주 메데이아와 사랑에 빠지게 된 것이다. 마법사인 이 공주는 콜키스 왕이 낸 난제들을 풀 수 있는 마법의 부적을 주고 또 정확한 요령을 가르쳐주었다. 그리하여 이아손은 불을 뿜는 황소를 잘 달랜 다음 목을 어루만지다가 쟁기를 매게 할 수 있었다. 다음으로 용의 이빨에서 나온 무사들은 마법을 이용하여 그들끼리 싸우게 함으로써 첫 번째 관문을 통과하고, 다음으로는 공주가 준 약으로 용을 잠들게 한 후 황금양피를 얻었다.

사랑에 미친 두 남녀는 정말이지 인정 사정 볼 것 없이 도주하게 되었다. 나라의 보물과 딸을 한꺼번에 도둑맞은 콜키스 왕은 곧 배를 타고 뒤쫓아왔다. 그러나 사랑의 광증은 사람을 극단으로 몰고 가는 법! 메데이아 공주는 아버지의 추격을 뿌리치기 위해 자기 동생을 죽여서 시체를 갈가리 찢은 다음 바다에 던져 넣었다. 왕은 사랑하는 자식의 시체를 수습하느라 더 이상 쫓아오지 못하게 되었다. (아무리

이아손의 귀환. 이 그림은 전통적인 이아손 신화와는 다른 판본의 이야기를 그리고 있다. 여기에서 이아손은 용의 아가리를 통해 다시 탄생하고 있다. 왼쪽의 나무에는 황금양피가 걸려 있고, 오른쪽에는 그를 보호하는 아테나 여신이 부엉이를 들고 서 있다.

'독한' 사랑에 빠졌다 하더라도 절대 따라하지 말 일이다).

귀국하여 국왕이 된 이아손은 아버지 아이손이 너무 늙은 것을 한탄하여 메데이아에게 아버지의 회춘(回春)을 부탁하였다. 동양 최대의 마법사인 메데이아는 제대로 실력 발휘를 하여 시아버지를 젊게 해주었다. 이 사실을 안 펠리아스의 딸들은 자신들도 아버지에게 오랜만에 효도를 하고 싶었는지 메데이아에게 똑같은 방법으로 자기 아버지의 젊음을 되찾게 해달라고 부탁했다. 그러나 펠리아스가 누구인가? 다름 아니라 자기 남편의 왕위를 차지하고 돌려주지 않으려고 했던 자가 아닌가?

그래서 메데이아는 이 딸들을 속여서 복수를 하였다. 우선 다음과
같이 시범을 보였다. 늙은 양을 한 마리 잡아 여러 조각을 낸 다음 솥
에 집어넣는다. 물을 반쯤 채우고 갖은 양념을 풀고 푹 삶는다. 마지
막에 마법의 풀을 집어넣어 다시 푹 고은 다음 솥뚜껑을 여니, 거기
에서 새끼 양 한 마리가 폴짝 뛰쳐 나오는 것이었다.

펠리아스의 딸들은 이 시범을 보고 너무나 기뻐서 자기 아버지를
데려다가 칼로 여러 조각을 내어 솥에 집어넣고 시키는 대로 푹 삶았
다. 그러나 결정적인 순서인 마법의 풀을 넣어야 할 때 가짜 풀(예컨
대 미나리)을 집어넣게 만들었으니, 펠리아스는 회춘하지 못하고 그
냥 곰탕이 되고 말았다.

여기까지는 —— 약간 때깔이 상스럽기는 하지만 —— 그럭저럭 일
반적인 영웅의 길을 비슷하게 걸은 셈이다. 이아손은, 첫째, 아버지
의 위업을 이어받아 왕이 되어야 하고, 둘째, 그러기 위해 고난의 시
련을 통해 자신의 능력을 검증받아야 했으며, 셋째, 자신의 길을 함
께 갈 사랑하는 동반자를 구했다. 그리하여 자신의 왕국을 가지게 되
었고 더구나 자신을 방해한 인물에 대해 복수까지 마쳤다. 그러나 그
다음 과정부터 이 두 사람은 본격적으로 어긋난 길을 가고야 만다.
잘못된 만남은 두 사람 모두에게 파멸을 가져다 준 것이다.

이아손은 메데이아를 버리고 코린토스의 왕녀 크레우사와 결혼하
려고 하였다. 이건 누가 보아도 메데이아보다는 이아손의 잘못이 훨
씬 크고 모든 책임은 그가 져야 할 것 같다. 메데이아야 사실 무슨 죄
가 있는가? 오직 사랑 때문에 아버지를 속이고 사랑하는 동생까지 죽
여가며 먼 이국까지 따라오질 않았는가? 그리고 자신의 힘을 발휘하
여 남편이 왕이 되는 것을 도와주고 복수까지 해주지 않았는가?

그런데 이아손은 바로 그 점에서 두려움을 느끼고 만 것이다. 그 자

신의 말로 메데이아가 부담스럽다 못해 두렵다는 것이다. 맨날 칼부림이나 하고 이상한 마법으로 사람을 지지고 볶는 무서운 여자 대신에 순하고 말 잘 듣고 귀여운 여자, 게다가 집안 좋은 여자를 얻기로 한 것이다.

에우리피데스의 극작품은 이 지점에서 시작된다. 지금까지의 이야기를 사전 배경으로 하여, 이제 이혼 당하기 직전의 메데이아가 이 상황에서 어떻게 고민하다가 어떤 복수를 펼치는가 하는 부분을 다루고 있다. 스토리를 미리 말하자면, 메데이아는 이아손이 새로 결혼하려고 하는 여자인 크레우사에게 독 묻은 옷과 모자를 선물하여 그녀를 타죽게 만들고, 이아손과의 사이에서 난 자신의 아이들을 죽인다. 아이들을 죽이는 이유는 오직 이아손에게 고통을 주기 위해서다. 그런 잔인한 복수를 한 후 뱀이 끄는 이륜차를 타고 아테네로 도망간다(이 부분이 에우리피데스 작품의 끝이다).

아테네로 간 메데이아는 테세우스의 부친인 아이게우스와 결혼하였다. 테세우스는 우리 나라 고구려 신화의 고주몽처럼 어린 시절에 아버지와 떨어져 살다가 아버지를 찾아 아테네로 왔는데, 이 부자간의 상봉이 이루어지면 자신의 앞날에 좋지 않은 결과를 가져올 것이라고 생각한 메데이아는 아이게우스로 하여금 아들 테세우스에게 독배를 마시게 하려고 사주하였다. 그러나 테세우스가 그 사실을 알아차리자 메데이아는 아시아 지방으로 도주하였는데 이곳이 후일 메디아라고 불리게 되는 지역이다.

## 3. 사이비 영웅

에우리피데스의 작품 자체는 그러므로 아주 단순한 이야기를 가지고 있다. "이혼을 앞둔 메데이아가 사랑의 상실에 몸부림치며 고통스러워하다가 복수를 굳게 다짐하고 그것을 실천한 다음 독한 말을 퍼붓고 도망간다"가 스토리의 전부다.

우선 이 작품을 볼 때 다른 그리스의 비극과 다른 점들을 주목하지 않을 수 없다. 예컨대 아이스퀼로스의 《아가멤논》이나 소포클레스의 《오이디푸스》 같은 작품을 보면 전체 분위기가 장대하다. 그 스토리는 인간의 운명, 신과 인간의 관계 등을 다루는 장중한 서사다. 주인공들은 거의 신적인 인물들로서, 대부분의 인간들이 가지게 마련인 그런 종류의 약점이 아니라 소위 '비극적 결함'을 가지고 있어서 그로 인해 파국을 맞이한다. 예컨대 오이디푸스는 신이 정해 놓은 길을 거부하고, 자신이 파멸할 것을 알면서도 거기에 저항하다가 장렬한 최후를 맞이한다…….

그런데 《메데이아》의 주인공들은 모두 나약한 인간들이다. 그들은 서로가 서로에게 상처를 주고 있다. 그들의 성격은 옹졸하거나 극악한 결점들을 가지고 있다. 메데이아는 복수를 위해 자신의 아이들을 죽이려다가 차마 못하고 그러다가 다시 마음을 굳게 먹는 식으로 여러 번에 걸쳐 마음이 흔들린다.

이렇게 주인공이 내적인 갈등으로 주저하는 모습은 다른 그리스 비극 작품에서는 찾아보기 힘든 '인간적으로 약한' 모습이다. 이를 두고 그리스 비극의 수준이 저하되고 '변질'되는 과정이라고 해석한다고 하지만, 그런 해석에 꼭 연연해 할 필요는 없다고 본다. 너무 정형화된 비극적 주인공의 모습보다 차라리 이런 "마음이 흔들리는 악녀", "두려움에 떠는 치사한 주인공"이 그야말로 더 인간적이고 더 우리의 가슴에 와 닿을 수도 있다.

이들이 고통을 겪는 중요한 원인은 사랑이다. 사랑 때문에, 그놈의 사랑 때문에 이들은 파멸을 맞는다. 메데이아의 입장에서 보면 잘못된 사랑 때문에 가족들을 배반하고 심지어 자신의 친자식들까지 살해해야 했다. 도대체 사랑이란 무엇일까? 적어도 이 작품을 가지고 판단하건대, 그것은 사람의 마음을 어지럽혀 놓는 병이다. 늘 균형과 절제, 중용을 최고의 이상으로 치는 고대 그리스인들이 볼 때 적절한 선을 넘는 사랑이란 결국 평정심을 잃게 만들고 인간을 그릇된 길로 이끈다. 그러므로 사랑은 위험한 것이다. 그것은 인간을 짐승처럼 만들어 버린다.

여기에서 이아손이 풀어야 했던 난제로 되돌아가 보자. 그가 풀어야 했던 문제는 불을 뿜는 황소를 잘 달래서 쟁기를 지도록 만드는 것이었다. 미친 황소, 게다가 불을 뿜는 무서운 소……. 인간의 격정을 나타내는 이미지로 이보다 더 적합한 것이 어디 있을까?

영웅이 되기 위해서는 자신의 본능에 휘둘려서는 안 되고 그것을 잘 다스리는 법을 배워야 한다. 신화의 그 이야기는 바로 이 점을 가리킨다고 볼 수 있다. 그런데 역설적이게도 바로 그것을 푸는 데 도움을 주었던 메데이아가 오히려 사랑 때문에 격정에 휩싸이게 된다. 이혼 앞에서 길길이 뛰는 그녀를 두고 유모는 어린아이들에게 이렇게 이야기한다.

"아씨의 눈에는 미친 황소의 살기가 어려 있습니다."

이성을 잃으면, 특히 미친 사랑에 빠지면 인간은 그렇게 짐승이 된다. 그러므로 "인간에게 사랑보다 더한 저주는 없다."

사랑으로 인한 아픔을 제대로 나스리시 못하면 또한 그 어느 것보다도 극악한 복수를 하게 만든다. 메데이아가 연적 크레우사에게 행한 복수를 보라. 사랑의 선물이라고 속여 그녀에게 준 것은 독 묻은 옷과 모자였다.

이 옷을 입은 그녀는 살이 타들어가고, 모자에서 옮겨 붙은 불이 머리카락을 태운다. 광란의 사랑, 치명적인 사랑의 괴로움을 이보다 더 고통스럽게 묘사할 수 있을까? 당신 머리카락에 불이 붙었다고 생각해 보라. 사랑은 독이고 모든 것을 태우는 불이다. 그 불은 따뜻함의 이미지가 아니라 모든 것을 태워서 소진시키는 포악함의 이미지를 가지고 있다. 그 불은 사랑의 산물인 자식까지 태워 버릴 정도로 맹목적이다.

그런데, 여기에서 문제로 삼을 만한 부분이 있다. 그런 파멸적인 사랑을 하는 측은 남자가 아니라 여자다. 그렇다. 남자는 그나마 이성을 찾으려고 하지만, 여성은 그런 남자의 이성을 뒤흔들어놓는 매력(魅力. 문자 그대로 홀리는 힘)을 가지고 있다.

메데이아는 이렇게 말하지 않는가.

"여자에게 사랑을 잃는 것보다 더 큰 괴로움이 있단 말인가?"

더군다나 메데이아는 단순한 여성이 아니라 '동방 국가'의 여성이다. 그리스가 문명국이고 이성을 아는 지방이라면 동방 국가들은 문명을 모르는 곳, 이성적이지 못한 곳이다. 그러므로 메데이아는 그런 야만국의 여성이라는 이중의 열등함을 가진 존재로 그려지고 있다. 뭔가 열등하면서도 두려움을 불러일으키는 존재, 검은 마법의 힘을 가진 존재, 그것은 아직 길들여지지 않은 어두운 힘을 나타낸다. 그리고 그것이 사랑의 이름으로 우리를 어지럽게 만드는 것이다.

이 두 주인공은 '사이비 영웅'이라 불러 족한 유형들이다. 메데이아가 두려움의 존재라면 이아손은 옹졸한 인간형의 극단이다(이런 상황에서 메데이아에게 앞으로 살아가는 데 도움이 되도록 추천장을 써주겠다고 제안할 정도로 그는 철이 없다). 작가의 관점에서 보면 이 두 사람은 영웅의 길을 잘못 가고 있는 중이고, 파멸을 면치 못할 운명이다.

그러나 우리 모두는 그런 나약하면서도 옹졸한 면을 가지고 있지는 않은가? 또 그래서 우리 역시 그 어두운 사랑의 힘 앞에 맥없이 무너지곤 하지 않는가? 우리는 모두 마음속으로 아픈 사람들 아닌가?

우리 보고 어쩌란 말인가? 사랑은 병이고 저주이고 독이고 불이니, 우리는 파멸을 피하기 위해 오직 흔들리지 않는 이성의 힘으로 중용과 절제를 지키란 말인가? 그러나 누가 여기에 마땅한 대답을 할 수 있을 것인가?

다만 이미 2천 년 전부터도 남자와 여자의 그 미친 사랑에 대해 참으로 많은 고민이 있었다는 것만 확인할 수 있을 뿐…….

# 지옥으로의 여행
■ 단테의 《신곡》 중 〈지옥편〉

1. 이런 방정맞은 이야기를 해도 좋을지는 모르겠지만 지옥이란 정말 꼭 한번 가보고 싶은 곳이다. 일찍이 마키아벨리 역시 죽음에 임하여 이런 말을 했다고 하지 않은가.

나는 천국보다는 지옥으로 가고 싶다. 천국이 기후야 더 좋겠지만, 내가 좋아하는 그 재미있는 인간들(즉 정치가들)은 모두 지옥에 가 있으니까.

인간의 극한 상황이 적나라하게 펼쳐져 있는 곳, 이 세상의 모든 악(惡)이 찬연하게 펼쳐지는 곳, 그 고통의 향연……. 지옥에 발을 들여놓은 자신이 어떤 표정을 지을 것인지 상상하기 힘든 사람은 뭉크의 그림 〈지옥에서의 자화상〉을 참고하라.

2. 단테가 《신곡》을 짓기 시작한 것은 35세 때인 1300년이라고 한다. 그 시절에는 사람의 평균 수명을 70세로 잡았기 때문에 35세라고

단테. 그의 뒤편에는 왼쪽부터 지옥, 연옥, 천국이 그려져 있다.

하면 인생의 절반을 산 시점이었다. 그 시점에서 과연 내가 이 인생을 잘 살고 있는 것인지 중간 점검을 할 필요가 있었던 것 같다. 그래서 내가 살아가는 이 세상, 이 우주를 총체적으로 재구성하여 살펴보려고 한 것이 그의 원대한 구상이었다.

《신곡》은 정말로 위대한 작품이라고 하지 않을 수 없다. 정확한 운율과 라임(rhyme)을 따르는 3행시로 된 연들로 이야기를 짜되 지옥 33곡, 연옥 33곡, 천국 33곡에다가 앞의 서곡 1곡을 더해서 모두 정확하게 100곡이 되게 만들었다. 행(行)으로 치면 각각 4,720행, 4,755행, 4,758행으로 모두 1만 4,233행이나 되는 대작이다. 여기에 당시의 신학, 철학, 과학 등의 내용을 배경으로 해서 자신의 인생관과 인생 역정, 희망 등을 섞어 넣었다.

그가 그리는 지옥의 구성은 참으로 극적이다. 하늘에서 사탄과 그의 무리가 추락하여 지상에 대충돌을 일으켰다. 그 결과 사탄은 지구의 중심부까지 밀려들어가 처박히게 되었고 그 자취로 땅에 거대한 구멍이 생겼다. 그 구멍은 갈수록 좁아지는 깔때기 모양으로서, 이 심연의 동굴이 바로 지옥이 되었다. 그런데 그렇게 큰 구멍이 생겼다면 밀려난 흙은 어디로 갔을까? 지구의 다른 편에 거대한 산이 만들어졌으니, 그것이 다름 아닌 연옥의 산(그 산을 올라가며 고통을 받는 가운데 점차 자신의 죄를 지워 나가는 정죄의 산)이 된 것이다.

지옥은 따라서 이 땅의 어딘가에 구체적으로 실재하는 '장소'다(오늘날 카톨릭의 해석에서는 지옥이 구체적인 시공간이 아니라 하나의 '상태'라고 하는 것과는 차이가 난다). 물론 그 지옥 위에 덮개가 펼쳐져 있어서 살아 있는 사람이 그곳을 찾아들어가는 것은 극히 힘든 일이지만 이론적으로는 능력 있는 탐험가가 그곳을 찾을 수도 있다.

단테는 우연히 그 덮개가 얇아져 틈이 생긴 곳을 찾을 수 있어서 고대 로마의 시인 베르길리우스의 도움을 받아 지옥을 방문하게 된다. 하필 베르길리우스가 안내인 역을 맡은 것은 우연이 아니다. 베르길리우스는 이전에 《아에네이드》라는 작품에서 저승 세계를 그린 바 있는데, 여기에서 그는 직접 저승 세계를 찾아가 죽은 아버지를 만났던 것이다.

이처럼 서구 문학의 전통에서는 오직 시인들만이 사후(死後) 세계를 방문하는 특권을 누리는 것으로 되어 있다. 삶과 죽음을 넘나들면서 인생의 비밀, 구원의 희망을 안겨주는 것이 시인의 특권이자 의무이니 그들은 말하자면 우리 정신의 무당인 셈이다.


3. 지옥이 구체적인 장소로 그려져 있고 그곳을 여행하는 것이 가능하다면 지옥의 '지도', 혹은 지옥의 '설계도'를 그려봄직하다.

지옥 입구에 서면 우선 거대한 지옥문이 우람하게 서 있다. 그 문 위에는 지옥으로 들어가게 될 가련한 영혼들을 환영하는 문구가 "검은 색으로" 이렇게 써 있다.

괴로움의 나라로 가고자 하는 자 나를 거쳐가라.
영원한 가책을 만나고자 하는 자 나를 거쳐가라.
절망한 사람들에 끼이고자 하는 자 나를 거쳐가라.
……
영원 이외에는 나보다 먼저 창조된 것이 없고
나는 처음도 없고 끝도 없이 영원히 있으리라.
나를 거쳐가려는 자 모든 희망을 버리고 이리로 들어오라.

그 문 너머로는 오직 탄식과 한숨소리, 비통한 울음소리만이 "별도 없는 하늘"에 메아리칠 뿐이다. 그러니 "모든 희망을 버리고" 그 문으로 들어갈 수밖에 없다("모든 희망을 버리고 이리로 들어오라"는 지옥 입구에 쓰여 있는 글귀가 너무나도 멋져 보여서 한때 내 연구실 문에 이 글을 써붙인 적이 있었다).

지옥에는 3개의 지하 강이 흐르고 있다. 첫 번째 강인 아케론 강가에는 성을 잘 내는 뱃사공 카론이 지키고 있다가 죽은 영혼들을 마구 야단치며 지옥으로 데려간다. 이 강을 건너면 그 다음부터 여러 지옥들이 차례로 둥근 고리 모양으로 등장하는데, 이것을 제1환(環. ring), 제2환 하는 식으로 부른다.

제1환은 아직 본격적인 지옥이라고 할 수는 없다. 림보(limbo)라고 부르는 이곳은 말하자면 죄라고 할 만한 것을 저지르지는 않았으나 기독교의 세례를 받지 못한 사람들이 오게 된다. 전통적으로는 태어나자마자 바로 죽어서 세례를 받지 못한 불쌍한 아기들이 이곳에 오는 것으로 되어 있으나 단테는 그보다는 기독교가 전파되기 전에 살았던 착하고 훌륭한 사람들이 여기로 모이는 것으로 바꿔놓았다.

그 결과 이곳에는 소크라테스, 아리스토텔레스, 히포크라테스 등 예수 탄생 이전의 현자들이 모두 모여 있다. 아마 지옥 가운데 가장 학력이 높은 곳이 아닐까? 이 영혼들은 고통을 받지는 않으나 하느님을 만날 수 없다는 절망 때문에 한숨만 쉬면서, "상도 없이 벌도 없이 둥둥 떠 있다."

이제 이 밑으로 내려가면서 본격적인 지옥들이 펼쳐진다. 특히 제2환에는 미노스가 판관으로 지키고 있는데, 모든 죄인들은 그 앞에 가서 생전에 지은 죄들에 대해 어느 정도의 벌을 받게 될지 판정을 받는다. 미노스의 판결 방식은 지옥 판관답게 정말로 특이하다. 복잡한 판결문을 쓸 것 없이 자신의 긴 꼬리를 가지고 몸에 3번 두르면 제3환, 7번 돌리면 제7환 하는 식으로 죄인이 갈 곳을 정한다.

여기에서부터 제5환까지가 상부 지옥이다. 말하자면 그래도 조금 견디기가 괜찮은(?) 편에 속한다. 림보를 제외하고 제2환부터 제5환까지의 특징은 자신의 욕망을 이기지 못하고 무절제에 빠진 자들을 위한 곳이다. 차례로 육욕(肉慾)에 빠졌던 자, 폭식(暴食)을 했던 자, 탐욕에 눈멀었던 자, 분노와 나태를 범한 자 등이 갇혀 있다.

이들에 대한 벌은 그야말로 인과응보라는 말 그대로다. 자기의 죄에 합당한 결과를 그대로 당하고 있는 것이다. 육욕의 바람을 이기지 못해 들어온 자들은 더럽고 축축한 광풍에 이리저리 휘몰려 다닌다. 폭식의 죄를 범한 자들은 차가운 음식 찌꺼기 위를 뒹굴고 있는데 대가리 세 개를 가진 개 세르베루스가 끊임없이 짖어대며 그들을 괴롭힌다…….

이런 식이다. 평소에 자기가 행했던 그대로가 자신의 벌로서 되돌아온다. 나는 단테가 그리는 지옥의 참맛은 여기에 있다고 본다. 지옥이 따로 있는 것이 아니라 지금 내가 행하고 있는 짓이 그대로 지옥으로 연결되는 것이다. 난폭한 사랑에 빠졌다면 그것이 그대로 지옥의 고통이 된다.

한 예로 평소에 분노를 이기지 못하고 또 늘 불만을 품고 이 세상에 불평을 해대며 살아갔던 자의 모습을 보자. 그는 죽어서 스튁스 강의 더러운 진흙탕 속에 잠겨 부글거리고 있다. 베르길리우스는 단테에게 이렇게 말한다.

……아들아 잘 보아두어라.
분노를 이겨내지 못한 자들의 혼이다.
잘 알아두도록 해라. 이 물 밑에는
한숨을 쉬고 있는 자들이 있다.
그래서 수면에 거품이 인다.
어디를 봐도 거품이 보이잖느냐?
흙탕물에 묻힌 자들의 넋두리다.
'우리는 쓸쓸했다.
햇빛 비치는 즐겁고 아름다운 대기 속에서도
마음속엔 불만이 잔뜩 있었다.
지금도 시커먼 수렁 속에서 우리는 우울하다.'

늘 불만을 품고 사는 우리들은 그러므로 죽은 다음에 스튁스 강의 진흙탕 속에 들어가지 않더라도 여기 이 세상 속에서 이미 지옥에 있는 셈이다. 지옥은 멀리 있지 않고 우리의 머릿속에 있다(영화 〈케이

15세기에 그려진 《신곡》의 삽화 중 스튁스 강을 건너는 베르길리우스와 단테. 스튁스 강은 상부 지옥과 하부 지옥을 나누는 경계다. 오른편에 상부 지옥의 중심지인 디스 시가 보인다.

프 피어〉에서 영원히 잊지 못할 강렬한 연기를 보여준 로버트 드 니로가 자기 머리를 손가락으로 쿡쿡 찌르며 하는 말이 있다. "우리는 지옥을 여기에 달고 사는 거야").

4. 스튁스 강은 제5환의 지옥의 일부를 이루면서 동시에 상부 지옥과 하부 지옥을 나누는 경계가 된다. 이 강을 넘어 성벽을 지나면 지

옥의 중심권인 디스(Dis) 시에 들어가게 된다. 여기서부터 제6환이 시작된다. 말하자면 이곳부터는 진짜 중죄인들이 고통받고 있다. 이들이 지은 죄를 보면 이제 개념이 바뀌어서 자신의 욕심에 굴복한 것을 넘어서 더 적극적으로 하느님의 뜻을 거스른 자들임을 알 수 있다.

제6환의 죄인들은 이단자들, 제7환의 죄인들은 "폭력을 휘두른 자들"이다. 폭력범이라고 하지만 그 종류도 여럿이다.

첫 번째 범주는 살인자로부터 전쟁을 일으킨 자들까지 다양한 인간들로 되어 있다. 이들은 문자 그대로 폭력을 휘둘러서 하느님의 뜻을 거스른 자들이며(이곳에서 알렉산드로스 대왕을 만날 수 있다), 당연한 일이지만 남의 피를 흘리게 했으므로 이번에는 그들 자신이 끓는 피의 강에서 고통받고 있다.

두 번째는 자살자의 숲이다. 남보다 더 고귀한 자기 자신을 살해한 자들의 영혼은 들어가 쉴 몸이 없으므로 —— "스스로 버린 것은 다시 찾을 수 없는 법이다" —— 나무 속에 갇혀 있다. 그러면 하르피아라는 괴조(怪鳥)가 와서 잎을 쫄 때마다 고통 속에서 운다. 그리고 이 우수의 숲 주변에는 다시 피의 강이 흐른다.

세 번째는 고리대금업자, 동성애자 등이다. 그런데 이들이 왜 '폭력범'일까? 고리대금업자를 생각해 보자. 돈을 빌려주고 이자를 챙긴다는 것이 어떤 일인가? 이익이 생기기 위해서는 직접 무엇인가를 만들어 팔든지 남에게 어떤 서비스를 베풀고 그 대가를 받아야만 한다. 그런데 단지 돈을 빌려주고 몇 달 지난 다음에 그에 대한 대가로 돈을 더 많이 받는다는 것은 곧 돈을 융통하는 '시간'을 준 대가로 이자를 받는 것을 뜻한다.

그렇다면 결국 그가 팔아먹은 것은 시간이다. 오직 하느님에게만 속하는 시간을 팔아 돈을 챙기다니! 이야말로 하느님의 뜻에다가 폭력을 행사한 것이 아니고 무엇인가? (오늘날의 경제학자라면 물론 그와 같은 중세식의 이자 개념에 반대할 터이지만, 지옥의 판관 미노스는 그 따위 현대 경제학 이론은 아랑곳하지 않으리라.)

남자와 남자끼리, 여자와 여자끼리 사랑을 주고받음으로써 자연의 질서와 하느님의 뜻 —— 남녀가 사랑하여 자손을 번성시키라는 —— 을 어긴 동성애자가 폭력범인 것 역시 이런 원리다. 말하자면 폭력이란 하느님의 질서를 깨뜨리는 추상적인 폭력을 뜻한다.

그 밑의 제8환은 건축학적으로 아주 특이한 구조다. 여기에는 10개의 구덩이가 있는데(이것을 '볼제(bolge)'라고 하는데 '주머니'라는 뜻이다), 이 10개의 구덩이가 둥그렇게 펼쳐져 있고 그것들이 모두 중앙의 구덩이를 향해 바퀴살 모양의 돌다리로 연결되어 있다. 그 각각의 주머니에는 각종의 악성 사기범들이 들어가 있다(이때의 사기 역시 하느님의 뜻을 속인 추상적인 의미의 사기까지 포함하는 것이다).

포주와 난봉꾼(여성들을 농락한 자)들은 악마의 괴롭힘을 당하고 있고, 아첨꾼들은 똥물 속에 잠겨 있고(평생 똥 같은 말을 하고 살았으므로), 가짜 예언자들은 머리가 뒤로 돌아간 채 눈물을 흘리고 있다(남이 제대로 보지 못하게 한 응분의 대가다. 어쩌면 제대로 공부 안 하고 곡학아세하는 교수들이 나중에 이 구멍에 들어가 있지 않을까).

불화를 퍼뜨린 자들은 남의 사이를 갈라놓았으므로 자신의 몸이 갈라지는 벌을 받는다. 죄인들은 한 줄로 서서 마귀의 앞으로 다가간다. 그러면 마귀가 칼로 얼굴로부터 온몸을 좌아악 그어서 두 동강을 내놓는다. 그러고 난 후 큰 원을 그리며 걸어가는데 그동안 얼굴과 몸이 점차 도로 붙는다. 그래서 한 바퀴를 크게 돌아 제자리에 올 때면 거의 성한 몸이 되는데, 이때 다시 마귀가 칼로 버억 그어 놓는 것이다. 그러므로 이곳의 죄인은 영원히, 영원히 칼로 째는 고통을 당

장 바티스트 카르포의 〈우골리노〉(1862).

하며 살아가게 되어 있다. 이곳의 대표적인 죄인으로는 마호메트가
있다!

이곳을 지나면 이제 지옥의 거의 중심부에 도달한 것이다. 제9환에
는 반역자들이 모여 있다. 이곳은 얼어붙은 호수 코퀴토스로서, 이
얼음 밑에 혈족을 배신한 자, 조국을 배신한 자, 손님을 배신한 자들
이 꽁꽁 얼어붙은 채 얼음 눈물을 흘리고 있다.

자식을 잡아먹은 우골리노를 아시는가? 피사의 귀족이었던 우골리
노는 대주교 루지에리와 짜고 권력을 잡으려고 했다. 그러나 세(勢)
가 불리해지자 루지에리는 우골리노를 배반하고 그와 그의 아들, 손
자를 옥에 가두고 굶어죽게 만든다. 자식들은 빵을 달라고 울고 있다
("이래도 눈물을 흘리지 않는다면 무엇에 운단 말인가").

저녁 식사가 와야 되는 시간……. 그러나 저 아래에서는 문에 못질
하는 소리가 들린다. 닷새 엿새 사이에 아이들이 차례로 죽어갔다.
우골리노는 굶주림에 지쳐 아이들의 시체를 먹었으나, 간수는 감옥
의 열쇠를 이미 아르노 강에 던져 버렸기 때문에 끝내 이곳을 빠져나
가지 못하고 우골리노 자신도 굶어죽었다.

이제 이 지옥의 제9환에서 루지에리와 우골리노는 한 얼음 구덩이
속에 얼어붙어 있다. 그것도 우골리노가 루지에리의 뒤통수에 바짝
붙어 있어서 우골리노는 루지에리의 뒤통수를 깨물어 먹고 그의 머
리카락을 한 움큼 뽑아 입을 닦는다. 그러고는 이 방문객들에게 이런
설명을 한다.

> 내가 했듯이 배신을 저지르면
> 육체는 곧 악마의 손에 빼앗기고 만다.
> 그 뒤부터는 수명이 다할 때까지
> 악마가 육체를 지배하지만,
> 혼은 곧장 이 구렁으로 떨어져온다.

그러므로 여기에서 보는 내용도 마찬가지다. 현세와 지옥이 별개가
아니다. 누구나 그가 하는 짓에 따라 지옥을 미리 경험하고 있다. 죽
기 전에 혼이 이미 지옥에 와 있는 것이라면 우리는 이 세상에서 이
미 지옥의 삶을 살고 있는 셈이다.

5. 드디어 그 아래, 지옥의 가장 중심부에는 사탄이 자리 잡고 있
다. 하느님을 배신한 타락천사, 사탄……. 이 사탄은 하느님에게 영원
한 버림을 받아서 무력한 채 절망의 눈물을 흘리고 있다. 특이한 것은

이 사탄이 세 개의 얼굴을 가지고 있다는 점이다. 각각의 얼굴은 모두 색깔이 다른데 그 입으로 세 명의 최고 악인을 질겅질겅 씹고 있다.

가운데의 붉은 얼굴은 예수를 배반한 유다를 물고 있고, 왼쪽의 검은 얼굴은 배신한 브루투스를, 그리고 오른쪽의 노란 얼굴은 카시우스를 물고 있다. 왜 세 개의 얼굴일까? 3위일체의 절대 선에 대한 반대항으로서 악의 3위일체를 나타낸다고 한다. 또는 사랑 · 권능 · 지혜와 반대되는 증오 · 무력 · 무지를 나타낸다고도 한다.

이곳까지 이른 두 여행자는 이제 지옥의 끝에서 빠져나와 다음 코스인 연옥으로 가야 한다. 그러기 위해서는 지옥의 중심부를 차지하고 있는 사탄을 밟고 넘어가야 한다. 뱀만 밟아도 그 꿈틀하는 느낌이 이상야릇할 텐데 사탄을 밟는 느낌은 과연 어땠을까? 혹시 위험한 것은 아닐까? 그러나 그럴 염려는 없다. 여기에서 사탄은 완전한 패배자, 완전한 무능력자다.

그가 할 수 있는 일은 눈물을 흘리며 자기의 날개를 움직이는 일뿐이다. 그 날갯짓은 찬바람을 일으켜서 디스 시의 코퀴토스를 얼리는 원천이 된다. 그 외에는 그야말로 절대 무력한 자다. 그래서 이 두 여행자는 과감하게 사탄의 다리를 타고 옆구리를 넘어 지옥의 반대편으로 탈출한다. 그들이 지옥을 나와 처음 본 것은 저 하늘에 반짝이는 별이었다.

지옥 여행 —— 그것은 영혼의 어둠을 헤치고 정신적 소생을 도모하는 여행이리라. 우리가 새로 태어나기 위해서는 우선 이 세상의 악 그리고 우리 마음속의 악과 맞대면해야 한다. 그러려면 지옥으로 들어가보는 수밖에 없다. 그대 안의 악의 심연으로 들어가라. 저 어둠 깊은 곳으로 들어가 악마를 만나라. 그리고 그 악마를 밟고 넘어가라!

# 악마의 책
■ 마키아벨리의 《군주론》

## 1. 이 사람을 보라

이 사람의 얼굴을 보라. 얼마나 명민하고 똘똘하게 생겼는가? 또릿 또릿한 그의 눈동자는 세상 돌아가는 모습과 사람들의 머릿속을 꿰뚫어보는 듯하다. 마치 나쁜 짓하고 있는 인간들을 멀리서 아주 재미있게 관찰하고 있는 듯한 그의 냉정한 표정을 보면 바늘로 찔러도 피 한 방울 나지 않을 성싶다. 바로 그가 역사상 가장 많은 비난을 받은 책 중의 하나인 《군주론》의 작가 마키아벨리다.

니콜로 마키아벨리는 1468년에 피렌체에서 태어나 스물 아홉 살에 피렌체 공화정에 참여하였다. 이때 주로 맡은 일이 군사와 외교 관련 업무였다. 그는 체사레 보르지아, 루이 12세, 막시밀리안 1세 등 당대 유럽의 쟁쟁한 군주들에게 파견되어 중요한 외교 업무들을 수행하였는데, 이런 경험이 나중에 그의 저술 활동에 중요한 소재가 되었을 것이다.

그러나 그것도 잠시뿐, 이탈리아에서 프랑스군이 퇴각하면서 그가

마키아벨리

몸담고 있던 피렌체 공화정이 붕괴되고 메디치 가문이 다시 권력을 잡게 되었다. 그는 공직에서 쫓겨났을 뿐 아니라 메디치 정부를 전복시키려는 음모에 가담했다는 혐의로 투옥되었다. 여기에서 그는 지옥 같은 고통을 경험하게 된다.

그의 친척 두 사람이 체포되어서 고문 끝에 공범자들을 불러주었는데 그 목록에 마키아벨리의 이름이 들어 있었던 것이다. 체포되자마자 그는 당시의 관례에 따라 끈에 매다는 고문(strappado)을 받았다. 손을 뒤로 하여 손목에 가죽끈을 묶은 다음 공중으로 들어올리는 이 고문은 단순하면서도 극심한 고통을 주었다. 이렇게 공중에 들어올려져서 하루종일 매달려 있던 마키아벨리는 무슨 생각을 하였을까?

게다가 고문 기술자들은 잡혀온 사람이 쉽게 자백하지 않으면 다음 단계로 혐의자를 공중에서 뚝 떨어뜨렸다가 다시 낚아채는 방식을 병행할 수 있었는데, 이때에는 어깨뼈가 탈구되거나 뼈가 부러지기도 하는 엄청난 고통을 주었다(혹시 이 글을 수사 기관 종사자께서 읽고 계시다면 부디 이 방법을 오늘에 되살리지는 마시기를……). 이것은 혐의자가 죽을지도 모르는 위험성 때문에 네 번만 시행하는 것

고야가 그린 고문 장면에 나오는 스트라파도.

으로 되어 있었는데 마키아벨리에게만은 무려 여섯 번이나 시행했다고 한다.

정말로 마키아벨리가 메디치 정부를 뒤집어엎으려는 음모에 가담했는지 아닌지는 끝내 밝혀지지 않았지만 당시 수사 당국은 확신을 가지고 있었던 모양이다. 그러나 마키아벨리는 끝내 그런 고문을 이겨내고 유죄 인정을 거부했는데, 만일 고문을 이겨내지 못하고 자백했더라면 그의 친척 두 사람과 마찬가지로 사형에 처해졌을 것이다.

이런 상황에서 누구나 생각하게 되는 것은 어떻게든 아는 인맥을 동원해서 여기에서 빠져나가는 것 아니겠는가? 사람 죽으라는 법은 없는지 한때 그의 친구였던 줄리아노 메디치에게 통사정을 했는데 이 사람의 동생이 다름 아닌 교황으로 선출되자 그 덕분에 마키아벨리는 사면을 받고 감옥문을 나왔다.

그는 권력이 얼마나 무서운 것인지 뼈저리게 —— 이 경우에는 상징적인 표현이 아니고 문자 그대로 '뼈저리게' —— 느꼈을 것이다. 그리고 어떻게든 다시 권력의 자리로 돌아가고 싶다는 염원을 품었음직하다. 피렌체 시에서 추방당한 그가 산 카스키아노라는 시골 지역에 머물면서 저술한 《군주론》에서 그는 자신을 몰락시킨 바로 그 메디치 가에 대해 이런 헌정사를 올리고 있다.

풍경화가는 산이나 기타 높은 곳을 그리기 위해서는 골짜기와 같은 저지대에서 바라보고, 평원과 같은 곳을 그리기 위한 좋은 전망을 확보하기 위해서는 높은 곳에 올라가게 마련입니다. 마찬가지로 인민의 성격을 적절히 이해하기 위해서는 군주가 될 필요가 있고, 군주의 성격을 적절히 이해하기 위해서는 인민의 한 사람이 될 필요가 있습니다……. 그리고 위대하신 전하께서 그 높은 곳에서 어쩌다 여기 이 낮은 곳에 눈을 돌리시면, 제가 엄청나고 잔악한 불운에 의해서 얼마나 많은 부당한 학대를 겪고 있는가를 보시게 될 것입니다.

얼마나 비애감이 느껴지는가! 바로 자기를 고문하고 추방시킨 그 메디치 가문에게 자신이 그들을 정말로 흠모하고 있으며 자신처럼 훌륭한 인물은 한번 써보면 아시겠지만 정말로 큰 도움이 되리라는 식의 내용을 헌정사에 담고 있는 것이다.

그러나 이 책을 써보냄으로써 자신의 능력을 다시 인정받고 권력의 자리로 돌아가고자 하는 것이 정말로 그의 목적이었다면 그것은 결국 이루어지지 않았다. 그 후에도 그는 거의 대부분의 일생을 시골에 처박혀서 야인 생활을 해야 했다.

그가 할 수 있는 것은 단지 책 속의 세계로 돌아가서 고대의 현인들과 정치가들을 만나 대화하는 것이었다. 그의 친구 베토리에게 보내는 편지에서 당시 생활의 일면을 읽을 수 있다.

저녁에는 집에 돌아와서 서재에 들어갑니다. 들어가기 전에 나는 하루 종일 입었던 진흙과 먼지 묻은 옷을 벗고 궁정에서 입는 옷으로 정장을 합니다. 그렇게 적절히 단장을 한 후, 옛 선조들의 궁정에 들어가면 그들은 나를 반깁니다. 그리고 거기서 오직 나만을 위해 준비된 음식을 먹습니다. 나는 그들과 얘기하는 것을 주저하지 않으며, 그들의 행적에 대해서 궁금한 것이 있으면 그 이유를 캐묻습니다. 그들은 친절하게 답변을 하지요. 네 시간 동안 거의 지루함을 느끼지 않으며, 모든 근심과 가난의 두려움을 잊습니다. 죽음도 더이상 나를 두렵게 하지 않습니다. 나 자신을 완전히 선조들에게 맡깁니다.

■ 강정인 옮김,《군주론》의 부록에서 발췌.

## 2. 책 읽어주는 남자 1

아직《군주론》을 읽어보지 못한 사람들을 위해 몇 구절을 음미해 보도록 하자. 구구절절 감동의 물결이 밀물쳐올 것이다.

인간들이란 다정하게 안아주거나 아니면 아주 짓밟아 뭉개 버려야 한다. 왜냐하면 인간이란 사소한 피해에 대해서는 보복하려고 들지만 엄청난 피해에 대해서는 감히 복수할 엄두도 못 내기 때문이다. 따라서 사람들에게 피해를 입히려면 복수를 두려워할 필요가 없도록 아예 크게 입혀야 한다.

최근에 개봉한 영화 〈친구〉에서 이것과 거의 똑같은 대사가 나온다. 쌈 제일 잘하는 깡패가 순진한 모범생인 자기 친구를 괴롭히려는 이웃 학교의 깡패들을 흠씬 두들겨 패놓고는 이렇게 말한다.

"와 그렇게 패냐꼬? 아예 용서해 주고 친구가 되든지, 아니면 학-실하게 지기 패야 한다. 그래가꼬 길에서 다시 눈만 마주쳐도 오줌을 찍 싸도록 맹길어야지, 그래 안 하모 다시 대든다 아이가."

그렇다. 정치판과 깡패의 세계 사이에는 확실히 서로 통하는 바가 있고, 유사한 법치이 저용되는 것이다.


새로운 은혜를 베품으로서 과거의 피해를 잊도록 만들 수 있다고 믿는 것은 자기 기만에 빠지는 것이다……. 가해 행위는 모두 한꺼번에 저질러야 한다. 그래야 맛을 덜 느끼기 때문에 반감과 분노를 작게 야기한다. 반면에 시혜는 조금씩 베풀어야 한다. 그래야 맛을 더 느끼게 되기 때문이다.


이 말도 참 쓸모가 많은 말이다. 어쩔 수 없이 남한테 못되게 굴 때에는 눈 꽉 감고 한번에 해 버려라. (혹시 어쩌다가) 남한테 좋은 일 해줄 거면 온갖 생색 다 내면서 조금씩 조금씩 하면서 가능하면 오래 끌어라.


사랑을 받는 것이 바람직한가 두려움을 받는 것이 바람직한가? 사랑도 받고 두려움도 받는 것이 바람직하다. 그러나 동시에 둘 다 얻는 것이 어렵기 때문에 굳이 둘 중 하나를 선택해야 한다면 나는 사랑을 받는 것보다는 두려움을 받는 것이 훨씬 더 안전하다고 생각한다……. 이 점은 인간 일반에 대해서 말할 수 있다. 즉 인간이란 은혜를 모르고 변덕스러우며 위선자인 데다가 기만에 능하며 위험을 피하고 이득에 눈이 어둡다는 것이다……. 인간은 두려움을 불러일으키는 자보다 사랑을 받는 자에게 해를 끼치는 것을 덜 주저한다. 왜냐하면 사랑은 일종의 의무감에 의해서 유지되는데 인간은 지나치게 이해타산적이기 때문에 자신들의 이익을 취할 기회가 있으면 언제나 팽개쳐 버린다. 그러나 두려움은 처벌에 대한 공포로써 유지되며 항상 효과적이다.

이것은 중세부터 르네상스에 이르기까지 군주들에 대한 조언을 다룬 책에서 가장 자주 거론된 문제였다. 군주는 인민들에게 사랑을 받는 것이 좋으냐, 두려움을 받는 것이 좋으냐? 마키아벨리 이전의 사람들은 거의 대부분 이렇게 대답했다.

"아무렴, 사랑을 받아야 훌륭한 군주지!"

그러나 우리의 마키아벨리 씨는 견해가 다르다. 사랑을 받으면 좋기야 하지만 나라를 지키는 데에 그것은 거의 도움이 안 된다. 그보다는 평소 군주에 대해 무서움을 느끼도록 만들어 놓으면 반란을 일으킬 엄두를 못 낸다. 왜 그런가? 글쎄 인간은 원래 그런 법이라니까……. 그런데 인민들의 '두려움'을 받는 것은 필요하지만 그렇다고 '미움'을 받아서는 안 된다(양자는 엄연히 다르다). 어떻게 하면 사람들의 미움을 안 받을 수 있는가? 답은 의외로 간단하다.

이는 그가 인민들의 재산과 부녀자에게 손을 대는 일을 삼가면 항상 성취할 수 있다.

그래 놓고 하는 말이 걸작이다.

인간은 어버이의 죽음은 쉽게 잊어도 재산의 상실은 좀처럼 잊지 못하기 때문이다.

무기를 든 예언자는 모두 성공한 반면 말뿐인 예언자는 실패했다. 그것은 민중이 변덕스럽기 때문에 일어난다. 그들이 당신과 당신의 계획을 더이상 믿지 않으려고 할 경우 힘으로라도 그들로 하여금 믿게끔 강제할 수 있어야 한다.

우선 말을 잘 해야 한다. 그렇지만 말만 잘해서는 안 된다. 주먹도 세야 한다. 그래서 말하고 때리고 또 말하고 때리고 다시 말하고 때리고……. 그래야 된다. 무기를 든 예언자, 이쯤 되면 통하지 않는 곳이 없다.

로마냐 지방을 점령한 한 공작은 그 지역이 예전부터 무질서가 난무하는 곳임을 알게 되었다. 이곳을 평정하기 위해 레미로 데 오르코라는 잔인하지만 유능한 인물을 파견하고 그에게 전권을 위임했다. 그는 단기간에 질서와 평화를 회복했으며 사람들은 그를 두려워했다. 그러다가 공작은 이제 시민들의 반감이 높아졌다는 것을 눈치채고는 재판소를 설치하여 그동안의 엄격한 조치를 무마시켰다. 이제껏 행해진 잔인한 조치는 그의 잘못이 아니라 그의 대리인의 잔인한 성격에서 비롯되었다는 점을 보여주고자 했던 것이다. 그리고 적절한 기회를 이용하여 어느 날 아침 공작은 두 토막이 난 레미로의 시체와 형구들, 피묻은 칼을 광장에 전시했다. 이 참혹한 광경을 본 시민들은 한편으로 만족을 느끼면서도 경악을 금치 못했다.

마키아벨리가 매우 훌륭한 통치의 사례라고 드는 일이다. 정치가는 남의 미움을 받아서는 안 된다. 그럴 일이 있으면 남한테 시킬 것! 그런데 국민들이 쉽게 속느냐가 문제일 텐데, 물론 쉽지는 않지만 잘하면 얼마든지 가능하다.

능란한 기만자는 속고자 하는 사람들을 항상 쉽게 발견할 수 있다.

인간은 반쯤 길들여진 동물 같기 때문에 그들을 다루는 것은 주인, 즉 군주 하기에 달려 있다. 그렇다면 군주들은 어떻게 해야 하는가?

### 3. 책 읽어주는 남자 2

훌륭한 군주가 되는 법을 마키아벨리는 이렇게 설명한다.

아킬레스나 고대의 많은 유명한 군주들이 반인반수의 카이론에게 맡겨져 보호 양육되었다는 점을 지적하고 있다. 반인반수를 스승으로 섬겼다는 것은 군주가 이러한 양면적인 본성을 사용할 필요가 있다는 점을……상징한다.

너무 쉽다! 백성들이 대개 짐승 같은 자들이므로 군주도 짐승의 도를 배워서 터득해야 한다. 그런데 어떤 짐승을 본받는 게 좋은가?

군주는 여우와 사자의 기질을 배워야 한다. 사자는 함정에 빠지기 쉽고 여우는 늑대를 물리칠 수가 없다. 따라서 함정을 알아채기 위해서는 여우가 되어야 하고 늑대를 혼내주려면 사자가 되어야 한다.

현명한 군주는 신의를 지키는 것이 그에게 불리하게 작용할 때 그리고 약속을 맺은 이유가 더 이상 존재하지 않을 때 약속을 지킬 수 없으며 지켜서도 안 된다. 이 조언은 모든 인간이 정직하다면 온당하지 못할 것이다. 그러나 인간이란 신의가 없고 당신과 맺은 약속을 지키려고 하지 않기 때문에 당신 자신이 그들과 맺은 약속에 구속되어서는 안 된다.

세상에 약속 지키는 정치인을 봤는가? 약속은 지키자고 하는 것이 아니다. 약속을 안 지켰다고 마음 불편해 하지 마라(그런 나약한 마음씨를 가지고 있으면 정치판에 나오지도 마라). 사실 우리도 정치가가 약속을 안 지킨다고 너무 다그쳐서는 안 된다.

베네치아가 피렌체에 쳐들어왔을 때 밀라노보고 도와달라고 하면서 만일 당신네가 나중에 침략을 받으면 꼭 도와주겠다고 약속을 한다. 그래서 위기를 넘긴다. 그런데 몇 년 후에 진짜로 밀라노가 침략을 받았는데 그 침략한 나라가 프랑스라는 대국이다. 그러면 약속을 지킨답시고 우리도 프랑스에 대들어서 밀라노와 함께 장렬하게 죽을 필요가 있는가? 죽는 것은 밀라노 하나면 충분하지 않은가?

우리는 관망의 자세를 유지하면서 사태를 예의주시하고 경거망동하지 말 것이며 오직 조용히 우리 일에 힘쓰면 되는 것이다. 그러고는 느긋하게 우리 이웃이 혼나고 있는 모습을 구경하도록 하자. 곤경에 빠진 이웃을 돕지 못할 피치 못할 사정은 얼마든지 찾아낼 수 있다.

군주는 모든 좋은 성품을 실제 구비할 필요는 없지만, 구비한 것처럼 보이는 것은 반드시 필요하다. 심지어 나는 군주가 그러한 성품을 갖추고 늘 가꾸는 것은 해로운 반면에 갖추고 있는 것처럼 보이는 것은 유용하다고까지 말하겠다.

이건 또 무슨 말인가? 군주는 착한 마음씨를 가질 필요가 없는 정도를 넘어서 착해서는 안 된다. 다만 정말로 중요한 것은 마치 착한 것처럼 남에게 보이는 일이다. 조금 더 자세하게 설명해 보도록 하겠다.

군주를 만나는 사람들에게 그는 지극히 자비롭고 신의가 있고 정직하고 인간적이고 신실한 것처럼 보여야 한다. 그리고 이중에서도 특히 신실한 것처럼 보여야 한다. 이러한 문제에 관해서도 대부분의 사람들은 손으로 만져보고 판단하기보다는 눈으로 보고 판단하게 마련이다.

운명이란 우리 활동의 반의 주재자일 뿐이며 대략 나머지 반은 우리의 통제에 맡긴다는 생각에 이끌린다……. 운명은 자신에게 저항하기 위해서 아무런 힘이 조직되지 않은 곳에서 그 위력을 떨치며, 자신을 제지하기 위한 아무런 제방이나 둑이 없는 곳을 덮친다.

나는 신중한 것보다는 과감한 것이 더 좋다고 분명히 생각한다. 왜냐하면 운명의 신은 여신(女神)이고 만약 당신이 그 여자를 손아귀에 넣고자 한다면, 그녀를 거칠게 다루는 것이 필요하기 때문이다. 그리고 그녀가 계산적인 사람보다는 과단성 있게 행동하는 사람들에게 더욱 매력을 느낀다는 점은 명백하다. 운명은 여신이므로 그녀는 항상 젊은 사람들에게 이끌린다. 왜냐하면 젊은 사람들은 덜 신중하고, 보다 공격적이며, 그녀를 더욱 대담하게 다루기 때문이다.

인간사는 정말 뜻대로 되지 않는다. 죽어라고 일 안 되는 사람이 있고 웬일인지 매사가 술술 잘 풀리는 사람이 있다. 인간의 노력만으로 될 일이 아니고 운도 따라야 된다고 생각하지 않는가? 이를 전문용어 (!)로 운칠기삼(運七技三)이라 한다.

그러나 운이 전부를 좌우하는 것은 아니다. 같은 운이라 하더라도 인간의 노력 여하에 따라 많이 달라진다고 생각하고 매사에 임해야 한다. 운과 노력! 마키아벨리는 이것을 고전적인 용어로 포르투나 (fortuna)와 비르투(virtù)로 표현하였다.

이 말을 잘 뜯어보면 여권론자들이 너무 화가 나서 발을 동동 구를 표현이다. 운은 여성이니 앙칼진 성격으로 사람을 못살게 군다. 여기에 놀아나서는 안 된다. 이를 이겨내는 것은 오직 남성적인 힘이다. 비르투(virtù)는 덕(德)이라는 뜻과 동시에 남성적인 힘을 뜻한다.

여성은 가끔 거칠게 다루어줘야 오히려 좋아하는 법이니 과감하게 달려들어서 운을 손아귀에 넣어야 한다(정치 문제에 대한 비유가 아니라 진짜 남녀 문제에 대해서라면 이 말 자체는 사실이 아니다. 요즘에는 차라리 온화하고 부드러운 맛으로 승부하는 것이 더 낫다).

만국의 군주들이여, 각성하라.

## 4. 악마 같은 진실

《군주론》이 왜 '악마의 책'이라는 이름을 얻고 있는지, 왜 1559년에 교황청 금서목록(Index)에 올랐는지 쉽게 수긍이 갈 것이다. 그런데 요즘 풍조가 이상하게 돌아가서 이 책에 나온 내용을 곧이곧대로 받아들여서 일종의 처세술로 쓰려는 경향도 있는 듯하다.

그런 사람에게는 그냥 한마디만 해주고 싶다. 책 제목을 다시 봐라. 《군주론》! 이 책은 군주, 요즘 말로 하면 정치가들에게 하는 말이지,

우리 같은 일반 사람들이 세상살이 하면서 이대로 살라는 것이 아니다. 실제로 이 책의 내용을 그대로 실천했다가는 모두 끝이 안 좋을 것이 분명하다.

그렇다면 정치학적으로는 그 내용이 합당한 것인가? 이 책의 가치는 무엇인가? 거기에 대해서는 정치학자, 정치사상가, 역사학자 사이에 설이 분분하다. 그가 폭군을 위한 책을 썼다는 평가와 그러기 위해서라도 국민의 복리를 최대화해야 하기 때문에 정반대로 읽어야 한다는 평가, 근대 정치의 시작을 알리는 책이라는 평가와 오직 고대 로마를 이상으로 삼고 있는 회고적인 책이라는 평가, 그가 이상주의자라는 평가와 냉혹한 현실주의자라는 평가 등이 엇갈린다.

심지어는 과연 그가 이 책을 쓴 의도가 일반적으로 이야기하는 것처럼 정치에 대한 조언의 사례들을 전달해서 자신을 다시 발탁해 달라는 것이 아니라 가장 비현실적인 조언을 주어서 메디치 가문의 정치를 망하게 만들려는 의도였다는 주장까지 있다.

그런 모호한 점들을 놔두고 이 책에서 말한 것들만을 정리해 보도록 하자.

마키아벨리는 인간에 대한 고찰로부터 자신의 견해를 정리한다. 그의 책에서 "인간은 원래……하는 법이다" 같은 표현이 자주 등장한다. 그의 인간관에 따르면 인간은 반쯤 길들여진 짐승과 같다. 이들은 대개 바보라서 주인(즉 군주) 말을 잘 듣는 편이지만 그냥 두면 주인을 물려고 하는 수가 있다. 그러니까 주인으로서는 이것들을 적당히 잘 조정해야 한다. 그래서 적당히 먹이를 주고 적당히 채찍질을 해야 한다. 게다가 종종 이웃 목장 주인이 와서 우리 가축들을 훔쳐가는 수도 있으므로 그쪽에 대해서도 철저히 대비해야 한다.

이렇게 보면 마키아벨리는 정치가 무엇인가, 혹은 정치는 무엇이어야 하는가 등의 문제보다는 '어떻게' 정치를 해야 하는가 하는 기술적인 문제로 곧바로 나아간 셈이다. 국가, 권력, 인민, 권리 등의 기원이 무엇인가 하는 문제는 아예 제기도 하지 않았는데 그 이유는 그것은 따질 문제가 아니고 자명한 것이라고 간주하기 때문이다. 그렇기 때문에 그의 글은 명징성을 가질 수 있고 그래서 그가 거의 의도적으로 던지는 충격적인 표현들이 더욱 빛을 발하는 것이다.

그가 힘주어 이야기하는 바는 모두 국가를 보존하는 '수단'에 관한 것들이다. 그 수단들이 합리성을 갖는가, 즉 효율적인가만을 따진다. 개나 말을 어떻게 잘 다루느냐와 거의 동일한 차원이므로 거기에는 도덕이나 의무와 권리 등이 개재될 여지가 없다.

아마도 마키아벨리가 말하는 핵심은 '권력의 경제학'이라고 부를 수 있다. 쉬운 예를 들어 권투 선수를 보라. 흥분해서 주먹을 마구 휘두르면 결코 이길 수 없다. 정확하게 사태를 파악해서 냉정한 자세로 폭력을 휘둘러야 원하는 목표에 이를 수 있는 법이다.

또 달리 표현하면 권력과 폭력이라는 독극물을 적절히 사용하여 독으로도 쓰고 약으로도 쓰는 점에서 차라리 '권력의 약학'이라고 할 수도 있을 것이다.

물론 그가 그리는 세계는 기본적으로 16~18세기의 유럽이다. 그 이후가 되면 이 세계와 정치판 모두 대단히 크게 진화했기 때문에 마키아벨리의 생각이 전적으로 맞지는 않게 되었다. '문자 그대로' 받아들이면 이 책의 내용은 대부분 헛소리가 되고 만다. 그러나 이 책이 아직도 읽힌다는 사실 자체에서 알 수 있듯이 이 책은 우리가 살고 있는 '현실 세계'에 대해 오늘날에도 여전히 냉혹한 진실을 말해 주고 있다.

# 웃음의 사회학
■ 몰리에르의 《부르주아 귀족》

## 1. 어느 코미디언의 비극적 생애

몰리에르의 생애 가운데 유년기와 청년기 초반에 대해서는 알려진 것이 거의 없다. 다만 궁정의 실내 장식업자의 아들로 태어나 파리의 콜레주 드 클레르몽이라는 학교(오늘날에는 루이 르 그랑이라는 이름의 뤼세로서 명문 학교이다)에 다녔으며, 어린 시절부터 외할아버지를 따라 극장 출입을 자주 하다가 스물 한 살이 되는 해에 돌연 극단을 조직하여 연극을 시작하고 당시 제법 잘 나가던 여배우와 결혼을 한 사실 정도가 알려져 있을 뿐이다.

그러나 이 정도만 해도 우리는 몰리에르가 어떤 인물인지 감을 잡을 수 있을 것 같다. 그는 큰 부자는 아니지만 그럭저럭 먹고 살 만한 가정에서 태어나 가장 좋은 고등학교 중의 하나에 입학하였다. 계속 그런 식으로 나아갔다면 평탄하고도 유복한 삶을 살았을 이 머리 좋은 학생은 그러나 일찍이 '딴따라 세계'에 마음이 쏠렸고 결국 그 길로 들어서 버린다.

몰리에르.

유랑 극단을 한답시고 전국을 돌아다니지만 실패를 거듭하고 빚만 잔뜩 지게 된 단장 겸 배우 겸 매표원 겸 청소부…… 코르네유 같은 '클래식한' 비극 작가의 작품과 달리 넘어지고 쓰러지고 말장난하며 사람을 웃기는 삼류 저질 코미디나 한다고 비웃음만 샀던 작가.

그러다가 뒤늦게 어렵사리 빛을 보기 시작하자 곧 당대 최고의 희극작가 내지 '코미디의 황제(?)' 소리를 듣게 되고 결국 궁정에 들어가 국왕과 대귀족들 앞에서 작품을 공연하게 되었으며, 그 높은 분들을 위한 웃음거리를 만들어냈지만 그러면서도 이 세상을 조롱하고 비판하고 웃음거리로 만들었던 인물, 그러나 그 때문에 더더욱 광대니 화류계니 하는 소리를 들어야 했던 인물.

그러므로 번득이는 영감으로 빚어낸 웃음 뒤편에 진정 눈물 젖은 빵을 씹어보았던 자만이 할 수 있는 뼈아픈 비판이 숨겨져 있는 것도 당연한 일이다. 그러나 그의 생애 가운데 가장 그를 잘 보여주는 것은 차라리 그의 죽음을 전후한 광경이리라. 병이 깊어가고 있던 말년, 자신이 직접 주연을 맡은 작품에 출연하여 혼신의 연기를 하고 있던 그는 공연 도중 무대에서 쓰러져 죽고 만다.

그러나 당시 배우는 교회로부터 파문당한 사람들이었기 때문에 종교 의식을 제대로 치르지 못했고 정식으로 묘지에 묻힐 수도 없었다. 다만 그를 사랑하던 국왕 루이 14세의 명령에 의해 밤에 몰래 묘지에 묻히게 되었으니, 그의 인생의 피날레는 진정 비극적인 코미디였다.

교회는 왜 그를 파문했을까? 배우란 본질적으로 위험한 인물이기 때문이다. 신이 정해 준 질서, 인간이 제자리를 지키며 살아가게 되어 있는 이 세상에 대해 가상의 세계를 만들어 이리저리 비판하고 더구나 웃음거리로 만들다니……. 이야말로 질서를 근본에서 어지럽히는 자가 아니고 무엇이란 말인가?

## 2. 웃음

몰리에르의 희극 작품은 물론 웃고 즐기기 위한 것이다. 그런데 사실 '웃긴다'는 것이 정확히 무엇인지 아직도 나는 잘 모르겠다. 도대체 사람들은 어떤 때 웃는 걸까?

다음의 이야기를 보자.

리틀 자니는 여섯 살짜리 어린아이다. 그의 엄마는 과부였는데, 어느 날 자니가 바깥에서 놀고 들어오다가 엄마가 침대에 혼자 누워 있는 것을 보았다. 엄마는 자기 온몸을 어루만지며 "남자가 필요해, 남자가 필요해" 하고 혼잣말을 하고 있었다.

그런데 다음날 저녁, 엄마는 진짜 어떤 남자와 침대에 같이 있는 것이었다. 그것을 본 자니는 곧바로 자기 침대로 달려갔다.

그리고 자기 온몸을 어루만지며 이렇게 이야기했다.

"자전거가 필요해, 자전거가 필요해!"


대부분의 사람들은 이 이야기를 듣고는 웃을 터이나, 정작 그게 왜 우스운 건지 그 심리적 기제를 이야기하기는 쉽지 않다. 아주 기초적인 분석이겠으나, 웃음은 정상적인 것(norm)과의 차이를 순각적으로 인식할 때 일어난다고 할 수 있다.

앞 이야기의 마지막 부분까지는 대개 우리의 상식 내에서 이야기가 돌아가고 있다. 그러므로 우리는 이야기의 그 다음 부분 역시 우리가 대개 자연적으로 기대할 수 있는 내용이 이어지리라 생각한다. 예컨대 자니가 "여자가 필요해"라고 말할 것이라든가…….

그런데 결말에서 뜻밖의 내용이 나오고 그래서 순간적으로 우리는 우리가 정상적으로 생각하는 것과 이야기 사이에 어떤 '간격'을 느끼게 된다. 적어도 이와 같은 종류의 '간격'이 있지 않은 한 우리는 웃을 수가 없다. 사실 우리가 뻔히 알고 있는, 그리고 능히 짐작할 수 있는 내용이 이어진다면 그것은 결코 우습지 않다. 그렇다면 몰리에르의 작품 속의 웃음에서 그 '간격'은 대체 무엇일까?

몰리에르의 작품에는 여러 종류 혹은 여러 차원의 웃음 요소들이 혼재해 있다는 것을 알 수 있다. 기본적으로는 슬랩스틱 코미디의 요소들, 즉 배우들이 서로 때리고 넘어지고 뒹굴면서 웃기는 부분이 강하다. 몰리에르는 당시 유행하던 이런 수준의 코미디를 계승한 것이라 할 수 있다. 혹은 굳이 그것을 계승했다고 말하기보다는 차라리 어느 시대, 어느 사회에서라도 존재하는 기본적인 연희의 요소라고 하는 것이 맞을지도 모르겠다. 그리고 물론 여기에 언어 유희의 재주가 더해진다. 말장난, 사투리 흉내내기, 촌철살인의 재담 등 이런 것은 몰리에르의 천재성이 빛나는 부분이다.

중요한 것은 몰리에르가 이 수준의 코미디에서 한 걸음 더 나아가서 당시 사회가 안고 있던 풍속 문제의 근본 원인에 대해 날카롭게 지적하고 있다는 점이다. 말하자면 '삼류 저질 코미디'를 가지고 인간과 사회의 심층을 탐구하는 수준으로 끌어올린 것이다. 그러므로 우리는 그의 작품을 접하면서 때로는 깔깔거리며 웃을 수도 있고 때로는 점잖게 '영혼의 웃음'을 지을 수도 있는 것이다.

그 자신은 자기 작품에 대해 "웃으면서 풍속을 고친다"고 이야기한 바 있다. 풍속을 고친다는 것이 무엇인가? 어렵게 따질 것 없이 그 당시 사회의 돌아가는 사정을 예리하게 꿰뚫어 알고 있으며 거기에 대해 비판을 가하는 것이 아니겠는가.

이제 《부르주아 귀족》의 이야기로 들어가 보자(우리 나라에는 《서민 귀족》이라는 이름으로 번역되어 있는데, 엄밀히 말하면 일종의 오역이다).

주인공 주르댕 씨의 아버지는 파리 한복판에서 옷감 장사를 크게 해서 한 재산 모은 사람이고 주르댕 씨 자신도 막강한 재력을 가지고 있다. 그야말로 가진 것이라곤 돈밖에 없는 사람으로서, 배운 것 없고 신분이 낮아서 속앓이를 하는 사람이다.

그의 소원은 오직 귀족이 되는 것, 귀족처럼 사는 것이다. 그래서 검술 선생, 음악 선생, 무용 선생, 철학 선생을 가정교사로 초빙하여 귀족적인 기예와 지식을 배우려고 한다. 물론 이 희극 작품에서 이 선생들은 주르댕의 돈에만 눈이 팔려 있으며, 그래서 그에게 말도 안 되는 것들을 가르친다.

주르댕이 당면한 두 가지 문제는 자신과 딸의 연애 사건이다. 그 자신은 어느 후작 부인을 사랑하려 하는 동시에 자기 딸은 귀족 남자에게 시집보내려고 한다. 그러나 후작 부인은 사실 다른 몰락한 귀족의 연인으로서, 이 몰락한 귀족은 주르댕을 속여서 돈을 빼앗기 위해 후작 부인을 미끼로 이용할 따름이다. 또 그의 딸은 어떤 젊은이와 사랑에 빠져 있지만 주르댕은 그가 단지 귀족이 아닌 부르주아 출신이라는 이유만으로 물리쳐 버린다.

이런 상황에서 주르댕의 부인은 남편이 허황된 망상에 빠져 있다는 것을 깨닫고 계속 그에게 정신 차리라고 훈계한다. 약간의 얽히고 설킨 갈등 끝에 결국 사람들은 딸의 연인이 터키 황제라고 속여서 딸과 결혼시키는 데 성공한다.

이와 같은 줄거리에서 곧바로 알 수 있듯이 이 작품의 기본적인 갈등은 '부르주아' 인사가 귀족이 되려고 한다는 점이다. 당시 재산을 많이 축적한 부르주아들이 성장해 가고 있었고 그와 동시에 신분은 높되 재산이라고는 하나도 없는 —— 그래서 이 작품에 나오는 것처럼 부르주아를, 혹은 농민들을 갈취하는 —— 귀족들이 많이 존재했다.

성장하는 부르주아와 기존의 지배계층인 귀족 사이의 갈등! 조선시대에 양반에게 푸대접 받은 돈 많은 상민으로부터 오늘날 우리 사회에 지천으로 깔린 졸부들까지 위로 치고 올라오는 계급의 신분상승 문제, 이것은 변화의 시기마다 어김없이 터져 나오는 기본적인 사회 문제인 것이다.

몰리에르는 이런 갈등의 상황을 만들고 그 상황에서 여러 부류의 사람들이 서로 싸우게 만든다. 관객들은 그 싸움을 재미있게 구경하는 가운데(남이 싸우는 것을 구경하는 것만큼 재미있는 일도 없다)

“풍속을 교정”한다는 것이다.

주르댕 씨는 모든 면에서 그 당시 부르주아가 직면한 문제를 보여준다. 부르주아라면 거기에 합당한 삶의 방식이 있다. 그 규준을 가장 정확하게 인식하고 있는 사람은 주르댕의 부인이다. 그런데 주르댕은 그 규준에서 벗어나 귀족을 지향한다. 이 ‘간격’이 말하자면 이 연극에서 웃음을 초래하는 동력원이다.

그 갈등은 구체적으로는 여러 갈래로 가지를 친다. 하나는 물론 부르주아와 귀족 사이의 계급적 긴장이며, 다음은 딸의 결혼을 둘러싼 세대간의 긴장이며, 또 다른 하나는 그와 부인 간의, 남녀간 긴장이다. 이 모든 긴장을 한몸에 지니고 있는 주르댕은 그야말로 위기의 계급으로서 부르주아를 잘 나타내고 있다. 부르주아는 당시 사회에서 가장 중요한 갈등의 무대 그 자체였던 것이다. 몰리에르는 이러한 사회의 구조적인 변동을 예리하게 느끼고 있었으며, 그것을 자신의 작품 속에 집어넣었다.

사실 주르댕의 입장에서라면 도저히 넘볼 수 없는 그 사회적 힘 앞에 무너질 수밖에 없다. 그 운명 같은 힘 앞에서 한 인간이 무너질 때, 특히 출중한 인간이 비장하게 쓰러지면 비극이 될 것이다. 그런데 주르댕처럼 우스꽝스런 인물이 갈등을 겪다가 그럭저럭 행복하게 결말을 맺으면 그것은 희극이 된다.


## 3. 자유롭고 위험한 영혼

다시 원래의 지점으로 되돌아가 보자. 왜 웃기는가? 왜 웃는가?

몰리에르의 입장에서는 차라리 웃을 수밖에 없다고 해야 할지 모르겠다. 그의 ‘입장’이라고 했는데, 사실 그것이 아리송한 면이 없지 않

자본주의 질서 속에서 휘둘리면서 동시에 그것을 비웃었던 코미디언 찰리 채플린.

다. 그는 국왕과 대귀족들 앞에서 그의 작품을 공연했고 그래서 《부르주아 귀족》의 이야기는 귀족을 섣불리 따라오려는 멍청한 부르주아를 비웃는 것으로 되어 있다. 혹시 귀족을 욕하는 경우가 있다 하더라도 그것은 몰락한 소귀족, 지방에서 농민들이나 괴롭히고 있는 잔반(殘班) 세력들을 손가락질하는 정도다. 그들은 귀족성을 잃어버렸거나 배신한 인물들이기 때문에 놀림을 받아도 무방하다.

그러나 가장 심하게 욕을 먹고 있는 부류들은 철학자, 음악가, 의사 등 전문 지식을 가지고 있으나 그것을 악용해서 돈을 우려먹는 자들이다. 이렇게만 보면 몰리에르는 참으로 보수적인 작가라 하지 않을 수 없다. 그는 기존 지배층의 입장에 서서 밑에서 올라오는 사람을 악의적으로 조롱하고 있기 때문이다.

그런데 그게 정말 그런가? 표면적인 이야기로는 그렇게 말할 수 있다 하더라도 그가 결코 어디에 매여 있는 것 같지는 않다. 그는 자유롭게 까불고 다니며 마음껏 떠들어대고 있다. 귀족이든 부르주아든 누구든 상관이 없다. 사실 "떠오르는 부르주아 계급" 운운하는 말에 너무 큰 의미를 부여할 필요도 없다.

물론 이 작품의 주르댕 부인의 말과 태도를 보면 몰리에르는 새로이 상승하는 이 돈 많은 인간들의 '계급의식', 혹은 그들의 자기 정체성을 확인하고 있는 것으로 보이지만 몰리에르 자신의 출신 성분을 보면 요즘 의미의 부르주아라기보다는 그 어디에도 확실히 끼지 못하는 '잡계급(雜階級)' 출신이라고 하는 것이 더 타당하다. 그런 만큼 그는 자유롭게 그 사회의 여러 간격들을 이리저리 넘나들며 거칠 것 없이 자신의 재치를 뽐낼 수 있었던 것이다.

그러나 사회의 질서를 가지고 노는 것은 위험한 일이다. '당국'은 그런 자를 그냥 내버려두지 않는다. 당시 사회의 여러 부류의 인간들을 조롱하던 이 위험한 광대가 교회로부터 파문당하여서 죽은 다음 누울 자리 하나 잡기 힘들었던 것도 쉽게 이해할 수 있는 일이다. 다시 200년이 흘러 자본주의 질서를 마냥 비웃었던 채플린이 그 사회에서 추방되었던 것 역시 당연한 일이다. 그로부터 다시 몇십 년 후 유머 감각이라고는 전혀 없는 독재자 앞에서 한국의 어느 코미디언이 "가갈갈갈" 하면서 웃기려다가 실패하여 그만 방송 출연이 정지당했다던가, 또 다른 코미디언이 하필 대머리 독재자와 비슷하게 생긴 불경죄를 저지른 까닭에 숨어살아야 했던 것은 그 자체가 하나의 슬픈 코미디다.

권력은 웃음을 용납하려 하지 않는 경향이 있다.

# 시대를 증언한 철학적 우화
■ 볼테르의 《캉디드 혹은 낙관주의》

## 1. 어느 못된 철학자의 생애

여기 명민하고 마음씨 고약한 철학자가 있다.

그는 1694년 파리에서 프랑수아 아루에 씨의 다섯 째 아들로 태어 났다. 태어날 때부터 병약해서 누구나 곧 죽을 것이라고 여길 정도였 다. 그가 평생 달고 다닌 병만 해도 점막 염증, 이질, 가려움증, 천연 두, 인플루엔자, 열병, 복통, 단독, 통풍, 졸증, 폐충혈, 괴혈병, 헤르 페스, 류머티즘, 배뇨 곤란, 난청, 소화불량, 수종, 이 빠짐, 목소리 상실, 신경염, 눈이 안 보이는 증세, 마비 등 수도 없이 많았다.

그러다 보니 늘 자신이 병에 시달리고 있다는 소리를 하기 좋아했 고, 12시간 중에 2시간만 통증이 없어도 행복하겠다고 하소연했다. 더 나아가서 자신은 죽음을 달고 다닌다고 말하곤 했는데 이러기를 80년을 살다 갔다.

그의 집안은 공증인 가문으로서 상당한 부를 누렸고, 루이 르그랑 이라는 파리의 명문 고등학교를 나왔다. 학교 다닐 때에는 공부도 열

볼테르.

심히 하고 또 잘했으며, 그래서 자기 아버지의 업을 잇기 위해 법학 공부를 했으나, 시인이 하기에는 너무 따분하다고 느껴서 걷어치우고 말았다. 연애 사건이 뒤를 이었고, 정부 당국을 비판했다가 바스티유에 11개월 동안 감금되기도 했다. 바스티유 감옥은 생긴 몰골은 흉악했으나, 실제로는 그 안에서 비교적 편안한 옥살이를 할 수 있었고, 남는 시간을 이용해서 작품을 쓸 수도 있었다.

그리고 여기에서 귀족식으로 멋진 이름을 하나 지어 가지고 나왔으니 그것이 평생 그의 필명이 된 M. Arouet de Voltaire(아루에 드 볼테르)였다. 귀족과의 결투 사건으로 두 번째로 바스티유에 갈 처지가 되었는데, 이 골칫덩어리를 데리고 있으면 계속 골머리를 싸고 고생하리라고 생각해서인지 당국은 희한한 조건을 제시했다. 즉 영국으로 망명을 가면 석방하겠다는 것이었다.

그 결과 볼테르는 뜻하지 않게 영국으로 건너가게 되었는데 천부적인 어학 실력으로 금세 영어를 익혀서 영국의 고전들을 읽고 이 나라의 사회, 정치, 문화 등을 폭넓게 배우게 되었다. 영국 체류는 그의 사상 형성에 무슨 의미가 있는 것일까? 프랑스 혁명과 같은 '파괴적인' 방식이 아니라 영국식 합리주의, 자유주의 사상에다가 관용, 개인의 자유, 그리고 정치적으로 온건한 입헌 군주제를 지향하는 그의 사상적 경향과 그 어떤 관계가 있는 것일까?

이에 대해 후대 영국의 학자들은 볼테르가 영국에서 모든 것을 다 배웠다고 주장했으나, 프랑스 학자들은 볼테르는 영국으로 건너가기 전에 이미 사상적으로 완숙해져 있었기 때문에 영국에서는 배운 것이 하나도 없다고 주장한다. 제3국인인 우리로서야 누구 편이 맞다고 섣불리 단언할 일은 아니다. 다만 프랑스에서 배태된 다음에 영국의 영향을 입어 그의 사상이 완성되었다고 말하면 무난할 것이다.

그는 영국에서 포프, 스위프트, 게이, 영, 톰슨 등 당대의 문인, 사상가들과 교류하면서 로크, 베이컨, 뉴턴 등을 알게 되었다. 시인으로서 영국에 온 볼테르는 철학자가 되어 프랑스로 귀국하였다.

볼테르가 우리 식의 '선비'와 분명히 다르다는 것은 그가 돈 버는 기막힌 재주를 가졌다는 점에서도 확인된다. 그는 아주 엄청난 재산을 소유하고 있었는데, 명확한 자료는 없으나 뭔가 은밀한 방식까지 사용한 듯하다. 매뉴팩처(경제사 교과서에 나오는 그 매뉴팩처!)에까지 투자했다고 기록되어 있는데 요즘 말로 하면 잘 나가는 벤처에 투자해서 한몫 잡았다고 보아도 될 듯싶다. 이 방면에서 그의 성품은 아주 욕심이 많은 것으로 알려져 있어서, 정말로 철저하게 돈을 모았던 모양이다. 그러나 쓸 때에는 상당히 관대하게 베풀었다는 말도 있으니 그야말로 개같이 벌어서 정승같이 썼다고나 할까.

그의 결혼 생활도 범상치는 않다. 그가 결혼한 샤틀레 부인은 아름다운 여인일 뿐 아니라 보통 사람 같으면 약간은 부담스러울 정도의 박식을 자랑하던 사람이었다. 이탈리아어와 라틴어를 잘 알아서 열

다섯 살에 베르길리우스를 번역하였을 뿐만 아니라 뉴턴의 《프린키피아》를 번역하여 프랑스에 사실상 처음으로 뉴턴의 과학을 소개하였다. 또 수학, 물리학, 천문학이 취미인 데다가 시, 연극, 역사, 그리고 《성경》 비판에도 능했고, 라이프니츠를 이해하는 독자였다.

이 두 지성은 그래서 서로 돕고 경쟁하면서 공부에 매진했고, 실험실을 세워서 같이 실험을 하였다. 특히 《성경》에 대해서 두 사람이 꼼꼼하게 연구하며 비판했는데, 그들이 내린 결론은 당시에는 대단히 충격적인 것이었다. 《성경》은 믿을 수 없는 사건, 야만적인 이야기들, 모순에 찬 증언, 비도덕적인 일화 등으로 가득 찬 혼란의 덩어리라는 것이다. 대개 기독교를 비판하는 사람들이 원래의 신앙 그 자체는 진정한 가치를 가지고 있으나 후대의 사람들이 썩어서 물이 흐려진 것이라는 식으로 이야기했던 데 비해 이들은 본격적으로 기독교를 거부했다. 이것이 볼테르 사상의 핵심을 이룬다.

바보와 악당이 존재하는 한 종교가 존재한다. 여러 종교 중에서도 우리 것(기독교)이 가장 우스꽝스럽고 불합리하고 유혈적이다. 기독교를 만든 것은 불관용과 광기다.

한마디로 성경은 미신이다! 그렇다면 그는 무신론자인가? 아니다. 그의 사상은 이신론(理神論. deism)이라 이름붙일 수 있다. 그가 말하는 신은 '제1원인'에 가깝다. 이 거대한 우주를 그토록 정교하게 만든 것은 정말로 신의 솜씨이지만, 그 신께서 시시콜콜 우리 세상일에 간섭하면서 기도를 열심히 한 누구는 대학 시험을 잘 보게 만드시고 누구는 복권도 당첨되게 해주시고, 또 다른 자는 사업을 홀랑 망하게 만들어서 벌을 주시는 따위의 일은 하지 않으리라는 것이다.

따지고 보면 나 역시 그 비슷한 생각을 하는 부류의 인간은 아닌가 자문해 보곤 한다. 교회 입장에서 보면 무신론자나 이신론자나 모두 환영할 만한 부류는 아닐 터이지만 무신론자보다는 이신론자가 더 얄밉지는 않을까?

볼테르는 프랑스 내에서 발붙이기는 암만 해도 힘들었을 것이고, 그래서 스위스의 페르네에 저택과 마을을 단장하고 전 유럽의 지성들을 맞이해서 토론을 벌이면서(스스로를 "전 유럽에 대한 여관 주인"이라고 관대하게 불렀다) 자기 생각을 설파했다. 많은 경우 이런 인간도 마지막 순간에는 회개할 법도 한데, 임종 때 사제가 찾아와서 성사를 해주겠다고 하자 "나 좀 평화롭게 죽게 내버려 달라"고 하며 거부한 것을 보면 죽을 때까지 자신의 생각에 투철했던 것 같다.

## 2. 캉디드

그의 저작은 실로 엄청나게 많아서, 파리의 국립도서관에서 커다란 서가 하나를 가득 메운 그의 전집을 보고 그만 주눅이 들었던 기억이 있다. 그러나 전문 연구자들 외에 일반 독자들에게 아직도 읽히는 책은 사실 그리 많은 편은 아니고, 가장 유명한 작품인 《캉디드》 정도만이 널리 알려져 있다.

이 작품은 근대적인 소설은 아니다(근대 소설 탄생 이전의 작품이라는 점을 밝히는 것이 온당한 일이리라). 이 작품이 걸작인 것은 분명하지만 온갖 전통적인 장르들 —— 철학적·사회적 풍자, 알레고리, 동화, 동양의 설화 등 —— 을 섞은 다음 잘 걸러낸 '이야기'라 할 수 있다.

이 이야기의 줄거리는 비교적 단순하다. 저자는 최소한의 사실성마

무지몽매한 종교인들에 의하여 화형 당하게 된 캉디드 일행.

저도 무시한 채 황당한 이야기들을 마구 펼쳐간다. 네덜란드의 평화
로운 성인 툰더-텐-트롱크에 퀴네공드라는 이름의 영주 딸과 캉디
드(Candide)라는 이름 그대로 순진무구한 소년이 살고 있다.

그는 그의 스승인 철학자 팡글로스에게서 낙천주의 철학을 배웠는
데, 그 내용은 이 세상은 가능한 한 최선의 상태로 되어 있다는 것이
다. 그러나 그의 철학과는 모순되게도 어느 날 캉디드가 사랑하는 퀴
네공드와 키스를 하다가 영주에게 들켜서 성 밖으로 쫓겨나게 된다.

그는 배운 대로 이 세상이 최선의 상태라고 믿으려 하지만 현실은

전혀 그렇지 않다. 그는 독일의 군대에 징집되었다가 죽을 고생을 하기도 하고, 포르투갈에서는 지진을 겪은 데다가 교회에 의해 속죄양으로 화형까지 당할 뻔한다. 이런 식으로 그는 사랑하는 퀴네공드를 만날 날을 고대하며 에스파냐, 신대륙, 프랑스, 베네치아를 거쳐 콘스탄티노플에 이르기까지 "이 세상을 겪어나간다."

그동안 그가 본 것은 어리석고도 폭력적인 전쟁, 강간, 종교적 불관용, 노예제, 강도, 살인, 질병, 지진 등 온갖 부조리하고 불행한 일들뿐이다. 오직 한 군데 행복을 맛볼 수 있었던 곳은 신대륙의 엘도라도였으나, 신화 속의 이 세계에서만 완전한 행복이 보장된다는 점은 역설적으로 이 세상 어디에서도 완벽한 행복은 가능하지 않다는 점을 강조하는 듯 보인다.

그 험한 여정 끝에 다다른 종점에서 그는 어떤 생각을 하게 되었는가? 이곳에서 드디어 사랑하는 퀴네공드를 만났지만 그녀는 이제 형편없이 못생기게 되었고 백 번 강간을 당한 데다가 입담도 아주 험하고 걸진 쪼그랑 할머니가 되어 있었다.

그의 스승 팡글로스 역시 이곳에서 함께 사는데, 그는 아직도 자신의 낙관주의 철학을 완전히 버리지 못했지만, 사실대로 말하면 팡글로스라고 그의 철학이 틀렸다는 것을 모르는 바 아니나 한 번 말한 이상 끝까지 이야기해야 한다고 믿기 때문에 여전히 낙관주의 철학을 말하고 있을 따름이다.

캉디드는 이제 이 상황에서 자신의 생각을 다시 정리한다. 그것은 이 험한 세상을 겪어내면서 얻은 최소한의 지혜다.

"이제 우리의 밭을 갈아야 합니다."

그러자 팡글로스가 이렇게 덧붙인다.

"그렇다네. 에덴 동산에서 살던 사람들도 일을 하게 되어 있었다네."

중간에 동행하게 되어 이들과 함께 살게 된 마르탱 역시 이렇게 말한다.

"따지지 말고 일합시다. 그것이 이 세상을 그래도 견딜 수 있게 만드는 유일한 방법이니까요."

사실 이 세상은 에덴 동산이 아니다. 이야기의 처음에 나온 툰더-텐-트롱크 성은 캉디드에게는 잃어버린 낙원으로 기억되었지만 사실 그곳이라고 결코 낙원은 아니었다. 이야기의 마지막에 도달한 곳 역시 마찬가지다. 그렇다. 이 세상은 에덴 동산이 아니고, 그래서 최소한의 행복을 얻기 위해서는 우리의 밭을 갈아야 한다.

결국 이 세상은 가능한 한 최선의 상태로 되어 있지는 않은 것이다. 다만 노동을 통해 —— 아주 넓은 의미의 노동이겠으나 —— 우리가 견딜 수 있을 정도의 최소한의 행복을 얻을 수는 있고, 그렇게 해서 우리는 이 세상을 조금씩 고쳐나갈 수는 있다. 그런 점에서 보면 이 작품은 비관적이라기보다 차라리 어떤 가능성을 열어두고 있다.

'인간은 다 그런 법'이라고 할 수 있으리라. 천년 전에 매가 비둘기를 잡아먹었듯이 오늘날에도 매는 비둘기를 잡아먹는다. 그것이 매의 본성이기 때문이다. 인간의 본성도 마찬가지다. 늘 전쟁을 하고 죄를 저지르고 서로 못살게 군다. 왜 인간이 그 모양이냐고 따지지 말라.

한 이슬람교 승려는 그 점을 이렇게 표현한다.

황제가 큰 배를 이집트에 보낼 때 그 배 안에 끼어 살고 있는 쥐들이 행복한지 불행한지, 그 쥐들이 유덕한 놈들인지 부도덕한 놈들인지 황제가 무슨 걱정을 하겠는가? 이 세상도 그와 같다. 이 우주 안에 빌붙어 사는 우리는 커다란 배 안의 쥐와 다를 바 없다. 쥐들은 이 배가 영원히 지속될 것인지, 설계사가 누구인지, 또 그 설계사가 왜 이 배를 지었는지 모른다("이 우주를 지은 창조주는 내가 알기로 아직 그의 비밀을 우리에게 알려준 바가 없다").

이들은 단지 자기 생명을 보존하고, 자기 구멍에 개체 수나 불리고, 자기를 잡아먹을 사나운 짐승을 피하려고 할 뿐이다. 그러니 인간의 천성이 덕성스러워지리라고 애초에 기대하지 말자. 그렇게 생각하고 나면 그 다음에 차라리 이 세상에서 최소한의 행복을 맛볼 수 있다. 밉살스럽게 된 퀴네공드가 과자를 잘 굽는 재주 하나는 가지고 있듯이…….

### 3. "이제는 우리의 밭을 갈아야 합니다"

앞에서 이야기한 것처럼 이 이야기가 아무런 사실성도 없고(죽은 사람이 살아나고 우연히 모든 사람들이 만나기도 한다) 너무 느슨한 모양새를 가지고 있지만, 형식이 문제가 아니라 그 안에 담긴 것이 중요하다는 것은 말할 필요도 없다. 그 점을 고려하고 나서 보면 이 작품은 시대정신의 절정으로서, 그의 시대가 이 작품 속에서 이야기를 하고 있다고 해도 과언이 아니다.

볼테르는 계몽주의 철학자이고 계몽주의 철학은 프랑스 혁명을 배태한 사상적 흐름이다?…… 역사 교과서에는 그렇게 쓰여 있다. 혁명? 반드시 틀렸다고 할 수는 없으리라. 볼테르의 사상이 혁명으로 나아가는 큰 흐름의 하나인 것은 분명하기 때문이다.

그렇지만 그가 혁명을 예고하였던 것은 아니다. 그 정도가 아니고 만일 그가 조금 더 오래 살아서 프랑스 혁명의 상황을 보았다면 까무라쳤을 것이다. 시민들이 무기를 들고 시내에 몰려다니고 감옥에 갇한 귀족들을 불러내서 즉결 처형해 버리고, 게다가 국왕을 재판에 회부하여 사형에 처하는 광경을 보았다면 그가 달고 다닌 여러 병 목록에 심장마비가 하나 덧붙여졌을 것이다. 그는 각 개인의 품위는 믿었으나 군중의 힘을 믿은 것은 아니다.

그는 귀족주의자이고 열렬한 군주정 옹호론자였다. 그에게 어울리는 말은 차라리 개선, 잘해야 개혁이다. 평등이니 제한 없는 자유니 혹은 심지어 교육의 확대 등에도 그는 반대했다. 그가 말하고 싶은 것이 있다면, 인민들의 부담을 덜어주고 그들이 최소한 살 가치가 있는 삶을 살도록 귀족과 엘리트들이 자제해야 한다는 것에 가까웠다. 즉 관용과 관대함을 가진 귀족이 그의 목표치였다.

그런 점에서 보면 그는 온갖 독설을 다하여 '쎄게' 이야기했지만 정작 그 내용은 얌전한 편이었다. 이 세상을 뒤집어엎기보다는 조금씩 개선해 나가자는 것이고, 인간은 이성을 가지고 있으므로 그것이 가능하다는 것이다.

이 세상은 험하고 더럽고 악독하지만, 그리고 우리 인간의 이성도 분명 한계는 있지만, 그래도 조금씩 조금씩 무지와 몽매를 이겨나갈 수 있으리라는 것 —— 만일 그것마저도 부정해 버린다면 너무 허망하지 않을까?

그러니 일단은 아무 소리 말고 우리의 일을 열심히 하자. 프랑스 식 표현대로 "입 다물고 계속 헤엄쳐!(Tais-tois et nage)."

# 동화 1
■ 인어공주와 필로멜라의 목소리

## 1. 동화와 폭력성

우리가 익히 아는 동화의 '원본'들이 실상 엄청난 폭력으로 뒤덮여 있다는 것은 잘 알려진 사실이다. 예컨대 그림 동화에서 신데렐라의 계모와 언니들은 친엄마의 영혼을 상징하는 새들이 내려와서 눈을 파먹어 장님이 되는 것으로 끝난다.

유럽 판본은 그 정도에서 끝나지만 일본판에서는 이들을 통에 넣어 끌고 가서 절벽 아래로 굴려 버리고, 인도네시아 판에서는 이들을 죽여 살을 벗긴 다음 젓갈을 담근다! 신방의 침대에 대꼬챙이를 꽂아서 오빠와 새언니를 죽인다든지, 엄마가 아들을 잡아서 요리를 한 다음 아빠가 맛있게 먹는다는 이야기들도 있다.

또 한 가지 주목할 점은 이런 동화의 기본 주제는 대개 성(섹스와 젠더 두 가지 모두에서) 문제라는 사실이다. 예컨대 백설공주 이야기는 한 소녀가 성적으로 어른으로 성장하면서 부모와 겪는 콤플렉스의 극복 과정을 이야기하고 있다. 부모와의 정신적 갈등, 특히 성과

동화의 정신분석에 대한 고전인 브루노 베
텔하임 저서의 불어본 표지 그림.

결부된 갈등을 이겨내기 힘든 소녀는 어린아이의 상태로 되돌아감으로써 문제 자체를 피하려고 시도하지만(일곱 난쟁이는 성적으로 성장하지 못한 '꼬마 고추'를 상징하며 이들의 보호를 받는다는 것은 어린이 상태로 퇴행함을 의미한다), 그런 퇴행이 문제의 해결이 되지 못해서 결국 사과를 베어먹는(즉 섣불리 성을 알게 되는) 위험을 겪는다. 이런 과정을 거쳐 어린 소녀는 어른으로 성장하여 행복한 결혼과 성을 누린다.

안데르센 동화는 창작물이면서도 전래 동화 내지 전래 민담과 기본적으로 같은 계열에 있다. 특히 그의 작품 속의 폭력성은 기존의 이야기들을 능가하면 능가했지 결코 그만 못한 것이 아니며, 더구나 그 폭력의 대상이 어린이를 괴롭힌 '나쁜 사람들'이 아니라 바로 주인공

어린이에게 돌아가고 있다는 점에서 더욱 충격적이다.

어린이가 겪는 고통을 정말로 가슴 아프게 그린 걸작 중의 하나는 〈성냥팔이 소녀〉일 것이다. 설날 전야, 북유럽의 그 추운 거리에 맨발의 소녀가 성냥을 팔려고 돌아다닌다. 집에는 천장이 뚫려 있어서 추운 바람이 그대로 들어오는 데다가 그나마 성냥을 하나도 팔지 못한 채 들어가면 주먹질을 해대는 아버지가 기다린다. 그것이 무서워서 이 소녀는 결국 집으로 돌아가지 못하고 골목길에 주저앉는다.

하루 종일 굶은 이 소녀에게 어느 집 창문 너머로 잘 차려진 저녁 식탁이 보인다. 그녀가 할 수 있는 것은 성냥을 하나씩 그어 손과 맨발을 녹이며 환상에 젖는 것……. 이 소녀가 환상 속에서 본 살찐 거위가 뒤뚱뒤뚱 걸어오는 모습은 안데르센 자신처럼 진짜 굶어본 사람만이 생각해 낼 수 있는 환상이 아니었을까?

그날 밤, 이 어린 소녀는 성냥 한 움큼을 켜면서 추운 겨울밤을 보내다가 얼어죽는다. 그녀의 영혼은 "이 세상에서 유일하게 친절했던" 할머니의 품으로 간다.

〈분홍신〉은 또 어떤가? 단지 예쁜 발레 슈즈를 탐했다는 죄 때문에 카렌은 벌겋게 달아오른 신발을 신고 죽을 때까지 춤을 추도록 되어 있다.

"너의 피부가 해골처럼 바짝 마를 때까지 춤을 추면서 돌아다녀야 하며, 집집마다 말 안 듣는 어린이들이 너의 그 모습을 보고 두려움에 떨어야 한다."

천사의 이 말은 카렌에게 죽을 때까지 지속되는 고통과 인간으로서 참을 수 없을 정도의 모멸을 동시에 선고하는 것이다. 결국 카렌은 자신의 죄를 뉘우치고 사형집행인의 도움을 받아 도끼로 양다리를 자른 다음에야 용서를 받는다. 이것이 정말 아이들에게 읽으라고 한 동화 맞는 것일까?

우리 나라에서 나온 동화책을 보니, 이 끔찍한 장면을 차마 그대로 전하지 못하고, 교회에 가서 열심히 기도한 결과 하느님의 용서를 받았다는 식으로 처리했는데, 이것은 능히 이해할 수 있는 일이다. 오늘날의 감각으로는 그런 폭력성을 그대로 받아들이기가 쉽지 않기 때문이다.

### 2. 인어공주

〈인어공주〉는 안데르센의 작품 중에서도 잔혹한 폭력성과 냉엄한 기독교의 도덕성이 한층 두드러지는 작품이다. 그리고 그런 점들이 너무나도 아름다운 문장 속에 서늘하게 녹아 있다. 우리가 이 작품에서 특히 주목하려는 점은 여성이 침묵 속에 고통을 강요당하는 점이다. 인어공주가 수면 위의 세계로 올라가기 위해서는 왜 목소리를 잃은 채 칼날 위를 걷는 듯한 고통을 겪어야만 하는 것일까?

〈인어공주〉의 기본 줄거리는 잘 알려져 있다.

바닷속 왕국에 여섯 공주가 살고 있다. 이들은 열 다섯 살이 되면 수면 위로 올라가서 세상 구경을 하고 올 수 있다. 그래서 차례로 위의 언니들이 '저 높은 곳'을 보고 왔다. 드디어 막내 역시 열 다섯 살이 되던 해, 그녀는 할머니가 해주는 대로 치장을 하고 물위로 올라간다(안데르센 작품의 특징은 어머니가 일찍 돌아간 대신 할머니가 자상하다). 마침 그때 커다란 배가 지나가고 있었는데 그 안에는 생일을 맞은 왕자가 파티를 하고 있었다. 선창 너머로 들여다본 인어공주의 눈에 들어온 아름다운 왕자……. 인어공주는 왕자에 반해 사랑에 빠진다.

디즈니사에 의해 각색된 〈인어공주〉는 원작에서의 잔인성을 완전히 '순화'시켜서 아름답고 유쾌한 세계로 변모시켰다. 그 과정에서 동화가 원래 가지고 있는 기능, 즉 어린이가 진정한 어른으로 성장해 갈 때 겪게 되는 위기를 무의식의 차원에서 이야기의 형태로 미리 경험하게 함으로써 인생에 대한 자신감을 얻게 한다는 역할을 상실하였다는 비판을 받는다.

그런데 얼마 후 바다에 폭풍이 일어 배가 난파하고 왕자는 정신을 잃은 채 바다에 빠진다. 공주는 왕자를 구해서 바닷가에 내려놓지만 사람들이 오는 바람에 바다로 헤엄쳐 달아난다. 그때 눈을 뜬 왕자는 처음 본 수녀 아가씨가 자기를 구해준 사람이라고 생각한다. 바닷속으로 돌아온 공주는 왕자를 잊을 수 없다. 그러나 공주는 왕자를 찾으러 저 위의 세상으로 나갈 수가 없다. 할머니는 막내 공주에게 이렇게 이야기한다.

"우리 인어들에게는 영혼이 없단다. 대신 삼백 년을 이 바닷속에서 아주 행복하게 살다가 그 기간이 지나면 거품으로 돌아가고 만단다."

인어가 인간이 되고 불멸의 영혼을 얻기 위해서는 사람의 사랑을 받아야만 한다. 그러나 인간과 달리 다리가 없고 대신 지느러미가 있는 어패류(!)의 소생이 어떻게 물 밖으로 나가서 남자의 사랑을 얻어

낸단 말인가?

그러나 집념의 공주는 수중 마녀에게 가서 다리를 얻는 비법을 사고 만다. 그 대가는 목소리를 내어준다는 것……. 그뿐만이 아니라 이렇게 얻은 다리로 한 걸음 한 걸음 옮길 때마다 칼날 위로 걷는 것 같은 고통을 느끼게 되며, 만일 왕자가 다른 여인과 결혼하면 첫날밤이 지나는 아침에 그녀는 물거품이 되고 만다.

이런 희생을 치르며 공주는 다리를 얻어 물 밖으로 나가 왕궁으로 찾아가지만 왕자는 이 불쌍한 벙어리 처녀를 하녀로 고용한다. 그리고 야속하게도 왕자는 자기를 구해 주었다고 믿고 있는 수녀를 사랑할 뿐이다. 거기에 왕자의 아버지인 국왕은 혼기가 찬 왕자를 이웃 국가의 공주와 결혼을 시키려고 하므로 왕자는 마지못해 배를 타고 이웃 국가로 간다.

그런데 이게 웬일인가? 그 공주는 다름 아닌 자신을 구해 준 —— 왕자가 그렇게 믿고 있는 —— 그 수녀가 아닌가? 얘기가 너무 잘 맞아 떨어진다는 느낌이 들지 않는 건 아니지만, 하여튼 이 이웃 나라 공주는 공부를 하러 수녀원에 들어가 있다가 폭풍우가 치던 그날 왕자를 구하게 되었다는 것이다.

그래서 둘은 행복하게 결혼식을 올리고, 옆에서 한마디 말도 못하는 인어공주는 남의 결혼식 잔치에서 미끈한 다리로 마지막 멋진 춤을 추는 것으로 만족한다. 신혼 부부가 배에서 첫날밤을 지내는 동안 뱃전에 나와 앉은 인어공주에게 바닷속에 있던 그녀의 언니 다섯이 다가온다. 이들은 마녀에게 가서 그들의 아름다운 머리카락을 내주고 원래의 계약을 파기할 수 있는 도구인 칼을 얻어낸 것이다. 아침 해가 뜨기 전에 왕자의 심장을 찔러 그 피로 다리를 적시면 다시 인어로 되돌아갈 수 있는 것이다.

떨리는 손으로 칼을 들고 침실로 들어간 인어공주, 그러나 사랑하는 왕자를 칼로 찌를 수가 없어서 바다에 칼을 집어던진다. 그 순간 해가 떠오르고 그녀의 마지막 기회는 사라지고 만다. 그러나 하늘의 도움이었을까, 마지막 순간에 그녀는 공기의 요정이 되어 산들바람처럼 세상을 돌아다니게 된다. 이제 300년 동안 착한 일을 하면 그녀 역시 불멸의 영혼을 얻게 된다.

아름답고 슬프고 잔인한 이 이야기를 읽으면서 머리에 먼저 떠오르는 것은 인어공주가 사는 세계와 물 밖 세계의 대조다. 바닷속 세계는 그 나름대로 행복하게 사는 것처럼 보이지만 가장 중요한 차이점은 이들이 영혼을 가지지 못한 존재라는 점이다. 그러므로 진짜 인간다운 세계는 저 위의 세계, 태양이 비치는 밝은 세계다.

그런데 이 두 세계는 무엇보다도 여성의 세계와 남성의 세계를 나타내는 듯이 보인다. 아래 세계의 여성은 저 위 세계의 남성을 흠모하는 것으로 되어 있다. 공주가 구원을 받기 위해서는 왕자의 사랑을 받아야만 한다. 그런데 그렇게 하기 위해서 공주는 그 어떤 방법도 가지고 있지 않다. 더구나 그녀는 저 위의 세계로 나아가기 위해서 자신의 목소리를 잃어야 하므로 더욱 수동적이 되지 않을 수 없다. 목소리를 잃어 말을 하지 못한다면 어떻게 왕자의 사랑을 얻을 수 있느냐는 질문에 마녀가 하는 대답은 약간 의외이지만 우리가 능히 생각할 수 있는 것이다.

"너의 아름다운 몸매, 너의 우아한 동작, 그리고 반짝이는 너의 눈, 그것으로 너는 쉽게 사람들의 마음을 얻을 수 있을 것이다."

그러나 그것은 지독한 고통의 과정이다. 저 위의 세계로 나간 인어공주가 겪는 고통에 대한 묘사는 정말로 처절하다.

"너는 아름다운 다리를 갖게 되지만 대신 그 다리로 걸을 때마다 칼이 너의 몸 속을 뚫고 지나는 것과 같을 것이다."

안데르센의 주인공들은 대개 인어공주와 같이 엄청난 육체적 고통과 희생을 겪는 가련한 여성들이다. 그들은 끝내 비극적 결말을 맞으며 그를 통해 이 세상을 초월한다. 안데르센 자신이 미천한 계급 출신으로 이 세상을 힘겹게 살다갔기 때문일까?

'상류사회'를 끊임없이 동경하고 선망하던 안데르센의 모습을 우리는 추운 겨울 저녁, 낯선 집 창문 너머로 요리가 가득한 식탁을 보는 성냥팔이 소녀, 혹은 추운 바닷물 속에 둥둥 떠 있으면서 선창 너머로 화려한 생일 파티를 열고 있는 왕자를 들여다보는 인어공주의 모습에서 찾을 수 있다. 그의 계급적 좌절이 그처럼 고통받는 가련한 소녀들로 나타난 것일까?

### 3. 필로멜라의 베짜기

사실 침묵 속에 고통받는 여인이라는 주제는 인류사의 초기부터 전해 내려오는 주제다. 그러나 여기에서 주목하게 되는 점은 그 주인공들이 늘 인어공주처럼 끝까지 고통 속에 지내다가 공기의 요정으로 산화해 버리기만 한 것은 아니라는 점이다. 고대 그리스의 설화인 〈프로크네와 필로멜라〉가 그 예다.

아테네가 아직 왕정이었던 아주 먼 옛날, 이 나라가 전쟁에서 위험에 빠지게 되었을 때 트라키아가 원군을 보내 구해준 적이 있었다. 이것을 계기로 해서 아테네의 왕 판디온은 자신의 딸 프로크네를 트라키아 왕 테레오스에게 시집을 보냈다.

먼 나라에 시집을 온 프로크네는 어느 날 자신의 고향집이 그리웠다. 특히 동생인 필로멜라가 보고 싶어서, 남편에게 자기 동생을 데려다 달라는 부탁을 했다. 남편 테레오스는 이를 수락하고 아테네로 항해해 가서 장인에게 사정을 이야기했다.

그런데 테레오스는 처제인 필로멜라를 보는 순간 너무나도 아름다운 그 모습에 매혹되어 마음속으로 그녀를 범하겠다는 흑심을 품게 된다. 아무것도 모르는 필로멜라는 언니를 보러간다는 말에 신이 나서 배에 올라탔다. 그러나 이 배가 트라키아 해안에 도착하자마자 본성을 드러낸 테레오스는 곧 처제를 끌고 산속의 오두막집으로 끌고 가서 그녀를 범했다.

그러고는 이 사실 자체가 알려지지 못하도록 필로멜라의 혀를 칼로 잘라 버렸다. 거기에 더해서 이 오두막집에서 벗어나지 못하도록 철저히 유폐시켜 버렸다. 그러나 그녀는 완전히 포기하고 산 것이 아니었다. 비록 벙어리가 되어서 자신의 이야기를 누구에게도 할 수 없는 데다가 산속의 오두막집에서 엄중하게 감시를 받고 있었지만, "슬픔과 고통은 사람을 창조적으로 만드는 법이다."

필로멜라는 하루 종일 옷감을 짜는 일을 했는데, 이 기회를 이용해서 자신의 이야기를 무늬 삼아 옷감에 짜 넣었다. 테레오스가 자신을 어떻게 유혹하였으며, 어떤 고통을 가했는지를 베에다가 붉은 무늬와 글씨로 짜넣은 것이다. 작업이 완성되자 몸종에게 손짓발짓을 통해 이것을 왕비에게 전하도록 했다.

그의 언니이자 왕비인 프로크네가 이 옷감을 보자 곧 사실을 알게 되었다. 프로크네는 복수의 칼을 갈았다. 여인들과 하층민의 축제인 바코스 축제 기간이 돌아왔다. 프로크네는 축제의 의상인 덩굴관과 가죽옷을 걸치고 거리로 나섰다가 몰래 산속의 오두막집을 찾아가 동생을 만났다. 왕궁으로 돌아온 자매는 테레오스에게 이 세상에서 가장 처절한 복수를 하기로 약속한다.

그 복수가 무엇이었을까? 마침 이 순간에 테레오스와 프로크네 사이에 태어난 아들 이튀스가 들어왔다. 아들을 보는 순간 프로크네의 머릿속에는 이런 생각이 스친다.

'어쩌면 너의 애비와 그토록 똑같이 생겼느냐?'

프로크네는 아들을 사정없이 칼로 찔러 죽인 다음 사지를 잘라내서 이것을 삶고 구워서 상을 보았다. 저녁에 아무것도 모르는 테레오스가 들어오자 프로크네는 고향의 요리를 준비했다고 속여 그를 식탁에 앉게 한다. 그러고는 아들의 고기를 먹도록 만든다. 한참을 맛있게 식사를 하던 테레오스가 묻는다.

"우리 아들 이튀스는 어디에 있소?"

그러자 프로크네는 이렇게 대답한다.

"당신이 찾는 아이는 바로 당신 뱃속에 있습니다."

그리고 곧이어 필로멜라가 아직도 피를 뚝뚝 흘리고 있는 이튀스의 머리를 들고 들어온다.

대노한 테레오스가 칼을 뽑아들고 두 여인을 쫓아갔다. 쫓고 쫓기는 가운데 필로멜라는 제비가 되어 날아갔고 프로크네는 나이팅게일이 되었으며 테레오스는 후투티가 되었다. 금방이라도 잡아먹을 듯한 모습의 사나운 새 후투티는 칼을 들고 두 여인을 쫓아가는 테레오스와 닮았고, 나이팅게일은 동생의 피어린 이야기를 밤새 울부짖는 프로크네를 나타낸다.

그런데 필로멜라는 왜 하필 제비가 되었을까? 사람의 집으로 찾아드는 이 새를 통해 꿈에도 그리던 고향을 찾아가려는 필로멜라의 바람을 실현시켜 주기 위해서일까? 그보다는 제비가 붉은 입으로 지지배배거리는 것이 마치 혀가 잘려 온통 피를 흘리면서 혀 짧은 소리를 내는 것과 비슷해 보여서 그런 것이 아닐까?

인어공주가 왕자의 결혼 축하연에서 "제비처럼" 춤을 추었다는 것도 이와 연관해서 생각할 때 무심하게 보이지는 않는다.

가혹한 폭력성 앞에 침묵 속의 고통을 강요받을 때 우리는 이야기를 만든다. 그 이야기는 두고두고 전해져 내려오면서 우리의 생각과 느낌을 담아내고 표현한다. 그렇게 함으로써 우리는 폭력성을 이겨내고 순화시킨다.

《천일야화》의 주인공 샤리야르 국왕이 부인의 외도를 보고 나서는 계속해서 죄 없는 처녀들을 불러 하룻밤을 지내고 다음날 아침에 목을 베어 버렸을 때, 이 광증을 치유했던 것이 무엇이었는가? 현명한 여인 세에라자드는 샘처럼 마르지 않는 이야기의 힘으로 결국 국왕의 순박한 마음을 되찾아준다.

생명을 잉태하는 창의적인 여성성이 모든 아름다움을 짓밟아 버리는 폭력적인 남성성을 껴안아 순화시킬 수 있을까? 이 미쳐 돌아가는 오늘의 세계에서도 '이야기'는, 혹은 문학은 아직 우리를 치유하는 힘을 가지고 있는 것일까?

# 동화 2
■ 아빠가 들려주는 옛날이야기

## 1. 첫 번째 이야기 : 〈개구리 왕자〉

옛날에 옛날에 어느 성에 한 공주가 살았단다. 어느 날 공을 가지고 놀다가 그만 그 공을 연못에 풍덩 빠뜨렸거든. 그래서 한참 울고 있는데 어디선가 못생긴 개구리 한 마리가 나타나서 이렇게 이야기하는 거 있지. 자기가 연못에 들어가서 공을 찾아다주면 자기랑 결혼하자는 거야.(나쁜 놈! 사기꾼!) 그런데 공주는 '까짓거 말로는 뭘 못해, 그냥 그러겠다고 얘기했다가 나중에 도망치지 뭐', 그렇게 생각하고는, "그래 좋아! 공 찾아주면 너랑 결혼할게", 그랬어.

그래서 못생긴 개구리가 물을 뚝뚝 떨어뜨리면서 숨이 차가지고 "고, 고, 고, 공주님…… 고, 고, 고, 공 여기 있어요" 하면서 공을 내밀었어. 그러자 공주가 공만 톡 빼앗아 가지고는 '나 잡아 봐라!' 그러면서 잽싸게 성으로 도망을 쳤지. 근데 웬걸, 이 개구리가 어찌나 끈질기게 달라붙는지, 거기에다가 뭘 모르시는 아버지가 공주보고 약속은 지켜야 한다는 둥 생긴 건 그래도 그 총각 속이 깊어 보인다

〈개구리 왕자〉.

는 둥 그러면서 등을 떠미는 바람에 공주는 할 수 없이 개구리랑 결혼을 했지 뭐니.

근데, 첫날밤 키스 한 방에 이 개구리가 글쎄 왕자가 되어 버리네 (옛날 얘기가 다 그렇지 뭐). 그래서 왕자와 공주가 처음에는 달콤하게 인간으로 잘살았어. 그런데 그렇게 얼마 동안 살다보니까 왕자는 인간 세계가 어찌나 끔찍한 곳인지 영 적응이 안 되는 거야. 그래서 자기를 개구리로 만들어 버렸던 마녀한테 이번에는 제 발로 찾아가서 자기를 다시 한 번만 더 개구리로 만들어 달라고 통사정을 한 거야.

그래서 다시 개구리가 된 왕자는 연못으로 도망쳐 버렸어. 공주도 성안의 그 인간 잡사가 어찌나 지겨운지(맨날 치렁치렁한 드레스 입고 쓰레기 같은 정치인 나부랭이들 만나서 밥 먹는 게 너무 싫었던 거야) 자기도 마녀한테 가서, "나도 개구리로 만들어줘요, 제발 개구리가 되게 해줘요", 하루 종일 떼를 써가지고 개구리가 되었다는구만. 그래서 연못 속에서 다시 만난 두 개구리는 오랫동안 행복하게 잘살고 올챙이도 많이 낳고 그랬대.

## 2. 두 번째 이야기 : 〈백조 처녀〉

북쪽 저 먼 나라 어느 마을에 젊은 총각 사냥꾼이 한 명 살았거든. 어느 날 이 총각이 사냥하러 숲속에 들어갔다가 호숫가 바위 뒤에서 쉬고 있었어. 그런데 저 멀리 하늘에서 백조 세 마리가 휘익 날아와서 호숫가에 내려앉는 거야. 그러더니 깃털 옷을 훌렁훌렁 벗고는 아주 어여쁜 처녀가 돼서 호수에 들어가서 물놀이를 하거든.

이 총각 마음이 어땠겠어? 그런데, 어! 조금 있으니까 이 세 처녀가 물 밖으로 나오더니 도로 깃털 옷을 입고 다시 백조가 돼서 하늘로 휙 날아가 버리는 거야. 그때부터 이 총각이 밥도 안 먹고 하루종일 하늘만 쳐다보면서 한숨만 푹푹 쉬고 하루하루 몸이 말라가는 거야. 보다 못한 엄마가 아들한테 이렇게 물어봤어.

"이노마야, 왜 밥도 안 먹고 하루종일 자빠져서 그러고 있니? 너 어디 아프냐?"

"엄마, 정말 희한한 거 봤다니까요. 하늘에서 이따만한 새 세 마리가 날아오더니 내 보는 앞에서 옷을 휘익 빨가벗고 예쁜 처녀가 돼서 물속에서 노는 거예요. 그래서 내가 다가가서 아가씨, 나랑 살자! 이렇게 했는데, 어느새 이것들이 도로 옷 입고 날아가 버렸어요."

그러고는 눈물이 글썽글썽하면서 그 처녀랑 어떻게 하면 만날 수 있대요, 어떻게 하면 결혼할 수 있대요, 그러면서 징징 울기만 하거든. 그러니까 엄마가 소리를 빽 지르는 거야.

"이 바보 멍청아! 너는 동화책노 안 읽어봤니? 당장 가서 옷을 훔치란 말이다, 옷을!"

그래서 이 총각은 정석대로 옷을 훔쳤어. 그 중에서도 제일 예쁜 셋째 처녀 옷을 말이야. 한참 물놀이를 하던 세 처녀가 드디어 옷 입으려고 물 밖으로 나왔다가, 기겁을 하고 만거야. 막내 옷이 없거든!

한참 옷을 찾다가 두 마리는 날개를 치면서 하늘로 올라가면서, "학숙아, 미안해, 우린 좀 바빠서……. 다시 한 번 여기저기 잘 뒤져봐" 그러니까, "언니, 나 좀 어떻게 해줘봐! 빨가벗고 어딜 돌아다니면서 옷을 찾아? 언니 정말 이러기야?" 고래고래 소리지르는데, 이때만면에 미소를 지으며 쓰윽 나타나는 우리의 총각…….

그래서 이 부부는 7년을 그렁저렁 살면서 애도 낳고 그랬거든. 그런데 왜 동화에 나오는 사나이들은 꼭 말조심을 못하는 걸까? 이건 내 생각인데, 아마 그날 술을 너무 많이 마셨나봐. 이 아저씨가 부인보고, "은선 에미, 그날 밤에 사실은 말이야……" 그러면서 지 자랑을 한껏 하다못해 깃털 옷까지 내놓고 말았어.

그 순간 애기 엄마는 다시 한 마리의 백조가 되어 열려진 창 너머스칸디나비아 반도의 그 푸른 하늘로 날아가 버렸거든. 그때부터 이 아저씨는 하염없이 빈 하늘만 올려다보며 지내다가 일년이 못 되어 죽어서 땅에 묻히고 말았대.

## 3. 세 번째 이야기 : 〈빨강모자〉

옛날 어느 마을에 어린 소녀가 살고 있었습니다. 이 아이는 매일 머리에 촌스러운 빨간 모자를 쓰고 다녔기 때문에 이웃에 사는 불량 청소년들이 '빨강모자' 라고 별명을 붙이고 말았습니다. 에릭 프롬은 이 모자를 보고 정신분석적으로 생리대의 상징이라는 둥 헛소리를 했지만 그걸 믿는 사람은 한 명도 없었습니다.

그런데 어느 날 엄마가 빨강모자보고 할머니한테 김밥과 흡수가 빠른 2프로 한 병을 갖다 드리라고 심부름을 시켰습니다. 마침 DDR도 이제 재미없었는데 잘 됐다 싶어서 다른 날과 달리 순순히 심부름을 하기로 했습니다.

그래서 숲속에 난 길을 따라 걷는데 어두컴컴한 곳으로 길이 나 있고 거기에는 예쁜 꽃들이 피어 있었습니다. 꽃을 꺾으러 숲속 길을 가는 것이 사춘기 소녀의 성적 모험을 의미한다는 것을 심리학개론 같은 책에서 본 적이 있었기 때문에 빨강모자는 일부러 그 길로 가보았습니다. '그래, 요즘 애들은 원래 이래!' 속으로 그렇게 생각하면서, 또 '늑대야, 빨리 나와라!' 그러면서 길을 걷노라니, 진짜 살벌하게 생긴 늑대가 나왔습니다.

"어이, 아가씨, 몸매 죽이는데! 나랑 한번 사귀어봐! 나 알고 보면 좋은 놈이야!"

그렇게 어느 고리짝 건달처럼 말을 걸어오는 것이었습니다.

"이 동네 물이 안 좋네!"

이렇게 팅기면서 빨강모자는 서둘러서 할머니 집으로 갔습니다. 늑

〈빨강모자〉 삽화.

대 건달은 잘하는 거라곤 달리기밖에 없었기 때문에 잽싸게 다른 길로 돌아서 할머니 집에 먼저 갔습니다. 그러고는 할머니를 한입에 삼키고 할머니 옷을 입은 채 침대 속에 들어가서 빨강모자를 기다렸습니다.

뒤늦게 할머니 집으로 들어온 빨강모자는 침대 위의 늑대를 유심히 쳐다봤습니다.

"할머니, 할머니 귀는 왜 그렇게 길어요?"

"음악을 잘 들으려고 그렇단다."

"할머니, 할머니 코는 왜 그렇게 커요?"

"술냄새 잘 맡으려면 코가 좀 좋아야 하거든."

이렇게 빨강모자는 늑대의 여러 부위별로 질문을 퍼붓고는 마지막으로 이렇게 물었습니다.

"할머니, 할머니 가죽은 어쩌면 그렇게 털이 멋져요?"

"얘, 그런 게 어딨니? '할머니 이는 왜 그렇게 길어요?' 그렇게 물어보는 게 순서 아냐? 어쨌든 좋아, 내 이빨은 널 잡아먹기 위해서 그렇게 긴 거니까."

이러고는 빨강모자한테 달려들려고 했습니다.

그 순간! 빨강모자는 배시시 웃더니 김밥 속에 숨겨두었던 총을 꺼내들고는 늑대를 향해 두 발을 쐈습니다. bang! bang! 숲속에 메아리 치는 총소리…….

며칠 뒤, 빨강모자는 이제 그 촌스러운 모자를 버리고 멋진 가죽옷을 걸치고 돌아다녔습니다. 그리고 이 동네 불량 청소년들은 이 소녀에게 '늑대가죽'이라는 별명을 붙여주었습니다.


## 4. 뱀의 다리(蛇足)


옛날이야기들의 구조를 곰곰이 생각해 보면 여러 가지 흥미로운 점들을 찾을 수 있다.

개구리 왕자의 이야기 속에는 개구리로 표현되는 자연의 세계와 인간의 세계가 나뉘어 있고 그 둘 사이는 마법을 통해 오갈 수 있는 것으로 되어 있다. 꼭 그렇게 보는 것이 바람직한지는 모르겠지만, 자연을 정복한 문명의 세계, 그리고 오히려 문명 세계가 그리워하는 자연의 세계 식으로 나누어볼 수도 있을 것 같다. 원작에서는 개구리로 떨어지는 것이 저주였지만, 요즘 세상 돌아가는 것을 보면 개구리가 사람으로 되는 것이 차라리 저주가 아닐까?

두 번째 학숙이 이야기는 말할 것도 없이 우리의 〈선녀와 나무꾼〉 이야기와 같은 주제인데, 여기에서는 자연계가 한층 더 높은 가치를 가지고 있어서 '하늘나라'와 같은 의미를 가진다. 그것은 인간에게 언뜻 속살을 보이기는 하지만 결코 인간이 도달할 수 없는 저 높은 곳을 나타낸다. 주인공 아저씨에게는 좀 안 됐지만 그렇게 자연에 대한 폭력성으로는 결코 고아한 자연의 품으로 갈 수 없다.

그런데 이 이야기는 우리의 〈선녀와 나무꾼〉 이야기와 비슷한 듯하면서도 결정적인 부분에 가서는 많은 차이를 보인다. 우리의 이야기에서는 무엇보다도 '나무꾼'이 주인공이지 짐승을 살상하며 자연을 해치는 '사냥꾼'이 아니다. 그리고 하늘나라는 인간을 완전히 버리는 것이 아니라 서로 교집하고 때론 흰 기닥 줄을 내려서 그 하늘나라에 올라갈 수 있는 기회를 준다. 또 한 가지 이 이야기의 구조에서 분명하게 나타나는 점은 폭력적인 남성성과 순수한 여성성의 대조다.

이런 남성성 대 여성성의 대조는 세 번째 〈빨강모자〉 이야기에서 가장 두드러지게 보인다. 원작에서는 늑대가 소녀를 잡아먹지만 사냥꾼의 도움으로 겨우 화를 면한다. 여기에서 사냥꾼은 짐승을 잡는 존재, 그래서 인간의 야수성을 다스리는 존재이며, 흔히는 우리를 보호하는 아버지를 나타낸다고 한다.

그러나 이제 소녀는 그런 가부장적인 보호를 필요로 하지 않는다. 늑대를 죽이고 가죽을 벗겨 입은 이 소녀를 어떻게 보아야 할까? 남성의 힘을 빼앗아 자기가 가져버린 이 여인을…… 나는 왠지 등골이 서늘하다.

# 근대의 악몽
■ 토머스 모어의 《유토피아》

## 1. 꿈

우리는 모두 꿈을 꾼다. 꿈속에서는 우리의 갈망, 우리의 연민, 혹은 우리의 고통과 슬픔이 다른 모습으로 변형되어 나타난다. 그래서 우리는 역으로 우리가 꾼 꿈을 통해 우리가 어떤 생각을 하며 살아가고 있는지를 짚어볼 수 있다.

한 사회도 마찬가지가 아닐까? 그 사회가 공통적으로 갈망하는 꿈을 보면 그 사회가 어떤 모순을 가지고 어떤 고통을 겪으며 살아가는지 알 수 있다. 그런 점에서 "내일의 진실(빅토르 위고의 표현)"이기를 바라는 오늘의 꿈인 유토피아 사상만큼이나 그 사회의 현실을 잘 보여주는 것도 없을 것이다.

토머스 모어의 《유토피아》는 근대로 접어드는 시기 유럽 사회의 고통을 반어적으로 드러내고 있다. 이 책에서 실명(實名)으로 등장하는 토머스 모어는 가상의 인물인 라파엘 히슬로다에우스와 대화를 나누는 것으로 되어 있다.

토머스 모어.

　그들의 대화는 자연스럽게 당시 사회의 가장 긴박한 문제점으로 이어진다. 이 나라에는 왜 이렇게 도둑들이 들끓는가? 어떤 날은 한 교수대에 20명의 도둑이 매달리기도 한다! 이 얼마나 가공스럽고 처참한 광경인가.

　그만큼 이 사회에는 빈곤이 널리 퍼져 있어서 수많은 사람들이 당장 먹을 것을 구하지 못해 도둑의 신세로 전락하였으며 이에 대해 국가는 오직 가혹한 억압으로 일관하고 있다. 그런데 국가가 그런 잔혹한 방법을 쓰는데도 왜 도둑은 줄어들지 않는가?

　문제의 근본 원인은 딴 곳에, 아주 근본적인 곳에 있는데 다만 현상적으로 도둑들을 사형에 처한다고 문제가 해결될 리는 만무하다. 수많은 사람들이 절대 빈곤에 몰리는 구조적인 이유가 있는 것이다. 아마도 이 책《유토피아》에서 가장 널리 알려진 부분으로서, 이 책을 읽어보지 않은 사람이라도 교과서적으로 알고 있는 표현이 그 점에 대

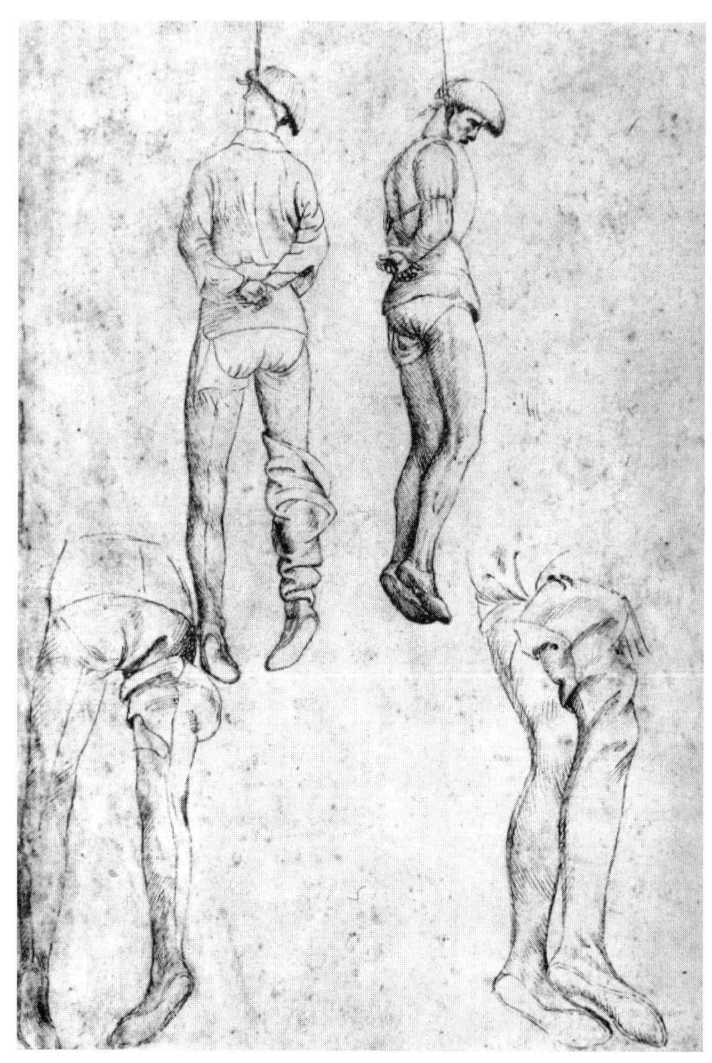

빈민들의 최종적인 운명인 교수대.

해 언급하고 있다.

"영국에서는 그 순한 양이 너무나 광포해져서 사람을 잡아먹는다."

무슨 말인고 하니, 여태껏 다수의 농민들이 농사를 지으며 살아가던 터전인 농토가 목양지(牧羊地)로 바뀌어 버린 것이다. 영국과 주변 국가에서 모직물 공업이 발전해서 양모 값이 크게 오르자 농사를 지어 곡물을 수확하는 것보다 양을 길러서 양모를 시장에 파는 것이 훨씬 유리하다고 판단한 지주 귀족들이 농민들을 다 내쫓고 이 땅에 울타리를 쳐서 둘러막은 다음 양 떼를 기르게 된 것이다.

예전에 수많은 농민들을 먹여 살리던 땅에 이제 한두 명의 목동만 있으면 충분하게 되었다. 하루아침에 생계를 잃게 된 농민들은 품팔이 농민이 되든지 그것도 여의치 않으면 도시로 흘러들어가 도시 빈민이 되었고 그러다가 결국은 도둑이 되어 교수대에 매달리는 경로를 밟게 된 것이다.

근대의 발전은 사회에 많은 부(富)의 생산을 가능케 했으나, 그 성과는 오직 소수의 사람들에게만 돌아가고 다수의 사람들은 오히려 더 심한 빈곤에 빠지게 되었다. 부의 증가와 대중 궁핍화는 동시에 일어날 수밖에 없었던 것이다. 말하자면 이 사회는 도둑을 만들어놓고 처벌하는 꼴이다. 재화(財貨)란 사람을 행복하게 하기 위해 있는 것인데 어떻게 된 일인지 재화의 생산이 늘어나면서 그것이 오히려 인간의 목숨까지 앗아가게 한 것이다. 도대체 어디에 잘못이 있는 것일까?

토머스 모어와 히슬로다에우스는 우선 사형이라는 극형만은 피해야 한다는 데에 합의를 보고 나서 이 당시 사회의 근본적인 문제를 해결할 방도에 대해 논의한다. 이들이 보기에 문제의 핵심은 부가 편중된 데에 있고, 그 원인은 다름 아닌 사유재산제에 있다.

사유재산이 있는 곳, 또 모든 것이 돈으로 평가되는 곳, 그 결과 극히 소수의 사람들이 모든 것을 독점해 갖는 곳에 정의와 번영이 실현될 수는 없다. 그러므로 이 사회가 올바로 나아가기 위해서는 사유재산을 없애야 한다.……이런 논지를 표면적으로 따르다 보면 우리는 토머스 모어가 사회주의를 지향하는 혁명 사상의 먼 원조 정도로 생각하게 된다.

과연 모어는 '공산주의 사상가'인가? 그 문제에 대한 답은 일단 미루기로 하자. 그러나 우리는 자연스럽게 다음과 같은 질문을 던지게 된다. 소유의 의욕이 없으면 사람들은 남의 노력에 기대어 살려고 하므로 게을러지고, 또 누구도 열심히 일하려 하지 않으므로 사회 전체가 빈곤에 빠질 우려가 있다. 더 나아가서 만인이 평등하다고 하면 통치자들의 권위와 그들의 직위에 대한 존경도 없어진다. 말하자면 사회의 기본 법칙이 흔들리는 것은 아닐까?

모어 자신의 입을 통해 제기된 이 질문은 사실 사유재산제가 부인된 공산 사회에 대해 누구나 묻게 되는 것들이다. 그러나 그런 염려는 하지 마시라. 나는 그런 제도가 실제로 구현된 세계를 보고 왔는데, 그곳에서는 모든 사람들이 행복에 겨워하며 잘 지내고 있더이다……하면서 세계를 두루 돌아다닌 라파엘 히슬로다에우스 선장은 유토피아 국가를 자세히 설명하고 있다.


## 2. 유토피아의 생활

'아무 데에도 없는 곳'이라는 뜻을 가진 유토피아는 저 먼 신대륙 어딘가의 섬나라로 상정되어 있다. 이 나라의 가장 큰 특징은 무엇보다도 통일성 내지 획일성이다. 수도 격인 아마로우툼을 비롯한 54개의 도시가 가지런히 벌여져 있는데, 하나의 도시만 보면 다른 도시들은 볼 필요가 없을 정도로 똑같은 모양을 하고 있다.

쉽게 말해서 벌집과 같은 규칙적인 구조를 생각하면 된다. 완전히 계획된 도시 구역 안에는 또 완전히 똑같은 집들이 지어져 있다. 이 집들은 문이 쉽게 열리게 되어 있어서 누구나 마음대로 드나들 수 있고, 그나마 10년마다 집단적으로 집을 바꿔서 살게 되어 있다. 그곳에서 또 시민들은 모두 똑같은 색깔, 똑같은 모양의 옷을 입고 산다 (이 점만 보아두 이 '이상향'의 풍광은 꿈에 나올까 두려울 정도로 섬뜩하다).

이곳 사람들의 결혼과 가정 문제는 국가에 의해 철저히 통제된다. 한 가정 내에 성인의 수는 10~15명으로 규정되며, 어떤 이유에서든지 성인의 수가 15명을 초과하면 일부 가족을 떼어서 다른 가족으로 넘겨 버린다.

이 사회의 특이한 관습 중의 하나는 처녀 총각이 미래의 배우자 앞에서 모두 나체로 선을 본다는 것이다. 망아지 한 마리 사는 데에도 꼼꼼히 관찰하고 사는 마당에 평생 같이 살 사람을 고르는 데 얼굴만 보고 고를 수는 없기 때문이다!

한편 이 나라에서 감히 혼전 성교를 했다가 발각되면 엄중히 처벌받게 되어 있어서, 국가의 사면이 있지 않으면 노총각 노처녀로 늙어 죽어야 한다. 간통을 하다가 잡히면 패가망신 정도가 아니라 아예 노예가 되고, 그러고도 정신을 못 차려서 재범을 저지른 경우에는 사형에 처해진다.

또 부부가 이혼을 원하는 경우에는 "의회의 동의가 있어야 한다!" 개인 생활의 가장 내밀한 부분까지 국가의 통제력이 공공연히 미치고 있다는 점에서 유토피아는 두말할 필요 없이 최악의 전체주의 국가다.

이 사회의 통제적인 생활 단면을 가장 잘 보여주는 부분은 공동 식사에 관한 설명에서 찾을 수 있다. 각 가정에서의 식사는 사실상 금지되어 있고 모든 사람들은 마을회관 같은 공공 장소에서 공동 식사를 하게 되어 있다. 남자는 벽을 등지고 앉고 여자는 그 반대쪽에 앉는데, 그 이유라는 것이 혹시 여자가 식사 중에 진통을 느끼면 식탁을 어지럽히지 않고 빨리 이동할 수 있도록 하기 위해서다.

식사는 "도덕에 도움이 되는 명언"을 들으며 시작된다. 특이한 것 중의 하나는 이 유토피아 국가의 어린이들에게는 따로 음식을 마련해 주지 않고 어른들이 먹다가 건네주는 것만을 받아먹게 되어 있다는 점이다. 어른들에 대한 철저한 복종을 교육시키기 위해서 그런 모양이다.

또 노인네들은 젊은이들이 자유롭게 대화를 하도록 유도한 다음 그들이 어떤 능력을 가지고 있으며 어떤 생각들을 하는지 "포근히 즐거운 분위기 속에서" 엿듣는다. 사실 우리의 입장에서 볼 때, 날이면 날마다 마을회관에서 줄 맞춰 앉아서 도덕적인 설교를 들으며, 또 교활한 할아버지들이 몰래 채점하는 가운데 밥을 먹어야 한다면 그리 유쾌한 식사는 아닐 것이다.

이 사회가 유지되기 위해서는 우선 식량 생산이 확보되어야 한다. 그러기 위해서 30가구마다 한 사람 꼴로 선출된 공무원인 시포그란테의 지휘하에 모든 시민들은 하루 6시간씩 농사일을 한다. 유일하게 노동을 면제받는 사람들은 시민들의 비밀투표에 의해 선출되는 학자들이지만, 단 이들 역시 기대에 합당한 성과를 못 내면 다시 농민의 지위로 돌아간다(이 제도를 본떠서 우리 나라의 대학 교수들도 상당한 성과를 못 내는 경우 국영 농장 노동자로 만들어 버리면 어떨까?).

하여튼 중요한 것은 놀고 먹는 사람도 없고 지칠 때까지 과도하게 일하는 사람도 없이 모든 시민이 공평하게 노동을 하므로 하루 종일 일만 하는 것이 아니라 반드시 여유 시간을 가진다는 점이다. 그 남는 시간을 이용해서 사람들은 정신적 내지 지적(知的) '쾌락'을 추구한다. 바로 이 점이 《유토피아》의 핵심이라고 생각한다.

모어가 그리는 이 사회에서 사유재산이 폐지되고 모든 사람이 공평하게 노동을 하는 것은 물질적 평등 그 자체가 목적이 아니라, 그보다 더 상위의 가치인 '고급 쾌락', 즉 정신적 수련, 지적 탐구 등을 추구하기 위해서다. 표면적으로 공산제 사회를 설파하는 것 같지만 사실 그것은 정신적 가치를 추구하는 데 필요한 물질적 토대를 제공하는 한에서만 의미를 가지기 때문이다.

인간이 살아가는 이유란 무엇인가? 행복의 추구다. 그리고 행복을 가져다주는 것이 쾌락이다. 그러나 현실 사회에서는 많은 가짜 쾌락 혹은 저급한 쾌락이 존재하여 우리를 미혹시킨다. 예를 들어 옷은 단지 우리의 몸을 따뜻하게 해주는 정도면 충분한데, 많은 사람들이 멋진 옷을 입으면 자신이 훌륭하게 된다고 잘못 생각하고는 좋은 옷을 찾는 데에 정신이 빠져 있다. 그러므로 유토피아 사회에서는 원래의 양털 빛깔 그대로의 소박한 옷만을 입도록 규정하고 있다.

다른 예를 들어보자. 금이나 은보다는 쇠가 훨씬 더 유용하다. 그런데 사람들은 금이나 은에다가 더 높은 가치를 부여하고 있는데 그 이유는 단지 희소성 때문이다. 이런 잘못을 교정하려면 결국 사람들의 생각을 바꾸어야 한다. 그래서 유토피아 사회에서는 금을 가지고 요강이라든지 노예들을 묶어두는 사슬이나 족쇄를 만들고, 또 죄수들에게 금관을 씌워주기도 한다. 금 족쇄에 금관을 쓰고 금 요강에 오줌을 누고 있는 사람이 노예일진대, 그 누가 금을 얻기 위해 안달복

달하라.

보석도 마찬가지다. 여인의 손가락에 끼워져 있는 작디작은 돌멩이가 무엇이 소중하단 말인가. 유토피아 사람들은 무한히 아름답게 반짝이는 밤하늘의 별이야말로 진정으로 아름다운 보석이라는 점을 알고 있기 때문에 다이아몬드 따위를 구하려고 애쓰는 법이 없다(물론 현실 사회의 여인들 같으면 저급한 가짜 쾌락의 유혹을 이기지 못하고, 밤하늘의 별을 쳐다보는 것보다는 손가락 위에서 "불완전하게 반짝이는 돌멩이"를 여전히 더 탐낼 것이다).

결국 유토피아 사회는 하나의 거대한 수도원이라고 할 수 있다. 생각해 보라. 모든 사람은 똑같은 옷을 입고 공동 식사를 하며 정해진 처소에서 살아간다. 그들은 모두 공동의 노동을 하고 남는 시간에 자신의 덕을 쌓는다.

또 다른 관점에서 보면 이 사회는 무소불위(無所不爲)의 힘을 가지고 있는 국가 기구 아래에 통제를 받는 하나의 거대한 병영 혹은 하나의 거대한 감옥과도 같다. 만일 이러한 유토피아가 실현된다면 그 속에서 인간은 진정 행복할 수 있을까?

헛간에서의 공동 식사로부터 아이들의 교육까지 이곳의 생활은 완전히 공동체적이다. 돈도 없고 임금도 없다. 각자는 하루 1킬로그램의 쌀, 1년에 500그램의 소금, 바지와 상의 한 벌씩을 받는다······. 밥을 먹기 위해서는 일해야 한다. 돈이 없으므로 협동 생활을 벗어나면 살아남는다는 것이 불가능하다······. 이들은 하루 여덟 시간 일하고 한 달에 사흘 쉬는데 휴식 기간의 대부분은 정치 학습과 교양을 위해 쓰여진다. 도처에 있는 확성기는 당이 가르치는 혁명 사상을 끊임없이 토해 낸다······.

한 혁명 사회주의 사회는 섬뜩할 정도로 모어의 유토피아와 유사하다.

## 3. 지식인의 꿈, 민중의 꿈

《유토피아》는 경제, 도시 계획, 시민들 간의 관계로부터 시작해서 주민들의 일상 생활의 자잘한 면까지 상세히 묘사하고 있다. 그곳에 대한 설명을 듣노라면 어떤 측면들은 놀라운 정도로 자세한 반면 그것들의 전체적인 연결은 불명확해서 마치 우리가 꿈에서 깨었을 때 전체 스토리는 잊었지만 몇몇 장면은 너무나도 생생한 그런 꿈을 연상케 한다. 유토피아는 서구 사회가 가지고 있는 꿈이다. 그것은 행복한 꿈일까, 악몽일까?

독일의 사회학자 카를 만하임은 그의 저서 《이데올로기와 유토피아》에서 유토피아란 사회에 변화의 욕망을 불러일으켜 기존 질서를 변혁시키려는 이념틀이라고 보았다. 현재의 어려운 현실을 부정하고 더 나은 미래를 그려봄으로써 그 미래를 향해 나아갈 수 있게 하는 원동력이 된다는 것이다. 그러나 과연 그런가? 유토피아는 진정 변혁의 청사진인가?

여기에서 우리는 지식인의 꿈이 아닌 일반 민중들의 꿈, 즉 천년왕국설(millenarianism)을 살펴보고 이를 유토피아와 대조해 볼 필요가 있다. 천년왕국설은 현세를 말세로 규정하고 이 사회가 무너지면 "선택받은 자들"이 먼저 부활하여 이 세상을 다스리는 지극한 행복의 시대가 천년 동안 계속되고 그 다음에 진정한 최후의 심판이 도래한다는 중세적 내지 고대적 사고다.

천년간 행복이 계속되는 그 시대는 어떤 사회일까? 거기에 대해서는 구체적인 언급이 없다. 단지 젖과 꿀이 흐르는 땅이라고 막연하게 이야기할 뿐이다. 천년왕국설은 무엇보다도 폭력을 통해 기존 질서를 무너뜨리는 것에 강조가 두어지지 그 다음 시대의 구상이 문제가 아니다. 그것은 비참한 현실에 절망한 민중들이 절실하게 그려보는 원망(願望)의 그림이며 따라서 그것이 어떻게 이루어질 수 있는지, 구체적으로 그런 이상향이 어떻게 조직되는지에 대해서는 아무런 개념이 없다. 오직 그런 이상향의 도래를 목마르게 갈망하고 그러다 못해 그 내세를 더 빨리 맞기 위해 말세인 이 현실을 부수는 것에 강조가 두어질 뿐이다. 그런 세상이 오면 사람들은 아무런 근심 걱정 없이 마음껏 먹고 마시고 놀며 즐길 수 있으리라.

이에 비해 유토피아는 꽉 짜여진 계획 속에서 엄정한 법이 유지되고 무엇보다도 모든 사람들이 의무적으로 일을 해야 하는 구체적인 모습으로 제시된다. 그것은 이 세상을 더욱 철저히 통제하려고 하는 지식인들의 열망의 산물이다.

유토피아는 미래를 지향하기보다는 차라리 과거를 꿈꾸는 것이다. 유토피아의 이상은 시간상으로 이미 지난 먼 옛날에 존재했던 "도시 공동체(Cité)"다. 기하학적으로 아름답게 조화를 이루는 도시 구성(이것은 르네상스의 도시 계획부터 코르뷔지에에 이르기까지 자주 등장하는 모티브다), 철학의 왕이 예지(叡智)를 가지고 통치하는 곳, 모든 것이 시계와도 같이 규칙적으로 돌아가는 완벽한 도시 국가……. 그것은 "상상 속의 과거"이며, "불가능의 열망"이다. 따라서 그것은 미래를 향한 변혁의 꿈이 아니라 아득히 먼 시초로 되돌아가려는 꿈이다.

왜 과거를 꿈꾸는가? 모어가 그의 유토피아를 집필하던 당시 서구 사회는 종교적으로, 사회적으로, 그리고 정치적으로 격변을 겪으며 동시에 급속도로 팽창하고 있었다. 종교 세계의 파열, 국왕에 대한 충성의 이념 붕괴와 같은, 그 당시 서구 사회가 고통스럽게 겪고 있던 상처에 대해 그 어떤 위안이 필요했다. 그것을 그는 현실의 세계가 아니라 먼 신세계에 그려보았다.

근대의 여명기에 그려진 많은 유토피아 사회들, 그 빛나는 도시, 태양의 도시는 모두 저 먼 곳에 존재한다. 그곳은 현실의 당면한 문제를 잊어버리고 마법에 걸린 채 홀로 고립되어 있는 섬이다. 그곳은 높은 담벽에 둘러싸여 있든지 드넓은 대양 한가운데에 있다. 마치 꿈이 환자의 욕망과 불안을 드러내 주듯이 유토피아는 서구라는 환자가 도망가고 싶은 꿈속의 장소다.

## 4. 근대 사회

근대 이전의 사회에서는 이와 같은 강박적인 고통이 존재하지 않았다. '전통 사회'에서 개인의 존재는 사회 내의 한 집단 속에서만 의미를 갖는다. 예컨대 대장장이가 대장장이 길드에 속해서 일한다는 것은 단지 같은 직업 집단 사람들끼리 같이 벌어먹는다는 것만을 뜻하지는 않는다. 그는 일생의 매 시각마다 신화 속의 대장장이 신이 하는 행동을 '재현'하며 살아가는 것이다. 그의 삶은 이렇게 해서 신화적인 의미를 부여받는다. 이 사회에서 인생은 영구 불변의 시나리오에 의해 재생되는 필름과 같다. 여기에서는 진보라는 개념이 없다. 시간은 앞으로 가는 것이 아니라 영원히 반복 · 순환한다.

문제는 근대 초 서구 사회가 알을 깨고 나오듯이 이 틀을 깨고 나왔다는 점이다. 이 사회는 물질적 기술의 끊임없는 진보에 기초를 둔 채 개인의 자유를 추구한다. 이 세계에서 인간이 차지하는 의미는 근본적으로 바뀌었다. 이제 '도시공동체'적인 사고 —— 성스러운 공동체, 과거와 현재가 하나로 되어 있는 사회, 모든 것이 마법으로 둘러싸인 곳 —— 는 붕괴되고 문명은 앞으로 진보해 나가는 것으로 바뀌었다. 이 사회의 사람들은 약속된 땅, 지상의 예루살렘을 향해 각자 전진하는 개인들이다. 이들이 가지고 있는 믿음은 미래의 언젠가 이 땅에 완전한 이상이 구현되리라는 것이다.

근대의 탄생은 사회적으로나 정신적으로 지난(至難)한 고통 가운데에서 이루어졌다. 이제 서구 사회는 천국과 현세 사이의 갈등에 빠지게 되었다. 언제나 고난의 때에는 이 갈등이 폭발한다. 그것은 흔히 종교적 이단의 형태를 띠고 나타난다. 오랫동안 소박한 민중들은 그들이 이야기하고 싶은 것에 대해 오직 종교적인 언사를 통해서만 말하였다. 사회적으로, 정치적으로 잘못된 것도 그들이 볼 때에는 "하느님의 뜻에 어긋난 짓"이며 "말세"였다.

억압받고 고통을 겪는 민중들은 곧 부자와 빈자가 없는 세상, 모두가 공평한 세상을 꿈꾸게 되고 그것을 곧바로 이 세상에 구현시키려고 한다. 이 세상은 말세이고 하느님의 새로운 질서는 코앞에 와 있다. 지금의 세상이 깨져야만 새로운 세상이 올 수 있다면 왜 이 세상을 부수려 하지 않겠는가? 이러한 폭력적인 천년왕국운동은 가진 자들을 불안에 떨게 했다.

똑같은 갈등 앞에서 배운 자들이 꿈꾸는 세계는 다른 형태로 나타나게 된다. 이미 완성된 아름다운 세계가 과거에 존재했다. 그것은 우리가 상실한 빛나는 도시다. 르네상스 시대의 인문주의자들로부터 계몽주의 시대의 철학자들은 모두 이 과거의 세계로 인도하는 안내자를 자처했다. 그것은 민중들이 고대하던 평등한 자들의 왕국과는 다른 모습을 띠고 있는 것은 물론이다.

유토피아의 지리적 묘사를 그림으로 옮기면 프로이트적인 의미의 자궁 모양이 된다는 지적을 흔히 한다. 1518년에 홀바인이 그린 목판화가 이를 잘 나타내고 있다.

　다시 말하거니와 유토피아는 가진 자들의 반동(反動)으로서 철저
하게 "계획된" 세계에 대한 전망이다. 그것은 우주적인 질서로부터
사회 규범, 남녀간의 애정에 이르기까지 모든 것을 율법 속에서 파악
하고 온갖 금지 사항들 속에 스스로를 가두어 버리는 전통적인 도시
공동체의 엄격한 틀을 되찾으려는 노력이다. 엄정한 기하학적 도시
배치, 누구도 거역할 수 없는 제약적인 법, 국가가 관장하는 사
랑…… 이 모든 것들은 하나의 신화처럼 짜여져 있다.

　근대 서구 사회가 가지고 있는 병리 현상은 그 내부로부터 스스로
에 대한 비판을 제기하고 있었다. 그것은 천년왕국설로 나타날 수도
있고 유토피아 사상으로 나타날 수도 있다. 이것들은 모두 기존의 틀
로부터 바깥으로 던져진 상태(Geworfenheit)의 사람들, 이 세상에 자
기 자신만이 홀로 남은 사람들의 생각이다.

　그 중에서도 유토피아는 천년왕국설의 거친 흐름에 겁을 먹은 사람
들이 도피처로 얻은 꿈이다. 그곳은 어떤 고난에도 꿈쩍하지 않을 견
고한 무변화의 세계가 될 것이며, 그곳에서 배운 자들은 여전히 이
세상을 그의 학문으로 다스리는 "철학자 / 왕"의 위치를 차지할 것이
다. 밤새 악몽을 꾼 긴 밤 끝머리, 거친 바다 끝에서 겨우 찾은 고립
되어 있는 섬에 대한 동경 —— 그것은 다름 아닌 자궁(子宮)으로의
회귀다.

# 악몽의 실현
■ 헉슬리의 《멋진 신세계》

## 1. 흉몽

우리는 왜 꿈을 꾸는 걸까? 최근의 한 의학 연구는 이렇게 설명하고 있다.

우리는 낮 동안에 여러 경험을 하는데 밤에 자면서 마음속으로 이것을 잘 정리하려고 한다. 과거에 내가 했던 여러 경험에 비추어서 오늘 낮에 일어난 중요한 사건과 생각을 반추해 보고 그것이 의미가 없으면 버리고 기억해 둘 필요가 있으면 우리에게 익숙한 스토리로 가공한다. 그런데 이때 낮 동안의 일이 지난 과거에 비해 너무나 낯선 것이라서 정리가 잘 안 되는 때에는 무서운 꿈을 꾸게 된다고 한다.

이것을 개인의 차원이 아니라 사회의 차원으로 확대해 보면 어떨까? 미래를 암울하게 그리는 영화나 문학 작품이 많이 등장한다는 것 역시 그 비슷한 논리에서 이해할 수도 있을 것 같다. 요즘 벌어지고 있는 일들이 우리의 정상적인 생각으로 이해하기에는 너무 변화가 빠르든지 너무 이상한 것들이라서 우리 스스로 그것들을 미처 소화

일반적으로 미래를 낙관적으로 그리는 것이 유토피아라면 디스토피아는 미래를 불안하고 어두운 세계로 그리는 작품이다. 영화 〈블레이드 러너〉와 같은 디스토피아 작품들이 많이 만들어지는 현상은 어떤 의미를 가지는 것일까?

해 내지 못할 때 이것들이 일종의 악몽으로 변한 것이고, 그 배경으로는 우리의 상상력을 비교적 자유롭게 펼칠 수 있는 공간인 미래 사회가 사용된 것은 아닐까?

그렇게 본다면《멋진 신세계》는 1920~30년대 영국의 한 지식인이 그려본 그 당시 사회의 무서운 꿈으로 읽을 수 있을 것이다.


## 2. 행복

때는 포드 기원(AF) 632년. 과학과 기술이 고도로 발전해 있는 이 미래 사회는 포드주의(Fordism)를 구성 원리로 삼고 있다. 포드주의라는 것이 무엇인가? 포드 자동차 공장은 최초로 콘베이어 시스템을 개발하여 생산 공정을 고도로 효율적으로 만들었다. 그러나 그것만이 포드주의의 전부가 아니다. 생산만큼 중요한 점은 수요를 스스로 만족시킬 수 있는 장치가 되어 있다는 점이다. 즉 공장 노동자에게 높은 임금을 지급함으로써 상품을 소비할 수 있는 여력을 준다는 것이다. 자동차만 하더라도 이제 이것은 귀족의 전유물이 아니라 일반인들이 얼마든지 구입할 수 있는 대중 소비품이 되었다. 고도의 생산과 고도의 소비가 보장되는 원칙, 이것이 포드주의가 이 사회의 구성 원리가 된 연유다.

문제는 상품 생산에만 그런 방식이 적용되는 것이 아니라 인간 자신에게까지 그런 방식이 적용된다는 점이다. 이 사회에서는 아이들이 공장에서 대량 생산된다. 그 공정에서 알파부터 입실론까지 여러 등급이 처음부터 결정되어 있다. 하층 계급의 경우에는 발생 과정에서 화학 약품과 산소를 적절히 통제해서 지능이 낮고 몸집도 작은 개체들로 만들어낸다. 그것도 하나의 난자를 생물학적으로 처리하여 수십 명의 똑같은 쌍둥이를 만들어내서 나중에 효율적이고 표준적인 노동을 제공할 수 있도록 만든다. (현재 우리에게 가장 심각한 문제의 하나로 떠오르고 있는 인간 복제의 문제를 이미 1930년대에 예견하고 있었던 것이다!)

육체만 이렇게 통제하는 것이 아니다. 모든 어린이들은 태어나면 곧바로 마음의 통제 과정에 들어간다. 당시 유행하던 파블로프 방식을 이용하여 각 개인은 이 사회를 위한 존재임을 의식 속에 철두철미하게 각인시킨다. 예컨대 아이들에게 꽃이나 책 같은 것을 보여주면서 전기 충격을 가함으로써 자연스럽게 이런 것들을 싫어하도록 유도한다. 그렇게 하는 목적은 아이들이 자연을 멀리하고 자기 자신이 인간임을 포기하도록 만들기 위함이다. 이 사회가 원하는 방식으로 잘 통제되기 위해서는 "내가 나"임을 주장하면 안 되기 때문이다. 모든 사람들은 "인간적인" 측면이 "수치스러운" 것이라고 느낄 정도로 세뇌당한다.

이렇게 내가 나임을 포기하고 오직 전체를 위한 존재가 되는 것을 받아들이는 대가는 무엇인가? '복지' 라고 말할 수도 있고, 약간 다르게 표현하면 '행복' 이라고 할 수도 있다. 이 사회에서 제공하는 행복은 한마디로 요약하면 '욕망의 충족' 이다. 사회는 개인들에게 기본적으로 필요한 물품을 전부 제공하는 것은 물론이고, 온갖 종류의 오락까지 다 제공한다.

헉슬리가 그려내는 그 오락들 중에는 지금의 감각으로 보더라도 아주 기발한 것들이 많다. 예컨대 후각 · 촉각 영화는 정말로 환상적이다. 이 영화는 단지 화면에 그림만 나오는 것이 아니라 냄새와 느낌까지 전달한다. 키스 신의 경우 관객의 입술에 연인의 입술 느낌이 그대로 전달되고 은은한 살냄새까지 맡게 된다. 그야말로 말초 감각을 극단적으로 만족시켜 주는 장치다.

그러나 이런 것들보다 더 중요한 요소가 있다면 그것은 다름 아닌 섹스다. 이곳의 남녀들은 가정을 이루지 않는다. 그 정도가 아니라 가정이라는 것이 금지되다못해 가정이니 어머니니 하는 말을 듣는 순간 수치심을 느끼도록 감정 조절되어 있다. 아이를 생산하는 것은 말한 바처럼 공장에서 이루어지고, 대신 섹스는 남녀가 자유롭게 만나 가볍게 즐기는 스포츠가 되었다. 파트너는 계속해서 바꾸어야지 만일 한 사람과 몇 달 동안 만나는 것이 발각되면 처벌을 감수해야 한다.

이 모든 쾌락의 요소들에도 불구하고 아직 마음이 불편한 일이 있을 때에는 소마라는 이름의 마약을 복용한다. 몸에 전혀 해가 되지 않는 이 완벽한 알약 덕분에 모든 사람들은 평생 유쾌한 마음으로 살아갈 수 있다.

더구나 공장에서 인간을 제조할 때 이미 그렇게 만든 덕분에 사람들은 늙지 않고 탱탱한 젊음을 죽을 때까지 유지한다. 그렇게 살기를 60년, 그러고 나면 어느 순간 전기가 다 빠진 배터리처럼 고통 없이 죽는다. 죽음에 대해서도 이미 다 감정 조절이 되어 있기 때문에 죽는 자나 혹은 그 주변의 사람이나 누구도 슬퍼하지 않는다. 시체는 공장으로 가져가서 중요한 성분들을 빼내는 방식으로 재활용된다.

## 3. 감각의 제국

이 얼마나 행복한 삶인가?

한 공기의 밥을 얻기 위해 아등바등해야 하는 기본적인 생존 문제를 해결한 것은 그렇다 치자. 온갖 문화와 스포츠를 마음껏 즐기고 있고, 어쩔 수 없는 인간의 저 깊은 욕망, 성의 문제까지 완벽하게 해결해 놓았다.

사실 인간의 만남이란 잠시의 열정적인 기쁨에 비해 얼마나 불편하고 고통스럽고, 한마디로 귀찮은 일인가. 그렇게 구질구질하게 놀 것 없다. 남녀는 속시원히 만나서 며칠 화끈하게 즐기고 다시 다음 상대를 찾는 것이다(남들은 안 그러는데 나만 그러면 불륜이지만, 이 사회는 모든 사람이 그렇게 한다는 점에서 아무런 문제가 없다).

혹시 마음에 불편함이 있으면 소마를 복용해서 최상의 안락함을 누리면 된다. 그러니 누구 하나 불만이 없다. 이 사회가 계급사회라고 하지만 이미 감정 조절이 잘 되어 있어서 자기 상태에 완벽하게 만족해 하고 있으며, 사실 온갖 욕망이 다 만족되는데 굳이 불만을 가질 이유가 없다. 사회 문제라는 것이 있을 까닭이 없는 것이다.

수명을 60년으로 한정해 놓았으니 약간 짧다고 할 수는 있겠다. 그러나 대신 죽는 순간까지 20대의 젊음을 유지하며 산다는 점을 고려

해 보면 병들어 초라한 모습으로 팔십까지 사는 것보다야 낫지 않은
가. 심지어는 죽음의 공포까지 넘어서 있다. 드디어 유토피아가 구현
된 것이다!

수업 시간에 대학교 1학년 학생들에게 솔직한 심정을 물었다. 그러
자 거의 대부분의 학생들이, 만일 이런 사회가 실현될 수 있다면 기
꺼이 이곳을 선택하겠노라고 이야기한다. 나는 속으로 이렇게 생각
했다.

'우리 학생들이 고등학교에서 보낸 삶이 정말로 험악했나 보구나,
행복을 도피 속에서 찾으려고 하다니…….'

그러고는 헉슬리가 의도하고 있는 것, 그가 작품에서 그리고 있는 것
은 이상향이 아니라 한편의 지옥도라고 말했다. 그러나 우리 학생들
은 전혀 그렇게 생각하지 않는 눈치다. 혹은 헉슬리의 원래 의도는 알
겠지만 어쨌든 우리는 그곳으로 가고 싶다고 말하는 것 같았다. 그런
걸 보면 헉슬리는 정말로 탁월한 예언을 한 게 아닐까? 그가 작품 앞머
리에 인용하고 있는 베르자예프의 말, "유토피아는 인간이 일찍이
믿었던 것보다 그 실현이 훨씬 더 가능한 것처럼 여겨진다……. 삶
은 유토피아를 향해서 전진한다"는 것이 바로 실감이 난다.

우리 주변을 보라. 헉슬리가 그리고 있는 그대로의 모습이야 물론
아니지만 이 세상은 점차 '욕망 충족의 전체주의'라는 유토피아로 가
고 있지 않은가. 섹스와 약물과 감각적인 오락의 범람은 우리의 존재
를 망각할 정도로 우리를 휘감고 있지 않은가.


## 4. 내가 나이기를……

멋진 신세계에서 사람들은 인간 존재의 고통스러운 문제들을 푼 것

존 사전트, 〈독가스 피해자〉(1918~1919). 제1차 세계대전에서 처음 사용된 독가스는 현대 전쟁에 공포의 상징이 되었다. 이 그림은 크기와 주제로 볼 때 그리스의 프리즈를 연상시키지만, 다만 영웅주의가 아니라 전쟁의 고통을 그리고 있다.

이 아니라 단지 그것을 회피했을 뿐이다. 내가 살아가는 의미, 가치, 진선미의 문제, 내가 과연 잘 살아가고 있는가, 내가 이 세상에 존재하는 이유는 뭘까, 시간 · 신 · 죽음은 무엇일까……. 이런 것들에 대해 당당히 맞서서 대답을 찾지 않는다. 대신 그들은 —— 다시 말해서 우리는 —— 집단적으로 '행복'을 추구하고 있다. 그것은 극도의 감각적인 쾌락을 통해 우리를 아예 잊어버리는 것, 혹은 눈을 감는 것이다.

진정한 예술, 과학, 종교는 사람의 눈을 뜨게 만드는 것이지 눈을 감게 만드는 것이 아니다. 그러나 이 사회에서는 모든 것을 잊어버리고 오직 즐기라고 말한다. 예를 들어 사랑의 문제만 해도 그렇다. 사랑이 고통스러운 것일진대 그것을 사회 전체적으로 지워 버리고 오직 섹스로만 환원해 버렸다.

그런데 이런 해결책은 한 개인의 차원에서만 이루어질 수는 없기 때문에 사회 전체적으로 그것을 강요할 수밖에 없다. 그렇다면 이 사회는 왜 그런 방향의 선택을 한 것일까? 소설에서는 인류가 9년 전쟁을 겪고 나서 그렇게 진화했다고 설명한다. 그 9년 전쟁이 당시까지 인류가 겪었던 가장 처참한 비극인 제1차 세계대전임은 쉽게 짐작이 간다.

19세기 이래 문명의 발달로 세상은 갈수록 살기 좋은 방향으로 진보하고 있다고 믿는 사람들에게, 땅바닥에 쥐새끼처럼 웅크리고 독가스를 맡으며 죽어가는 전쟁의 경험은 지난 시절의 철없는 낙관주의를 무참하게 깨버리기에 충분했을 것이다. 많은 사람들은 고통을 피하고 세속적인 —— 그리고 감각적인 —— 행복만을 바라게 되었다.

그러나 이 유토피아의 사회에서도 정말로 모든 사람들이 다 거기에 동의하는 것은 아니다. 이 사회 내에도 균열의 요인들이 분명히 존재한다. 그들은 고독한 존재들이다. 고독한 자만이 내가 누구이고 시간이 무엇이며 죽음이 무엇인지 생각하는 것이다(진정으로 고독해 본 자만이 진정으로 사랑할 수 있는 법!).

소설에서는 이런 자들은 공장에서 '제조과정' 중에 약간의 실수로 이런 이상 현상이 발생한 것으로 되어 있다. 난자에 알코올 성분이 조금 과다하게 들어갔다나 뭐라나……. 그런 소설 장치야 어떻든 상관없는 일이다. 중요한 것은 하여튼 이들이 다른 사람은 전혀 하지 않는 짓들을 해서, 예컨대 홀로 겨울 바다를 보고 싶다는 둥 헛소리를 하면서 주변 사람들을 불안하게 만든다는 점이다.

그러나 본격적으로 이 사회의 균열을 파고들어가는 인간은 전혀 엉뚱한 곳에서 나온다. '문명'과는 동떨어진 '보호구역'이라는 곳이 있다. 이곳에서 생모에게서 태어나 '원시적인' 인간 그대로의 삶을 살고 있던 야만인 존(Savage John)이 이 사회에 흘러들어온 것이다. 영

국인 작가가 그린 주인공답게 그는 언제나 셰익스피어를 암송하며
이 세상을 지내본다. 그리고 이 환멸의 세계를 모두 경험한 그는 이
렇게 외쳐댄다.

　　"저는 신을 원합니다. 편안한 것은 원치 않습니다. 저는 시를 원하
고, 현실적인 위험을 원하고, 자유를 원하고, 선을 원합니다. 저는 죄
악을 원합니다."
　　"알 수 없군요. 당신은 불행하게 만드는 권리만 주장하는군요."
　　"네, 그래요. 나는 불행하게 되는 권리를 주장하고 있습니다. 늙어서
추해지고 무능하게 되는 권리는 말할 것도 없고, 매독과 암에 걸릴 권
리, 기아의 권리, 더러워질 권리, 내일 일어날 일에 대해 끊임없이 걱
정할 권리, 장티푸스에 걸릴 권리, 말할 수 없는 온갖 고통에 시달릴
권리……."

이걸 뭐라고 이야기할 수 있을까? 내가 나일 권리, 고통스럽더라도
내가 나의 삶을 살 권리!
　　물론 아직 한 공기 밥의 문제도 완전히 해결하지 못한 우리 사회로
서는 당장의 일은 아니겠으나, 가공할 유토피아가 도래하여 우리에
게 소마를 먹이고 사회가 우리 대신 삶을 사는 날이 조만간 찾아올지
모른다. 그때가 되면 나 같은 야만인은 어디로 숨어야 할꼬? 아마도
보호구역 내에서 '야만인 주씨 기념품 가게(Savage Jou's Gift Shop)'
를 열고 문명인 관광객들에게 낡은 책들을 기념품으로 팔면서 고독
한 삶을 연명하리라.

# 러시아, 신(神)을 가슴에 품고 사는 민족
■ 솔제니친과 톨스토이

## 1. 이반 데니소비치의 하루

지금까지 살아온 당신의 삶에 대해 다시 생각해 보라. 오늘 당신은 어떤 하루를 보냈는가? 이반 데니소비치 슈호프가 보낸 그 나날들을 생각하면 여태 고민이라고 했던 것이 한낱 푸념이고 당신의 슬픔도 일종의 사치다.

영하 30도의 날씨에 얼어붙은 벌판으로 달려가라. 그곳에서 무엇보다도 자신의 감옥을 지어야 하는 어이없는 노동, 그리고 수용소로 돌아와 멀건 국 한 그릇! 이 동토의 지옥에서 사람이란 어떤 존재인가? 무엇이 사람이게 만드는가? 사람은 무엇으로 사는가?

슈호프는 제2차 세계대전 중에 그야말로 얼떨결에 독일군에게 포로가 되었다가 도망쳐 나왔는데, 어이없게도 독일군 스파이로 몰려 강제 노동수용소 10년형을 선고받게 되었다. 순박하기 그지없는 농민이었던 그가 이런 연유로 들어오게 되었듯이 이 수용소는 그런 무고한 인간들로 가득 차 있다.

솔세니친.

해군 중령으로 함장까지 지냈던 부이노프스키는 연합군 일원으로 함께 싸운 영국 해군 함장이 우정과 감사의 표시로 보낸 기념품을 가지고 있었기 때문에 영락없이 간첩으로 몰려 이곳에 들어왔고, 영화 감독 출신의 체자리는 그가 만든 첫 작품을 당국이 사상적으로 수상하다고 의심하는 바람에 들어왔다. 심지어 침례교도들은 그저 기도했다는 죄로 25년 형을 선고받았다. 이런 인물들이 함께 살아가는 이 수용소는 암울했던 스탈린 시대 소련 사회 전체의 상징 혹은 그 축소판이다.

아직 해가 뜨지 않은 시커먼 새벽, 슈호프는 몸이 안 좋은 상태로 일어난다. 체온이 38도만 되어도 의무실에 누워서 하루를 보낼 수 있으나 야속하게도 이것도 저것도 아닌 37.2도. 기온이 영하 30도 아래로 떨어지면 일을 하지 않으나 이날 아침 기온은 "겨우" 영하 27도. 할 수 없이 슈호프는 다른 수용소 반원들과 함께 하루 종일 일을 할 벌판으로 달려나간다.

그나마 그들이 일하는 곳은 건물 내부이기 때문에 좀 낫지만, 이웃반은 "사회주의 단지" 건설 현장으로 나가게 되었는데 그곳은 바람 하나 가릴 데 없는 그야말로 허허벌판이어서 얼어죽지 않으려면 끊

임없이 곡괭이질을 해야 한다. 이곳의 모든 죄수들이 하루를 살아가
는 의미를 찾는 순간은 오직 먹을 때뿐이다.

우선, 한쪽 국그릇에 담긴 국물을 쭉 들이켠다. 따끈한 국물이 목을
타고 뱃속으로 들어가자, 오장육부가 요동을 치며 반긴다. 아, 이제야
좀 살 것 같다! 바로 이 한순간을 위해서 죄수들이 살고 있는 것이다.

국물 한 그릇, 그리고 여기에 더해서 최고로 운이 좋았던 이날 슈호
프가 얻어먹은 소시지 한 조각! 십 년 동안의 삶에서 기억에 남을 정
도로 좋았던 사건이 밤에 잠자리에 누워 소시지 한 조각을 씹은 것이
었다니! 이것이 어찌 사람 사는 세상이란 말인가.
그렇다. 이들이 살아가는 이 세계는 모두 인간 이하의 존재들, 짐승
같은 자들의 세계다. 이 작품에서는 거의 모든 비유들이 짐승과 관련
이 있다. 늑대 같은 규율감독관, 염소 떼처럼 몰려가는 죄수들, 죄수
들 사이에도 차별을 두고 먹을 것을 다르게 해놓는 독사 같은 놈
들……
누가 인간 세계를 이토록 어지럽혔단 말인가? 슈호프와 해군 중령
이 일하는 도중에 나눈 대화를 들어보자.

"해가 중천에 떠 있으니 열두 시이겠군."
"해가 중천에 떠 있으면 열두 시가 아니고 한 시라네."
"아니, 왜 그렇지? 조상 대대로 누구나 알고 있어, 해가 높이 떠 있
으면 정오라는 것쯤은……"
"그건 그 사람들 이야기야. 법령이 있은 다음부터는 오후 한 시가 되
었을 때 해가 가장 높이 떠 있단 말이야."

"아니, 그 따위 법령을 누가 만들었단 말이야?"

"소비에트 정부지."

슈호프는 과연 하늘의 법칙마저도 그들의 법령에 따라야 한단 말인가 하고 의아해 한다.

작가가 보기에 이 사회는 이미 하늘의 법칙에 벗어나 있는 것이다.

## 2. 의인(義人)이 있는 마을

"이곳에는 법칙이 하나 있는데, 그것은 밀림의 법칙이라는 거야. 그러나 이곳에도 사람들은 살고 있지. 수용소 안에서 죽어가는 놈이 있다면, 그놈은 남의 빈 그릇을 핥는 놈들이고, 맨날 의무실에 갈 궁리나 하는 놈들, 그리고 정보부원들을 찾아다니며 고자질하는 놈들이야."

반장이 새로 들어온 반원들에게 해주는 말이다. 이 작품의 첫머리에 나오는 이 말은 이미 모든 것을 말해 주고 있다. 많은 사람들이 인간으로서 살지 못하고 짐승처럼 살 수밖에 없는 것은 사실이다. 그러나 정말로 누구나 그런 것은 아니다. 아무리 간악한 탄압을 받더라도 영혼을 잃지 않은 사람들이 있다. 슈호프 역시 그런 사람의 하나다.

비록 그 역시 이곳에서 버텨내고 살아남기 위해서는 이곳의 법칙을 따라 살아야 하는 것은 사실이다. 주방 일꾼을 속여서 국 한 그릇을 더 타 먹고, 부자 죄수를 위해 줄을 대신 서 주는 대가로 빵 한 개를 얻어내는 일을 해야 한다. 그러나 그는 인간이면 지켜야 하는 마지막 품위를 잃지는 않는다. 담배가 떨어졌을 때 담배 한 모금 피우고 싶은 생각에 온몸이 비비꼬이는 한이 있더라도 남 앞에 비루한 모습을 보인다든지 쓰레기통을 뒤져 꽁초들을 긁어모으는 법은 없다.

그 힘겨운 상황에서 아무렇게나 먹는다고 누가 탓하랴마는 옛날부터 해오던 대로 모자를 벗지 않고는 빵을 먹을 수 없다. 그것이 뭐가 중요하냐고? 인간의 모습을 버리지 않았다는 마지막의 마지막 징표이기 때문이다.

그런 그이기에 그 어려운 사정에서도 남을 배려하는 마음을 가질 수 있는 것이다. 자기도 소포 한 번 받아본 적 없어서 늘 궁핍하게 살지만 그보다 더 재주 없이 못사는 귀머거리 동료를 위해서 "자, 한 모금 피워, 이 궁상맞은 녀석아" 하면서 담배 한 모금을 양보할 수 있고, 어렵게 얻은 비스킷 한 조각을 옆 침대의 침례교도에게 주기도 하는 것이다.

슈호프가 순박한 러시아 농민으로 남아 있다는 것은 노동에 대한 그의 태도에서 찾아볼 수 있다. 그는 강제 노동을 해야 하는 처지인데도 일단 벽돌쌓기 같은 일을 하게 되면 신명을 다해서 일을 한다. 십년이라는 긴 세월 동안 그를 가두어놓는 그 체제가 시키는 일일진대 오히려 일부러라도 일을 망쳐놓아야 맞지 않을까? 그러나 그는 그런 사람이 아니다. 사실 그런 심보를 가지고 있는 사람일수록 일찍 망가지는 법이다. 그의 정신 세계에서는 인간이면 의당 일을 하며 살아야 하고 그렇게 해서 밥을 먹는 것이기 때문이다.

그런 그의 마음 저 깊이에는 소박하다못해 원시적인 러시아 농민의 신앙이 새겨져 있다. 겉으로 보기에는 그가 침례교도들을 비웃으며, 하느님을 찾는 것은 결코 들어주지 않는 탄원서를 들이미는 것과 같다고 말을 하지만 그는 여전히 자신의 하느님을 믿고 살아간다. 그와 동료들이 하루 일을 만족스럽게 끝내고 수용소로 돌아오는 도중에 나누는 대화에서 그것을 읽을 수 있다(나는 이 부분이 이 작품에서 가장 아름답게 느껴진다).

　"이봐, 중령, 당신네들 과학적 이론으로는 없어진 달은 어디로 간다고 하는가?"
　"어디로 가냐구? 그런 게 어디 있어! 그냥 우리 눈에 안 보이게 될 뿐이야."
　슈호프가 고개를 흔들며 웃는다.
　"만약 눈에 안 보인다면 그걸 어떻게 안단 말인가?"
　"그럼, 자네 생각으로는 매달 새 달이 나온다고 생각하나?"
　중령은 어이없다는 듯이 말한다.
　"그게 뭐 그리 이상한가? 사람도 매일 태어나는데, 왜 달이라고 4주에 한 번 태어나지 말라는 법이 있나?"
　"이런 멍청한 녀석을 봤나. 해군에서는 자네 같은 멍청이는 한 명도 없었어! 그래 자네 생각으론 헌 달이 어디로 사라진다고 생각하나?"
　"우리가 알고 있기로는 하느님이 헌 달로 별을 만드신다는 거야."
　"이런 미개한 사람들 같으니라구! 그런 말은 들어본 적도 없어. 그래, 슈호프, 자네는 하느님을 믿는단 말인가?"
　"아니 그렇지 않으면?"
　슈호프가 깜짝 놀란다.
　"천둥소리를 듣고도 믿지 않을 수 있단 말인가?"
　"그래, 그럼 하느님은 왜 그런 일을 하신다는 거야?"
　"뭐라구?"
　"왜 달로 별을 만드냐는 거야!"
　"아니, 그걸 모른단 말인가? 별도 시간이 지나면 떨어지지 않나? 그래서 그걸 보충하느라고 그러는 거지!"

스탈린 체제가 되었든 그 무엇이 되었든, 아무리 강하고 폭압적인 체제가 사람들을 옥죄더라도 모든 인간의 순박한 영혼까지 다 앗아 가는 것은 아니다. 일찍이 톨스토이가 그렇게 이야기하지 않았는가? 의로운 사람이 하나도 없는 마을은 없다. 그렇기에 인간은 벌판에서 울부짖는 들개 떼와는 다른 것이다.

## 3. 인간은 무엇으로 사는가

솔제니친은 그러므로 톨스토이와 기본적으로 같은 대답을 하고 있는 것이 아닐까?

톨스토이가 쓴 민담 《사람은 무엇으로 사는가》를 다시 읽어보자.

러시아 어느 마을에 세묜이라는 구두장이와 그의 부인 마트료나가 살고 있었다. 아주 가난했던 이들은 외투가 하나밖에 없는 데다가 그게 너무 낡아서 새것을 짓기로 했다. 그래서 마을 사람들에게 돈을 꿔준 적이 있는 세묜은 그 돈을 받아서 양가죽을 하나 사려고 마을로 갔다.

그러나 고작 20코페이카밖에 받지 못해서 화가 난 세묜은 그 돈을 몽땅 털어서 보드카를 마셔 버렸다. 땅거미가 지는 겨울 저녁, 그는 휘청휘청 집으로 돌아가면서 꿔준 돈을 안 갚는 농부들을 욕하고 있었다. 그런데 교회 담벽에 뭔가 희끄무레한 것이 보이지 않는가!

가까이 다가가면서 보니 어떤 젊은 남자가 완전히 벗은 채 벽에 기대어 있었다. 세묜은 강도한테 당한 남자인가보다 생각하고 무서운 생각이 들어서 얼른 지나쳐 버렸다. 그러나 조금 가다가 다시 생각하니 차마 그 남자가 얼어죽는 것을 그냥 내버려둘 수가 없었다.

그래서 그 남자에게로 가서 자기 옷을 입히고 겨우 부축을 해서 집으로 데리고 왔다.

"당신은 누구요?"

세묜이 물었다.

"나는 이 동네 사람이 아닙니다. 나는 하느님의 벌을 받는 중입니다."

그 사나이는 이렇게 말하고 입을 다물었다.

집으로 돌아오자 예성대로 마트료나는 길길이 뛰었다. 돈도 못 받고 술만 마시고는 웬 건달까지 데리고 왔다는 것이다. 그러고는 밥을 못 해주겠다면서 이 사나이의 옷을 도로 벗기고 밖으로 강제로 밀어내려고 했다. 세묜이 아무리 설명하고 말리려 했으나 마트료나는 고집불통이었다. 마침내 세묜이 소리를 질렀다.

"마트료나, 당신에게는 하느님도 없소?"

그러자 겨우 마트료나는 자신의 행동이 지나치다는 것을 깨닫고는 두 사람에게 사과하고 밥을 짓겠다고 했다.

이때 그 사나이는 빙그레 웃었다.

다음날부터 이 사나이는 이 집에 함께 살면서 세묜의 조수로서 구두장이 일을 배우고 그를 도와 구두를 지었다. 그의 이름은 미하일이었다.


1년이 지났다. 그동안 미하일은 언제나 조용하게 지냈고 가끔씩 먼 곳을 쳐다보기만 했다.

그러던 어느 날, 이 집 앞에 마차가 한 대 서더니 어떤 귀족이 들이닥쳤다. 그러고는 아주 비싼 가죽을 내밀면서 이 가죽으로 좋은 부츠를 만들라고 명령조로 말했다.

"적어도 일년은 끄떡없을 정도로 단단히 꼬매라."

그러면서 의자에 거만하게 앉아 발의 치수를 재게 했다. 그런데 미하일이 이 귀족의 말을 듣는 둥 마는 둥 하면서 귀족의 뒤편을 빤히 응시하였다. 그러더니 갑자기 빙긋이 웃는 것이었다. "자넨 왜 싱글거리는 거냐?" 하고 야단을 친 귀족은 곧 말을 타고 떠나 버렸다.

이제는 세묜보다 미하일의 솜씨가 훨씬 좋았기 때문에 세묜은 그에게 귀족의 부츠를 짓도록 시켰다. 그런데 다음날, 부츠가 어떻게 만들어지고 있는지 보려고 세묜이 왔다가 기절을 할 정도로 놀라고 말았다. 미하일은 부츠가 아니라 슬리퍼를 단정하게 만들어놓은 것이다.

세묜이 너무 놀라 말을 못하고 있는데 어제 왔던 귀족의 하인이 들이닥쳤다.

"우리 나리께서 어제 저녁에 갑자기 돌아가셔서 그 가죽으로 부츠를 만들 것이 아니라 시체에 신기는 슬리퍼를 만들어야 합니다."

그러자 미하일은 조용히 그 슬리퍼를 하인에게 내주었다.


다시 세월이 흘러 6년이 지났다. 그동안에도 미하일은 아무런 이야기도 하지 않은 채 묵묵히 구두를 만들었다. 그러던 어느 날, 창 밖을 내다보던 이 집 아이가 이렇게 말을 했다.

"미하일 아저씨, 어떤 아줌마가 아이 둘을 데리고 우리 집으로 오고 있네요."

그런데 평소 그런 일이 한 번도 없던 미하일이 갑자기 하던 일을 멈추더니 창 밖을 뚫어지게 쳐다보는 것이었다. 조금 있자 정말로 어떤 부인이 여자 아이 둘을 데리고 들어오는데 한 아이는 한쪽 다리를 절고 있었다. 그 부인은 아이들을 위한 구두를 주문했다.

세묜은 그 부인과 이야기를 나누면서 아이들 일을 이것저것 물었다. 그런데 부인은 이 아이의 어머니가 아니라는 것이었다. 이 아이들은 6

년 전에 태어난 쌍둥이인데 아이가 태어나기 사흘 전에 아버지가 죽고
어머니는 아이들이 태어난 지 하루만에 죽었다는 것이다.

그리고 자기는 옆집에 살고 있었는데 이 쌍둥이가 불쌍해서 데려다
가 키우고 있다고 했다. 그런데 하느님의 뜻인지 그 두 아이는 잘 컸으
나 정작 자기 아이는 2년 후에 죽고 말았다고 했다. 이 말을 들은 마트
료나가 하느님의 도움으로 아이들이 잘살고 있는 것 같다고 말하면서
눈물을 닦았다.

그런데 갑자기 미하일이 있는 쪽 구석에서 섬광이 비쳐와서 온 방안
이 환하게 밝아졌다. 사람들이 놀라 그쪽을 보니 미하일은 두 손을 무
릎 위에 얹고 위를 쳐다보며 싱긋 웃고 있었다.

## 4. 신(神)의 그림자

미하일은 자리에서 일어나 주인 내외에게 허리를 굽혀 인사를 했다.
"하느님께서 용서를 하셨으니 주인 내외께서도 저를 용서하십시오."
세묜은 미하일에게 물었다.
"자네는 보통 인간이 아닌 듯하니 꼬치꼬치 물을 수는 없겠으나, 꼭
알고 싶은 것이 있네. 자네는 처음에 마트료나가 저녁 식사를 지으려
고 할 때 웃었고, 귀족 나리가 부츠를 부탁했을 때 두 번째 웃고, 또 두
여자아이를 보았을 때 세 번째로 웃었는데 그 까닭이 무엇인가?"
"저는 하느님의 천사였는데, 하느님의 뜻을 거역하여 벌을 받고 있는
중이었습니다. 저는 하느님의 뜻 세 가지를 알게 되면 용서를 받게 되어
있었는데, 이제 그 세 가지를 알게 되어 용서를 받게 된 것입니다."
미하일은 이렇게 말하며 자기 일을 설명했다.
어느 날 하느님은 미하일에게 어느 여인의 혼을 거두어 오라고 시켰

다. 그가 그 여인에게 갔을 때 여인은 쌍둥이 아이들을 낳은 직후였다. 천사가 온 것을 알아본 그 여인은, 자기 남편이 사흘 전에 벌목을 하다가 나무에 깔려 죽고 다른 의지할 사람도 없는데 쌍둥이 아이들을 낳았으니 돌볼 사람 없는 이 아이들을 기를 수 있도록 해달라고 흐느끼며 부탁을 했다.

차마 산모의 혼을 빼앗지 못한 천사는 하느님께 가서 그 사실을 이야기했다. 그러자 하느님은 이렇게 말했다.

"여인의 혼을 거두어라. 그러면 너는 세 가지 말을 알게 되리라. 즉 인간의 내부에는 무엇이 있는가, 인간에게 허락되지 않은 것은 무엇인가, 그리고 인간은 무엇으로 사는가."

그래서 미하일은 다시 인간 세계로 내려와 여인의 혼을 거두었다. 그때 여인의 시체가 침상에서 굴러 떨어지면서 한 아이의 다리를 누르는 바람에 그 아이는 한쪽 다리를 절게 되었다. 미하일이 여인의 혼을 하늘로 올리고 자신도 하늘로 오르려고 했을 때, 갑자기 광풍이 일더니 미하일의 날개가 부러지며 땅으로 떨어지게 되었다.

그때까지 추위와 배고픔을 모르던 미하일은 이제 인간이 되어 사경을 헤매며 고통받게 되었다. 교회 담벼락에 기대어 있는 중에 멀리 사람이 다가오는 것을 보았다. 그 인간은 사나운 몰골을 한 채 오직 돈 받을 궁리를 하면서 지나가 버렸다. 그런데 조금 있다가 그 사나이가 다시 돌아와 자신을 부축하고 집으로 데려갔다.

아까의 얼굴은 죽음의 그림자만이 드리웠는데 이제는 다시 생기가 돌고 신의 그림자가 언뜻 비치는 것이었다. 그 사람의 집으로 가자 그 집 부인은 숨을 쉬기 힘들 정도로 독기를 뿜고 있었다. 그 여자가 자기를 추운 밖으로 다시 내쫓으려 했는데 만일 진짜 그렇게 했다면 그 여자는 곧 죽음을 면치 못했을 것이다.

그런데 남편이 하느님 이야기를 꺼내자 여자의 태도가 누그러지더니 밥을 짓겠다고 했다. 그러자 여인의 얼굴에는 죽음의 그림자가 가시고 거기에서 신의 얼굴을 볼 수 있었다. 그때 미하일은 깨달았다. 인간의 속에는 하느님의 사랑이 있는 것이다. 그러자 자신도 모르게 싱긋이 웃게 되었다.

두 번째 하느님 말씀을 알게 된 것은 귀족이 부츠를 주문했을 때다. 귀족이 가게로 들어왔을 때 그의 뒤에는 예전에 자신의 친구였던 죽음의 천사가 서 있었다. 그 귀족은 자기가 그날 저녁에 죽는 것도 모른 채 일년 동안 신을 부츠를 주문하는 것이었다. 그래서 그때 미하일은 인간에게 허락되지 않은 것이 무엇인지를 깨달았다. 인간은 자신에게 무엇이 필요한지를 모르고 사는 것이다.

그러나 아직 전부 깨닫지는 못했다. 인간은 무엇으로 산단 말인가? 이것은 오랫동안 깨닫지 못한 채 기다리고 또 기다렸다. 그런데, 어느 날 자신이 이전에 영혼을 거두어들인 그 여인의 아이들이 집으로 찾아온 것이다.

산모는 부모가 없으면 아이들을 기르지 못할 거라고 이야기를 했기 때문에 그가 영혼을 거두어들이지 않았던 것인데, 6년이 지난 그때에 보니 아이들은 이웃집 여인이 엄연히 잘 기르고 있지 않은가. 더구나 그 여인이 아이들 이야기를 하면서 눈물을 흘리는 것을 보고 거기에서 살아 계신 신의 그림자를 보게 되었다. 사람은 하느님의 사랑으로 살아가는 것이다.

"모든 사람은 자신을 살피는 마음에 의하여 살아가는 것이 아니라 사랑으로 살아가는 것이다. 어머니라 하더라도 자신의 아이들에게 진정 무엇이 필요한지 몰랐다. 부자도 자기가 일년을 살지 오늘 저녁에 죽을지 모르고, 자기에게 필요한 것이 부츠인지 시체에게 신길 슬리퍼인지조차 아는 것이 허용되지 않는다.

내가 인간이 되어 살아갈 수 있었던 것은 내가 자신의 일을 걱정했기 때문이 아니라 나를 불쌍하게 여기고 도와주었던 다른 사람들이 있었기 때문이다. 모든 사람들이 살아갈 수 있는 것은 모두가 자신만을 위해 걱정하기 때문이 아니라 그들 속에 사랑이 있기 때문이다.

나는 이번에 한 가지 일을 더 깨달았다. 하느님께서는 인간이 뿔뿔이 흩어져 사는 것을 원하지 않으신다. 그렇기 때문에 인간 각자에게 무엇이 필요한지 계시하지 않은 것이다. 그래서 모든 사람에게 필요한 것이 무엇인지만을 가르쳐주신 것이다. 사랑하는 사람은 하느님 가운데 살아가는 것이다."

이렇게 말을 마친 미하일 천사는 등의 날개를 활짝 펴더니 천장을 뚫고 하늘로 올라갔다.

세묜과 마트료나가 이윽고 정신을 차려보니 집은 전과 다름없고 방에는 가죽 외에는 아무것도 없었다.

## 5. 신(神)을 가슴에 품고 사는 민족?

결론 1

《사람은 무엇으로 사는가》, 《사람에게는 어느만큼의 땅이 필요한가》, 《바보 이반 이야기》, 《신은 알고 계신다 : 그러나 기다리신다》 같은 톨스토이의 민화들은 정말로 우리의 마음을 푸근하게 한다. 마치 우리가 오랫동안 잊고 살았지만 마음속에 오랫동안 깊이 간직하고 있었던 어린 날의 아련한 그 무엇, 우리가 원래 가지고 있던 순박한 마음을 다시 보는 듯하다.

《사람은 무엇으로 사는가》를 다시 읽으면서 이런 생각을 해본다.

서울 거리를 걷다 보면 이곳이 바로 지옥이구나 하는 생각이 들 때가 있다. 사람 사는 곳이 아니라 들개들이 울부짖는 곳 같지 않은가. 모두 이 꽉 물고 전투적으로 살아간다. 사람들 마음 씀씀이가 얼마나 표독한지, 그리고 우리는 얼마나 악독한 분위기에서 살아가는지…….

그러나 이 끔찍한 도시를 만든 것은 누구인가? 결국 우리를 괴롭히는 것은 우리 자신이다. 그러나 또한 우리를 구할 수 있는 것 역시 우리 자신 외에 누가 있겠는가? 사람은 원래 성스러운 존재가 아닌가?

릴케가 바라본 러시아의 대지, 지평선이 보이는 광활한 검은 땅 위에 살아가는 순박한 러시아 농민들……. 도스토예프스키는 이 러시아 농민들을 일컬어 세상에서 유일하게 신(神)을 가슴에 품고 사는 민족이라고 하지 않았는가?

솔제니친 역시 그 어떤 압제 하에서도 러시아인의 영혼을 빼앗을 수는 없고, 또 러시아인이 그 영혼을 간직하는 한 결국은 구원에 이르게 된다고 믿었다.

**결론 2**

과연 그런가?

사랑하는 마음, 순박한 마음은 오늘의 우리를 구원하는 힘이 되어 줄 것인가? 나는 그렇다고 믿고 싶다. 그러나…….

톨스토이가 살던 당시 러시아를 여행한 사람들은 마을에서 귀족이 농민들의 얼굴을 채찍으로 때려서 얼굴에 피가 낭자하게 흐르는데도 맞는 사람은 무릎을 꿇고 귀족에게 빌고 있는 것을 보았다. 도망가다 잡힌 농노의 옆구리를 쇠꼬챙이에 꿰어 높이 매달아 죽이는 그림은 지금 보아도 두렵기 그지없다.

러시아 농민의 순박함? 성스러움? 그것이 굶어 죽어가는 그들, 가혹한 억압 속의 그들에게 어떤 의미를 가졌는가? 그런 것들이 오히려 사람들이 눈을 떠서 현실을 바로 보는 것을 막아 버려서 흉포하기 이를 데 없는 차르 체제와 스탈린 체제를 유지시켜 준 것은 아니었는가?

톨스토이여, 솔제니친이여, 당신들의 그 선량함이 이 시대의 희망으로 작용할 것인가?

# 참고문헌

## 제1부 역사의 발언

### 작고 행복한 나라의 역사

• 레이덴 대학과 관련된 에피소드는 다음의 책에서 인용했다.

Yves Cazaux, *Naissance des Pays-Bas*, Paris : Albin Michel, 1983.

### 이보다 한심할 수는 없다

• 김한종, 《역사 왜곡과 우리의 역사 교육》, 책세상, 2001.

• 타나카 히로시 외, 《기억과 망각 : 독일과 일본, 그 두 개의 전후》, 이규
수 옮김, 삼인, 2000.

• 유네스코한국위원회 엮음, 《21세기 역사 교육과 역사교과서 —— 한·일
역사교과서 문제 해결의 새로운 대안》, 오름, 1998.

### 독재 정치와 역사

• 이 글에서 언급한 사례들은 다음 책에서 인용한 것들이다.

Marc Ferro, *Comment on Raconte l'Histoire aux Enfants à Travers le
Monde Entier*, Paris : Payot, 1983(마르크 페로, 《새로운 세계사》, 박광
순 옮김, 범우사, 1994).

- 그리고 다음 책도 참조하라.

Marc Ferro, *L'Histoire sous Surveillance*, Paris : Calmann-Lévy, 1985.

## "주먹 센 놈이 이긴다"

- 이 글의 기본 내용은 다음에서 가져왔다.

Geoffrey Parker, *The Military Revolution, Military Innovation and the Rise of the West 1500~1800*, Cambridge : Cambridge University Press, 1988.

## 돈키호테의 시대

- 다음 논문에서 많은 내용을 얻었다.

Pierre Vilar, "Le Temps du 'Quichotte'", *Europe*, xxxiv, 1956, pp. 3~16(이 논문은 다음의 책에 영역되어 있다. Peter Earle ed., *Essays in European Economic History 1500~1800*, Oxford : Clarendon Press, 1974)

- 미겔 데 세르반떼스, 《돈끼호떼》, 김현창 옮김, 범우사, 1998.

## 국회의원들의 뇌를 반으로 잘라서 서로 붙여라

- 조나단 스위프트, 《걸리버 여행기》, 신현철 옮김, 문학수첩, 1992.

## "세상이여 망해라, 새 세상이 오도록"

- 이 글에서 소개한 천년왕국설에 대한 결정적인 연구서는 다음과 같다.

Norman Cohn, *The Pursuit of the Millennium*, Revised and expanded edition, Oxford : Oxford University Press, 1970.

## 지구의 젖꼭지로 가는 모험

- Margarita Zamora, *Reading Columbus*, Berkeley : University of California Press, 1993.

## 중국이 서쪽으로 가지 않은 까닭은

- 미야자키 마사카쓰, 《정화의 남해 대원정》, 이규조 옮김, 일빛, 1990.
- Felipe Fernández-Armesto, *The Global Opportunity*, London : Variorum, 1995.
- Sanjay Subrahmanyam, *The Career and Legend of Vasco da Gama*, Cambridge : Cambridge University Press, 1997.

## 먹느냐 못 먹느냐 그것이 문제로다

- 맛시모 몬타나리, 《유럽의 음식문화》, 주경철 옮김, 새물결, 2001.

## 유행과 사치, 그리고 역사의 동력

- 베르너 좀바르트, 《사랑과 사치와 자본주의》, 이필우 옮김, 까치, 1997.
- 페르낭 브로델, 《물질문명과 자본주의 1》, 주경철 옮김, 까치, 1995.

## 근대사는 진보의 역사인가

- 이 글에서 소개한 노예무역에 대해서는 수많은 연구서들이 있으나 그 중 다음 책들이 가장 기본적인 저작들이다.
  Philip Curtin, *The Atlantic Slave Trade, A Census*, Madison : University of Wisconsin Press, 1969.
  Patrick Manning, *Slave Trade, 1500~1800 : Globalization of Forced Labour*, London : Variorum, 1996.

John Thornton, *Africa and Africans in the Making of the Atlantic World, 1400~1800*, Cambridge : Cambridge University Press, 1998.

### 역사 속의 인구

• 본문은 페르낭 브로델,《물질문명과 자본주의 1》, 주경철 옮김, 까치, 1995를 참조했다.

• 보론의 그래프와 그 설명은 다음의 책에서 인용했다.

R. Muchembled, *Les XVIe et XVIIe siècles, Histoire Moderne*, Paris : Bréal, 1995.

### 살아라, 그리고 기억하라

• 영화 〈쇼아〉는 Claude Lanzmann 감독, 〈Shoah〉, 프랑스 1974~1985, 러닝타임 9시간 30분.

인권운동사랑방에서 한국어판으로 출시되었으며, 제2회 인권영화제 상영작이었다.

• 이상빈,《아우슈비츠 이후 예술은 어디로 가야 하는가》, 책세상, 2001.

### 일본, 서구의 그림자

• 〈카게무샤〉(影武者)는 구로사와 아키라 감독, 일본-미국 공동 제작, 러닝타임 179분. 제32회 칸 영화제 최우수 작품상을 수상했다.

• 이 영화에 대한 최원식의 코멘트는 다음의 책을 참조했다.

최원식, 〈한국발(發) 또는 동아시아 발(發) 대안? — 한국과 동아시아〉, 정문길 외 엮음, 《발견으로서의 동아시아》, 문학과지성사, 2000.

## 영화와 프로파간다

- 마르크 페로, 《역사와 영화》, 주경철 옮김, 까치, 1999.
- Richard Taylor, *Film Propaganda, Soviet Russia and Nazi Germany*, London : Tauris, 1998.

## 《먼나라 이웃나라》의 역사 인식

- 이 글은 이원복 씨의 만화 《새 먼나라 이웃나라》, 김영사, 1998을 비판적으로 살펴본 것이다.

## 시오노 나나미의 역사 인식 1·2

- 시오노 나나미, 《로마인 이야기》, 김석희 옮김, 한길사, 1995~2000(현재 계속 간행중).
  이 글에서는 제2권 《한니발 전쟁》을 주요 대상으로 분석했다.
- 시오노 나나미, 《로마인에게 묻는 20가지 질문》, 김석희 옮김, 한길사, 2000.
- 시오노 나나미, 《사일런트 마이노리티》, 이현진 옮김, 한길사, 1998.

## 제2부 문학 속의 역사

## 나를 만나는 두려움, 고대 그리스의 여인들 1·2

- 소포클레스의 〈오이디푸스〉, 아리스토파네스의 〈뤼시스트라테〉, 에우리페디스의 〈메데이아〉의 인용 부분은 이근삼 외 옮김, 《희랍극선》, 삼성판 세계문학전집, 1979에서 따온 것이다. 이 책은 절판되었고, 최근에 새로 나온 판본으로는 현암사 판 《희랍비극》 전 2권, 《희랍희극》, 개정

판 1995가 있다.

- Luci Berkowitz trans., *Oedipus Tyrannus*, New York : Norton, 1970.
- 조셉 캠벨 · 빌 모이어스 대담, 《신화의 힘》, 이윤기 옮김, 고려원, 1996.
- Joseph Campbell, *The Hero with a Thousand Faces*, Princeton : Princeton University Perss, 1968.
- 高津春繁 외, 《그리이스 · 로마의 고전문학》, 이재호 옮김, 탐구당, 1982.

## 지옥으로의 여행

- 단테의 《신곡》 중 〈지옥편〉은 김의경 옮김, 혜원출판사 본을 참조했다.
- 역사적으로 지옥의 개념 변화를 추적한 연구서로는 다음의 책이 있다.
  앨리스 터너, 《지옥의 역사》, 이찬수 옮김, 동연, 1998.
- Aaron Gurevitch, *Medieval Popular Culture: Problems of Belief and Perception*, Cambridge : Cambridge University Press, 1988.

## 악마의 책

- 참조한 마키아벨리의 《군주론》은 다음과 같고 이 책들의 해설 및 부록 부분들을 유용하게 이용했다.
  한국어본 — 강정인 옮김, 《군주론》, 도서출판 까치, 1994.
  영역본 — David Wootton tr., *The Prince*, Indianapolis : Hackett, 1995.
  불어역본 — *Le Prince*, Paris : Gallimard(Paul Veyne의 서론), 1980.

## 웃음의 사회학

- 몰리에르의 *Le Bourgeois Gentilhomme*은 민희식 옮김, 《몰리에르 희곡선》, 범우희곡선, 1991에 《서민 귀족》이라는 이름으로 실려 있다.

## 시대를 증언한 철학적 우화

• 볼테르의 작품 *Candide*는 영역본 Ben Ray Redman ed., *The Portable Voltaire*, New York : Penguin, 1949에 실린 판본을 이용했다.

• 계몽사상과 프랑스혁명에 대해서는 다니엘 모르네 지음, 《프랑스혁명의 지적 기원》을 참조하라. 주명철 옮김의 민음사, 곽광수 · 이봉지 옮김의 일월서각 두 군데에서 출간되었다.

## 동화 1 · 2

• 여기에서 소개한 작품들은 Maria Tatar ed., *The Classical Fairy Tales*, New York : Norton, 1999에서 차용하여 번안한 것이다.

• 〈필로멜라〉는 오비디우스, 《변신 이야기》, 이윤기 옮김, 민음사, 1998에서 인용했다.

• 김용석, 《미녀와 야수, 그리고 인간 ——애니메이션 장면 사이를 거닐며》, 푸른숲, 2000은 이 주제와 관련된 흥미로운 내용을 가지고 있다.

• Bruno Bettelheim, *Psychanalyse des Contes de Fées*, Paris : Pluriel, 1976(영어 원본 *The Uses of Enchantment*)도 참고했다.

## 근대의 악몽

• 토머스 모어의 *Utopia*(《유토피아》)의 판본은 여러 종류가 있으나 Yale Edition of More's *Complete Works*, vol. 4, Yale University Press, 1964가 정본이라 할 수 있다.

• 한글 번역본 역시 몇 종류가 있으나 이 글에서는 노재봉 옮김, 《유토피아》(삼성출판사)를 인용했다. 이 책은 이미 절판되었으나 현재 여러 출판사에서 번역본이 나와 있다. Robert Adams ed., *Utopia*, New York : Norton, 1975도 참고했고, 특히 홀바인의 삽화를 이 책에서 취했다.

• 천년왕국설에 대한 가장 중요한 연구는 앞에서 소개한 Norman Cohn, *The Pursuit of the Millennium*, Oxford : Oxford University Press, 1970 이다.

• 이 글에서 유토피아 사상과 천년왕국설을 비교하는 내용은 주로 다음 책에서 빌려왔다.

Jean Sevier, *Histoire de l'Utopie*, Paris : Gallimard, 1991.

• 토머스 모어의 전기로는 Richard Marius, *Thomas More, A Biography*, Cambridge : Harvard University Press, 1984가 있다.


## 악몽의 실현

• 올더스 헉슬리의 《멋진 신세계》의 우리말 텍스트는 혜원출판사 본(정승섭 옮김)을 사용했다.

• 리들리 스콧 감독의 영화 〈블레이드 러너〉는 1982년에 출시되었다가 1992년에 디렉터스 컷으로 재출시됐다.


## 러시아, 신(神)을 가슴에 품고 사는 민족

• 솔제니친, 《이반 데니소비치의 하루》는 민음사 판(이영의 옮김)을 사용했다(민음사 판에서는 우리에게 일반적으로 알려진 제목 대신 《이반 데니소비치, 수용소의 하루》로 제목을 바꾸었다).

• 톨스토이의 〈사람은 무엇으로 사는가〉는 삼중당 본(박형규 옮김, 《톨스토이 민화집》)에서 발췌한 것이다. 이 판본은 절판되었으나 다른 많은 출판사에서 톨스토이의 민담집을 출판하고 있다.

테이레시아스의 역사
서울대 주경철 교수의 역사읽기

지은이  주경철
펴낸이  윤양미
펴낸곳  도서출판 산처럼

등   록  2002년 1월 10일 제1-2979호
주   소  서울시 종로구 사직로8길 34 경희궁의 아침 3단지 오피스텔 412호
전   화  02-725-7414
팩   스  02-725-7404
E-mail  sanbooks@hanmail.net
홈페이지 www.sanbooks.com

제1판 제 1쇄  2002년 4월 25일
제1판 제12쇄  2015년 8월 25일

©주경철, 2002

값 12,000원

ISBN 89-90062-01-2  03900
＊잘못된 책은 서점에서 바꾸어드립니다.